高等学校土建类专业实践性教学系列指导书

U0956778

道桥类专业毕业设计指导

主　编　李　松　张景怡

副主编　王　妍　杨宇婷　金　哲

朱凤薇　张云鹤

武汉理工大学出版社

·武　汉·

内 容 简 介

本书是专门为土木工程专业(道桥方向)和道路桥梁与渡河工程专业应届毕业生进行毕业设计而编写的。本书共7章,主要内容包括毕业设计概述、专业软件应用、公路路线设计、路基设计、沥青路面设计、桥梁设计、隧道设计等,还摘录了道路设计常用的规范和参考书目。

本书可供高等工科院校土木工程专业(道桥方向)和道路桥梁与渡河工程专业应届毕业生使用与参考,也可供从事公路设计、施工和管理的工程技术人员参考。

图书在版编目(CIP)数据

道桥类专业毕业设计指导 / 李松,张景怡主编. -- 武汉 : 武汉理工大学出版社, 2024. 9.
ISBN 978-7-5629-7173-3

Ⅰ. U412.5;U442.6

中国国家版本馆 CIP 数据核字第 2024DY4357 号

Daoqiaolei Zhuanye Biye Sheji Zhidao

道 桥 类 专 业 毕 业 设 计 指 导

项目负责人:王利永(027-87290908)
责 任 编 辑:王　思
责 任 校 对:张明华
版 式 设 计:正风图文
出 版 发 行:武汉理工大学出版社
地　　　址:武汉市洪山区珞狮路 122 号
邮　　　编:430070
网　　　址:http://www.wutp.com.cn
经　　　销:各地新华书店
印　　　刷:武汉市籍缘印刷厂
开　　　本:787 mm×1092 mm　1/16
印　　　张:10.5
字　　　数:262 千字
版　　　次:2024 年 9 月第 1 版
印　　　次:2024 年 9 月第 1 次印刷
定　　　价:32.00 元

凡购本书,如有缺页、倒页、脱页等印装质量问题,请向出版社发行部调换。
本社购书热线电话:027-87523148　027-87391631　027-87165708(传真)

前　言

毕业设计是大学本科教学的最后一个重要环节，是对所学专业知识进行系统巩固、延伸和拓展的实践环节，做好毕业设计能够培养学生运用所学专业知识解决工程实际问题的能力。编写本书旨在引导学生重视并做好毕业设计，同时帮助教师指导学生进一步提高毕业设计的质量，进而使毕业设计的教学更加规范有序。

本书力求全面且简单介绍道路桥梁及隧道设计的基本理论、设计方法、设计流程、设计文件的组成和设计图表的要求，并辅助相应的设计示例和图纸，从而加深学生对道路桥梁及隧道设计理论、设计方法、设计规范的理解，指导学生撰写毕业设计说明书。

全书由李松、张景怡担任主编，王妍、杨宇婷、金哲、朱凤薇、张云鹤担任副主编。具体编写分工如下：第1、4章由沈阳城市建设学院杨宇婷、中建铁投试验检测公司高阳编写，第2章由沈阳城市建设学院朱凤薇、李松编写，第3章由沈阳城市建设学院李松、中建铁投试验检测公司彭海辉编写，第5章由沈阳城市建设学院张景怡、辽宁新发展交通集团詹世佐编写，第6章由沈阳城市建设学院金哲、中建铁投试验检测公司李峰编写，第7章由沈阳城市建设学院王妍、张云鹤与中建铁投试验检测公司刘宇编写。全书由李松负责最终的统稿工作。

由于作者水平有限，书中难免存在不妥之处，请读者批评并指正。

编　者

2024年6月

目　录

1 毕业设计概述

1.1 毕业设计的目的和要求

毕业设计是道路桥梁与渡河工程专业教学计划的最后一个教学环节，它是培养学生独立分析问题和解决问题的重要过程，是各教学环节的继续深化和检验，其最大的特点就是实践性和综合性。通过毕业设计，学生能综合运用和巩固已学的基础知识与专业知识，培养学生分析问题与解决问题的能力，是学习深化、拓宽的重要过程；是学生学习、研究与实践成果的全面总结；是学生综合素质与工程实践能力培养效果的全面检验；是学生毕业及学位资格认定的重要依据；是衡量高等教育质量和办学效果的重要评价内容。

做好毕业设计可以培养学生综合运用所学理论知识和技能分析解决道路桥梁与渡河工程实际问题的能力，懂得道路桥梁与渡河工程设计类工作的一般程序和方法。通过书写开题报告锻炼学生利用现代信息技术获取专业信息的能力，通过编写设计说明书加强学生道路和桥梁工程设计计算能力，通过绘制工程图纸提高学生专业识图、绘图能力，最后通过毕业设计答辩锻炼学生有效的表达与沟通能力。以实现巩固和加强学生在校期间所学的基础知识和专业知识，培养学生树立正确的设计思想，掌握道路桥梁与渡河工程专业设计方法的目的。同时，增强学生的事业心和责任感，提高学生的综合素质，有利于学生向工作岗位过渡。

1.2 毕业设计的准备

1.2.1 选题

为了达到毕业设计的教学目的，毕业设计课题的选择也是非常重要的。毕业设计选题应遵循与专业相关、难易程度适当、工作量适中、与工程建设实践和科学研究课题相结合的原则。

选题要有代表性、科学性，难度适当，有利于学生巩固所学知识，有利于培养和锻炼学生的综合能力，有利于培养学生的开拓、创新精神。毕业设计的选题还要具有实践性，尽量做到真题真做，使学生提前接触工程实际，或同相关设计院专家联合指导学生毕业设计，或聘请相关设计院专家指导学生毕业设计。

1.2.2 拟定进度计划

在毕业设计开始前，由指导教师拟定详细的毕业设计进度计划表，确定每周次设计的详细任务、工作内容。

1.2.3 下达任务书

课题选定以后，以“毕业设计任务书”的形式落实到每位学生。毕业设计任务书一般由指导教师制订，经教研室和学院审批后发给学生人手一份，其内容一般包括：

(1) 毕业设计的题目；

(2) 院系，专业班级，学生姓名与学号，指导教师姓名、职称及所在单位，设计地点及设计起止日期；

(3) 毕业设计任务、内容；

(4) 毕业设计的设计方法；

(5) 毕业设计的设计条件；

(6) 毕业设计的成果要求；

(7) 时间进度安排；

(8) 主要参考资料等。

1.2.4 撰写开题报告

针对设计题目，撰写开题报告，论述项目设计所需的标准和依据、项目设计的意义，阐述项目设计的主要内容，设计的重点、难点及设计过程中的技术路线等方面内容。

1.3 毕业设计程序

设计阶段是毕业设计的主体阶段，本阶段的任务就是在教师的指导下独立完成某个工程的设计工作，具体内容包括资料收集与分析、方案比选、平面设计、纵断面设计、横断面设计、路基设计、路面设计等，以及设计文件编制和图纸绘制。

(1) 资料收集与分析

设计资料是设计的依据。地形资料是毕业设计的主要基础资料，在分析地形资料时要与工程各种建筑物的平面布置结合起来，指出地形条件的有利因素和不利因素，以便在路线方案选择中能充分利用有利地形，达到节约工程投资的目的。水文资料主要包括水位、水流和波浪等资料，水位变幅会对工程的使用、建筑物的结构形式、工程的施工等有影响。气象资料包括风、雨、雾和气温等资料。材料供应情况也是确定工程建筑物结构形式时要考虑的重要因素之一，必须分析建筑材料对工程施工、工程质量和工程造价等方面的影响，例如了解材料的数量、质量和价格，尤其是当地砂石类材料是否丰富、供应是否及时等，以便合理地确定建筑物结构形式和方案。

(2) 方案比选

本阶段工作要达到初步设计的深度要求，在对地形、地物、水文、地质等资料分析的基础上，拟定2～3个可行的方案，并对各方案进行设计。根据公路技术特征指标、工程数量和工程条件指标、运营特征指标和经济评价指标对各方案进行分析，列出各方案在工程难易、营运、施工、养护管理及对环境的影响等方面的优缺点，并对工程造价进行全面的技术经济论证，择优选用。

(3) 平面设计

根据前述选择路线方案，按设计标准进行路线的平面设计，根据地形特点、公路等级和交通荷载特点，确定合适路线的线形组成及曲线半径指标，并进行平面曲线要素计算和逐桩坐标计算。

(4) 纵断面设计

确定路线纵坡及变坡点，确定凸凹竖曲线的半径，进行相应竖曲线计算，同时考虑平面设计的特点，注意平纵组合设计；考虑地形及水系的特点，选择合适桥涵布设位置；注意所设计的纵坡坡度和坡长等符合要求。

(5) 横断面设计

确定公路的横断面组成，确定相应的路拱坡度、边沟和边坡参数，进行加宽或超高设计计算，确定中间带及分隔带设计和紧急停车带设计，对横断面视距进行计算，并进行路基土石方调配。

(6) 路基设计

选择路基断面形式，确定路基宽度与高度，确定边坡形状与坡率。选择路堤填料与压实标准，路基防护与加固设计，排水系统的总体布置和地面、地下排水结构设计，附属设施设计(包括取土坑、护坡道、弃土堆和碎落台的布置与设计)。

(7) 路面设计

确定车辆轴载计算、路面结构方案，水泥混凝土路面结构设计及验算，沥青路面的结构设计的计算及验算。

(8) 设计文件编制

设计说明书中需要交代设计内容、设计意图，以及设计中涉及的具体计算方法和过程。设计说明书的编写要力求简明扼要、条理清楚，并附有必要的图表。说明书的摘要部分简要介绍设计任务和主要设计成果，一般要求用中、英文撰写。正文部分的具体内容包括：简述设计任务、设计依据和标准，给出设计基础资料、资料分析与整理的结果和设计主要成果，具体设计文件内容及要求可参考第3～7章。

(9) 图纸绘制

图纸是工程师的语言，是工程设计的主要成果。一般要求绘制路线平面图、纵断面图、路基标准横断面图、横断面设计图、路面设计图、路基排水设计图等主要图纸。编制直线、曲线及转角表，逐桩坐标表，路基设计表，路基土石方数量计算表等表格。

1.4 毕业设计答辩

答辩是毕业设计工作的最后阶段，是锻炼学生的口头表达能力、反应能力和分析解决实际问题能力的重要环节，是检验毕业设计成果的重要环节，每位学生都必须进行毕业设计答辩并制作答辩 PPT。

在答辩过程中，设计者要对自己的设计任务来源、设计过程、设计思路和设计成果进行简单介绍，并详细回答答辩评委提出的各种问题。

2 专业软件应用

2.1 路线设计软件

2.1.1 纬地道路三维集成 CAD 系统(HintCAD)简介

纬地道路三维集成 CAD 系统(HintCAD)是路线与互通式立交设计的大型专业 CAD 软件,该系统由中交第一公路勘察设计研究院结合多个工程实践研制开发。该系统利用实时拖动技术,使用户直接在计算机上动态交互式完成公路路线的平(纵、横)设计、绘图、出表。

该系统秉承中交第一公路勘察设计研究院近半个世纪的公路勘察设计经验,汲取国内外专业软件之所长,推陈出新,它是先进的工程设计理念和尖端的计算机软件技术的结晶。该系统具有专业性强,与实际工程设计结合紧密,符合国人习惯,实用灵活等特点。

2.1.2 纬地软件主要功能

(1) 平面动态可视化设计与绘图

该系统沿用传统的导线法(交点法)经典理论,可进行任意组合形式的公路平面线形设计计算和多种模式的反算。用户可在计算机屏幕上交互进行定线及修改设计,在动态拖动修改交点位置、曲线半径、切线长度、缓和曲线参数的同时,可以实时监控其交点间距、转角、半径、外距及曲线间直线段长度等技术参数。而使用纬地智能布线技术,可以将已确定的直线、圆曲线等控制单元自动衔接为完整的路线,并可以对路线中任一控制单元(均为 CAD 的线元实体)进行平移、旋转、缩放等操作调整,从而直观快捷并准确地确定出路线线位。在平面设计完成的同时,系统可自动完成全线桩号的连续计算和平面绘图。系统支持基于数字化地形图(图像)上的上述功能,同时也可方便地将低等级公路外业期间已经完成的平面线形导入本系统。

(2) 断面交互式动态拉坡与绘图

该系统在自动绘制拉坡图的基础上,支持动态交互式完成拉坡与竖曲线设计。用户可实时修改变坡点的位置、标高、竖曲线半径、切线长、外距等参数;对设计者指定的控制点高程或临界坡度,受控处系统可自动提示控制情况。另外纬地软件针对公路改扩建项目,将在以后版本中增加自行回归纵坡(点)数据的功能。该系统支持以“桩号区间”和“批量自动绘图”两种方式绘制任意纵、横比例和精度的纵断面设计图及纵面缩图，自动标注沿线桥、涵等构造物，绘图栏目也可根据用户需要自由取舍定制。以上功能不仅适用于公路主线，同样适用于互通式立交匝道的纵断面设计与绘图。

(3) 超高、加宽过渡处理及路基设计计算

该系统支持处理各种加宽、超高方式及其过渡变化，进而完成路基设计与计算，方便、准确地输出路基设计表，可以自动完成表中平、竖曲线要素栏目的标注。该系统在随盘安装的“纬地路线与立交标准设计数据库”的基础上，通过“设计向导”功能自动为项目取用超高和加宽参数，并建立控制数据文件。另外，系统最新版中路基的断面形式(包括城市道路的多板块断面)可由用户随意指定或修改。

(4) 参数化横断面设计与绘图

该系统支持常规模式和高等级公路沟底纵坡设计模式下的横断面戴帽设计，同时准确计算并输出断面填挖方面积及坡口、坡脚距离等数据，并可以根据用户选择准确扣除断面中的路槽面积(包括城市道路的多板块断面的路槽)。用户可任意定制多级填挖方边坡和不同形式的边沟排水沟。新版系统中提供了横断面修改和土方数据联动功能。

该系统直接根据用户设定自动分幅输出多种比例的横断面设计图，并可自动在图中标注断面信息和断面各控制点设计高程。V4.0 以后版本中新增横断面设计中的支挡防护构造物处理模块，可自动在横断面设计图中绘出挡土墙、护坡等构造物，并可设置支挡构造物，根据路基填土高度自动变换墙高度或自动变换填土高度，并在断面中准确扣除其土方数量。

(5) 土石方计算与土石方计算表等成果的输出

该系统利用在横断面设计输出的土石方数据，直接计算并输出 Excel 或 Word 格式的土石方计算表，方便用户打印输出和进行调配、累加计算等工作。该系统可在计算中自动扣除大、中桥，隧道以及路槽的土石方数量，并考虑到松方系数、土石比例及损耗率等影响因素。

特别是该系统直接为最新开发完成的纬地系列软件“纬地土石方可视化调配系统”提供原始数据，用户在方便、直观的鼠标拖曳操作中完成土石方纵向调配，系统自动记录用户的每一次操作(可无限制返回)，并据此直接绘制完成全线的土石方纵向调配图表。

(6) 公路用地图(表)与总体布置图绘制输出

基于公路几何设计成果，该系统批量自动分幅绘制公路用地边线，标注桩号与距离或直接标注用地边线上控制点的平面坐标，同时可输出公路逐桩用地表(仅供参考)和公路用地坐标表。

同样，该系统还可基于路线平面图，直接绘制路基边缘线、坡口坡脚线、示坡线及边沟排水沟边线等，自动分幅绘制路线总体布置图。新版系统可区别跨径与角度自动标注所有大中型桥梁、隧道、涵洞等构造物。

2.1.3 纬地软件主要操作步骤

2.1.3.1 准备阶段

(1) 准备地形图、纬地软件。

（2）启动纬地软件，如图 2.1 所示。

图 2.1 纬地道路图标

2.1.3.2 平面设计

（1）新建项目，具体步骤：点击“项目”→“新建项目”，文件保存路径为保存在桌面新建文件夹，方便后期管理。

（2）打开地形图，字体最好选择国标字体。

（3）进行平面设计，如图 2.2、图 2.3 所示。

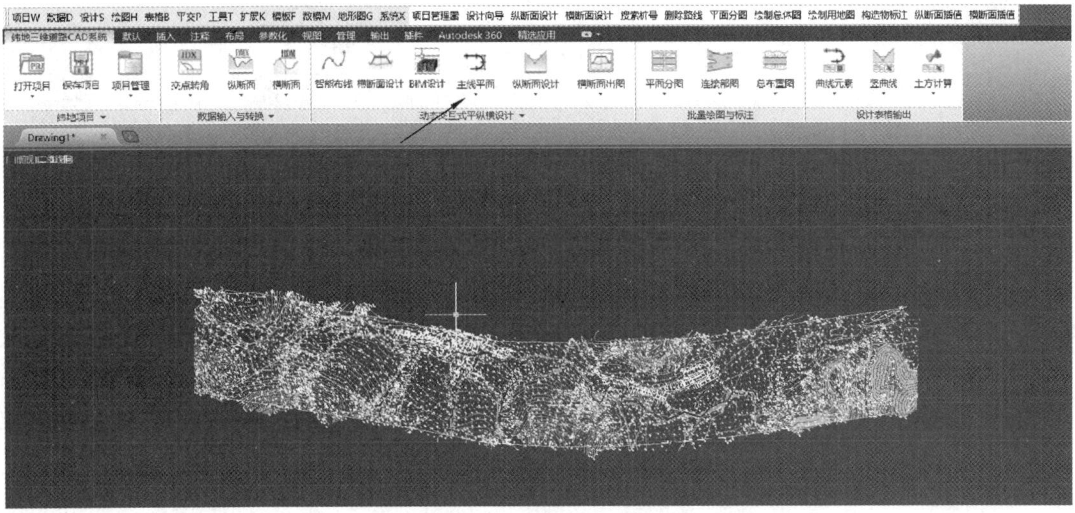

图 2.2 “主线平面”选取

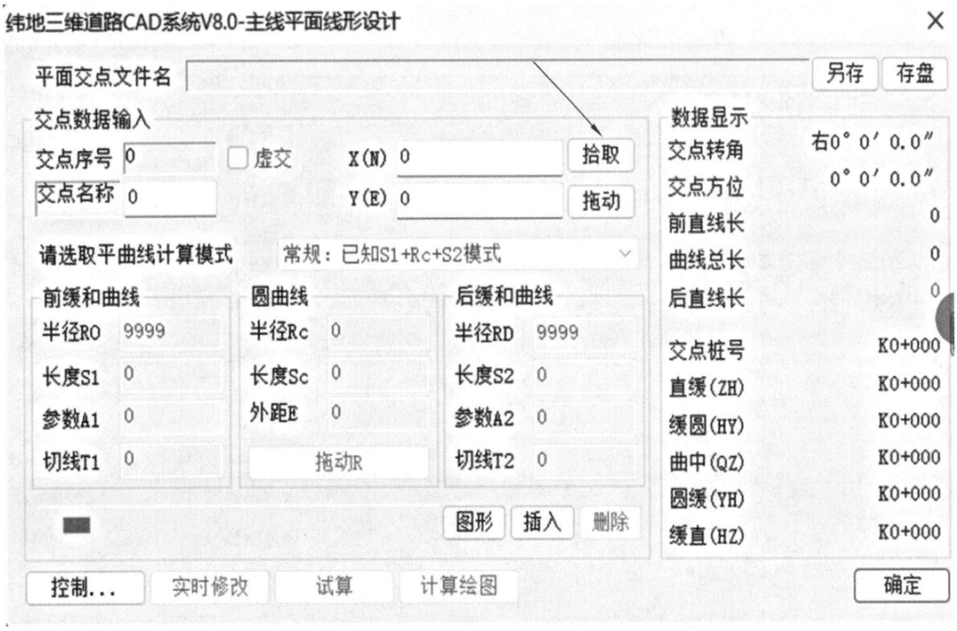

图 2.3 平面交点数据拾取

① 拾取以后找地形图上某一点，该点为道路设计的起点，起点最好在地形图边缘或者图上已有道路上，然后插入第一个交点，如图 2.4 所示。

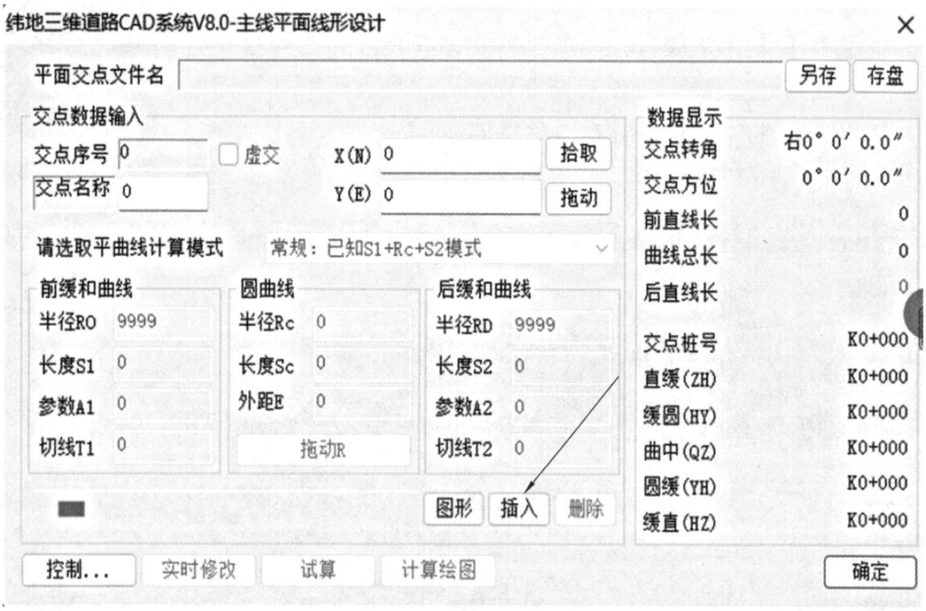

图 2.4　平面交点位置插入

② 选完最后一个交点以后，确保道路终点选择合理，和起点原理一样，还要保证路线长度要求。

③ 然后设置路线参数，设置过程中要满足规范要求，如图 2.5 至图 2.7 所示。

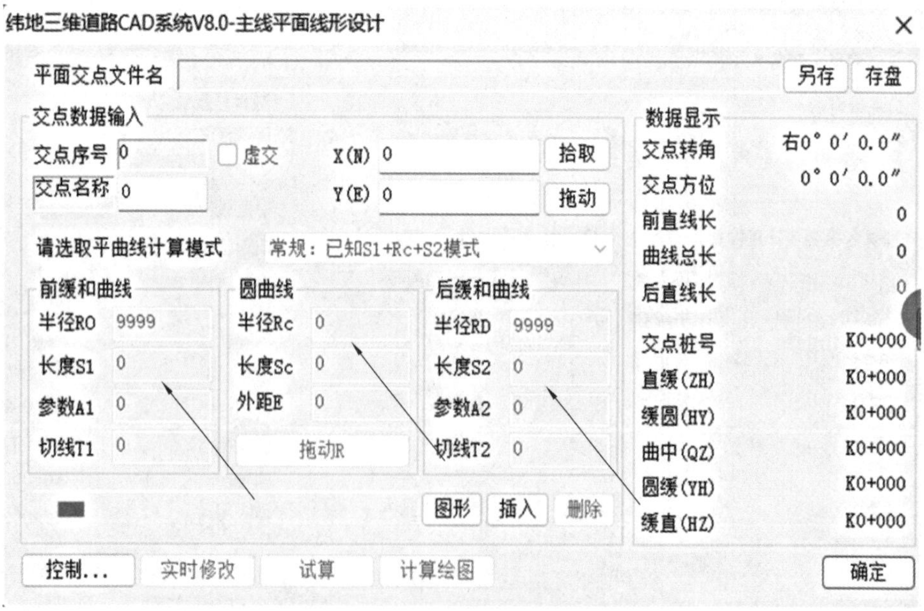

图 2.5　平曲线参数界面

图 2.6　平曲线参数设置(数据仅为示意)

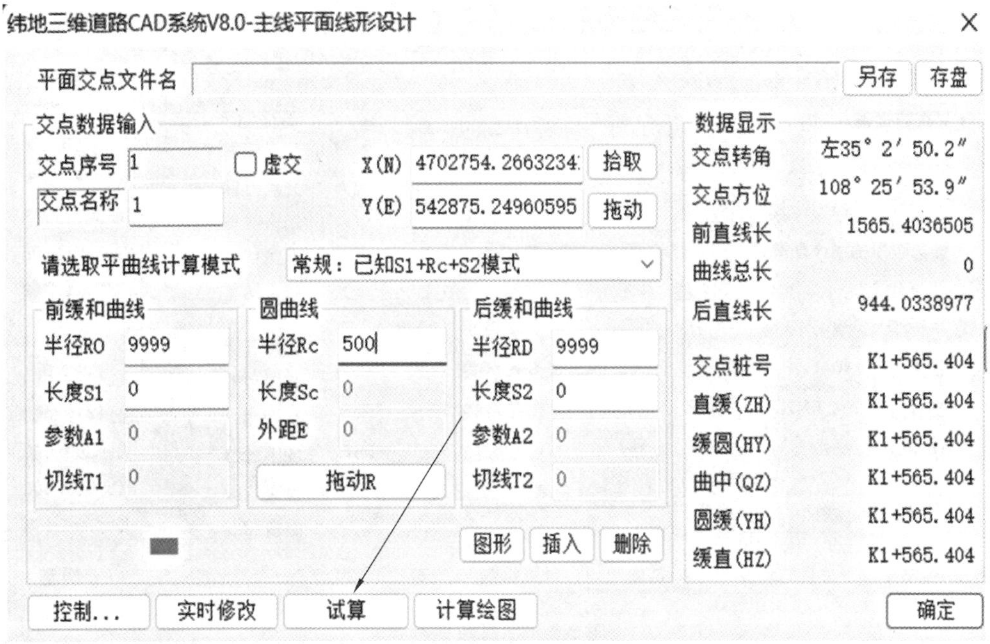

图 2.7　平曲线数据试算

④ 依次设置剩下的交点参数，最后点击“计算绘图”，如图 2.8 所示。

⑤ 点击存盘，并将设计好的平面图保存，如图 2.9 所示。

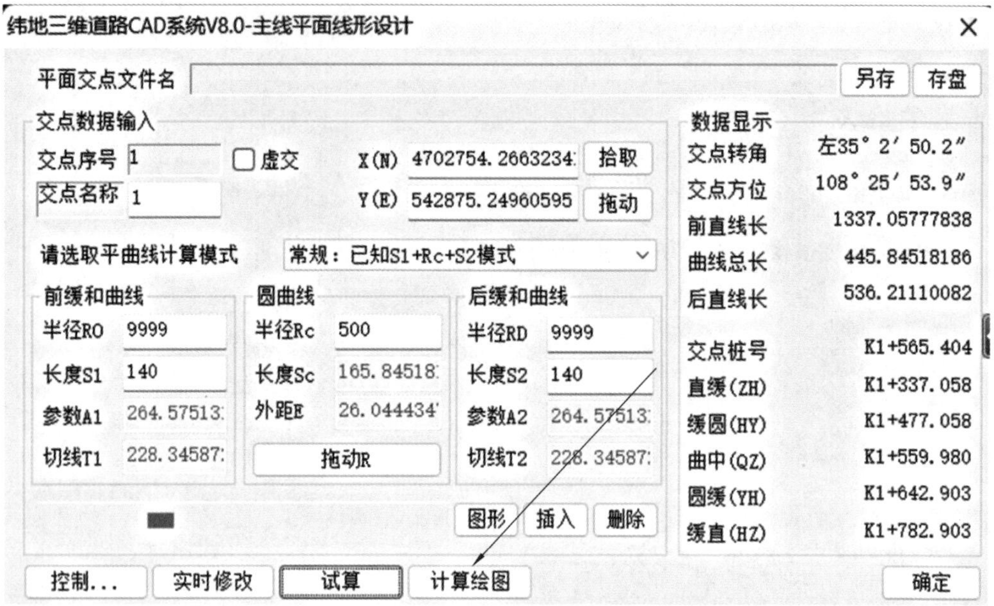

图 2.8 “计算绘图”选取

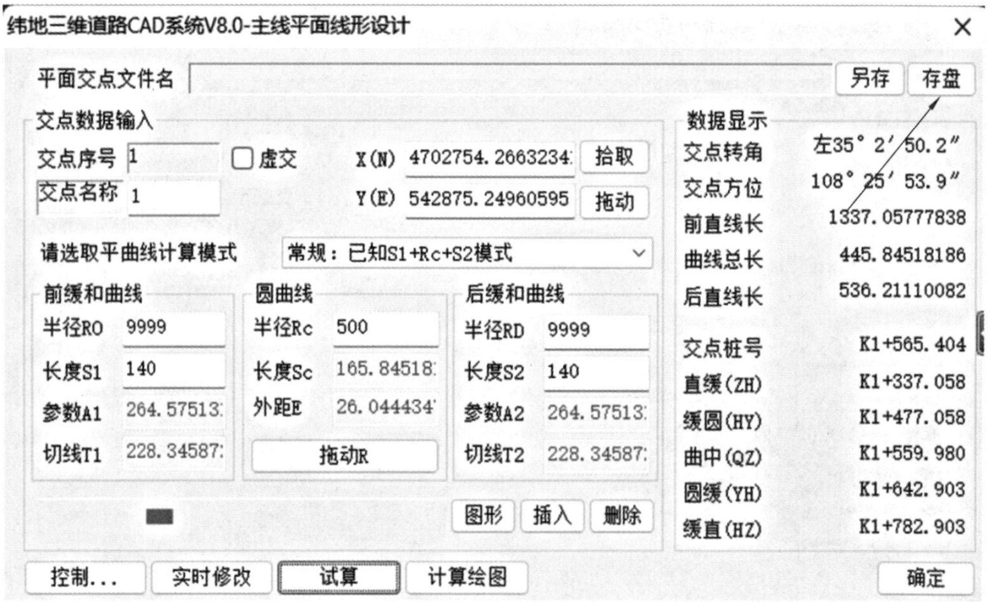

图 2.9 平面数据存盘

2.1.3.3 纵断面设计

纵断面设计前完成设计向导和数模建设。

(1) 打开设计向导界面,如图 2.10 所示。

① 按照设计向导步骤将里面的数据根据设计情况加以修改,如图 2.11 至图 2.14 所示。

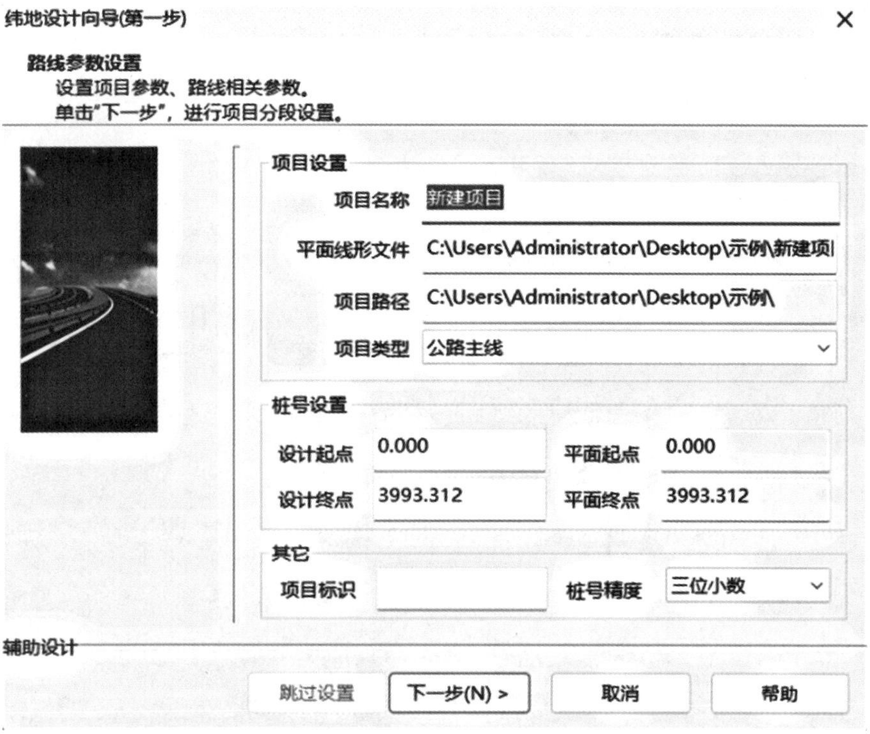

图 2.10 设计向导界面

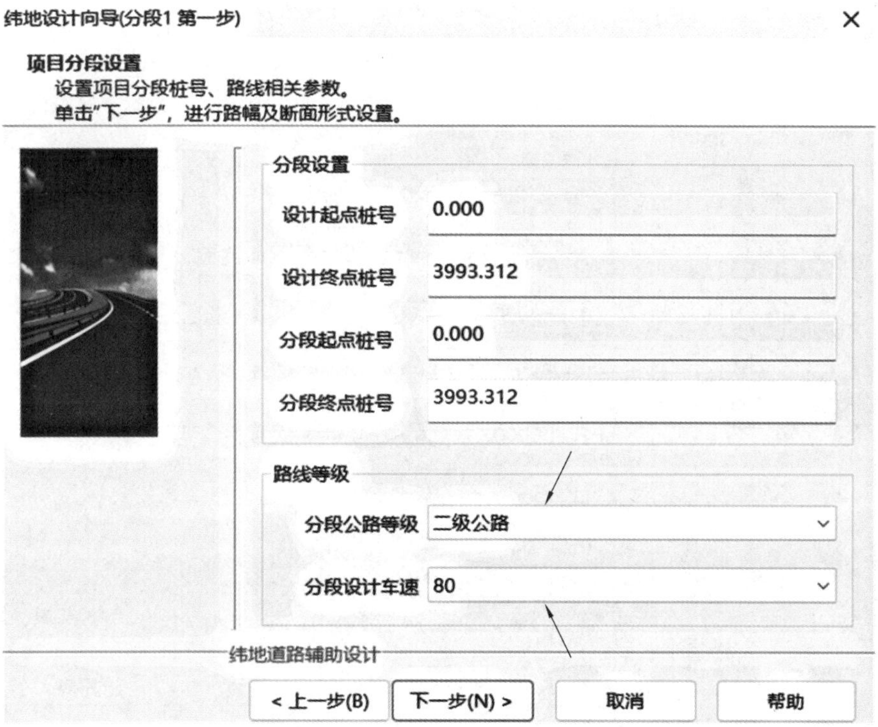

图 2.11 设计向导数据输入

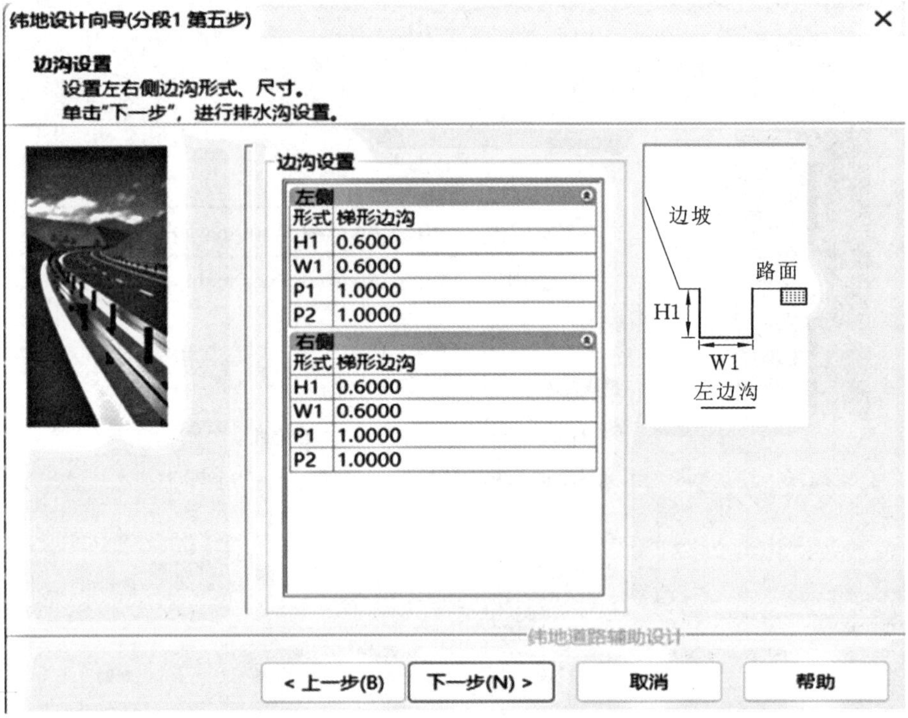

图 2.12　边沟设置

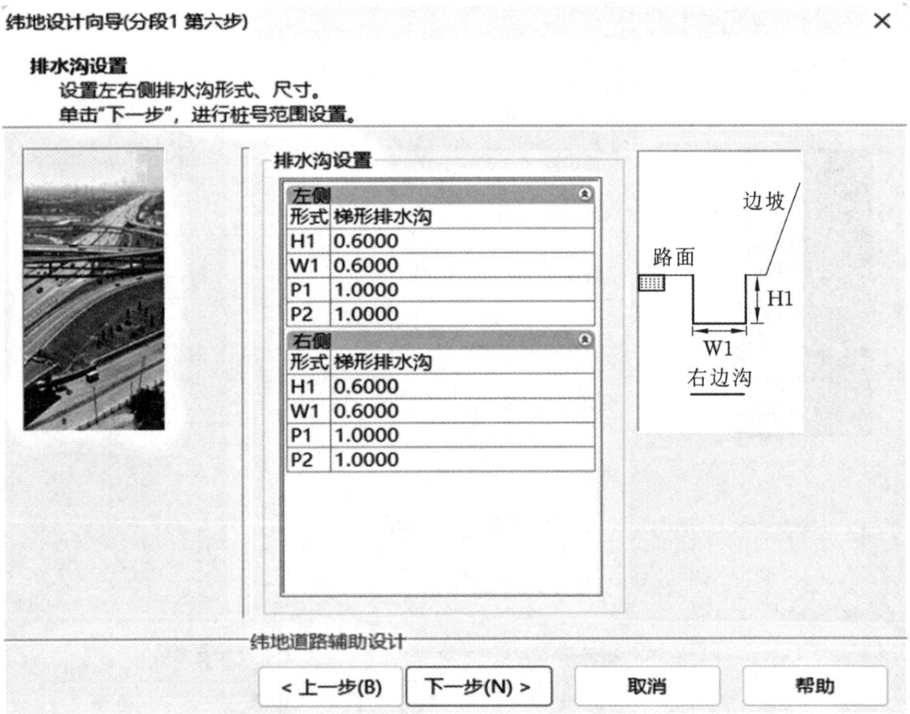

图 2.13　排水沟设置

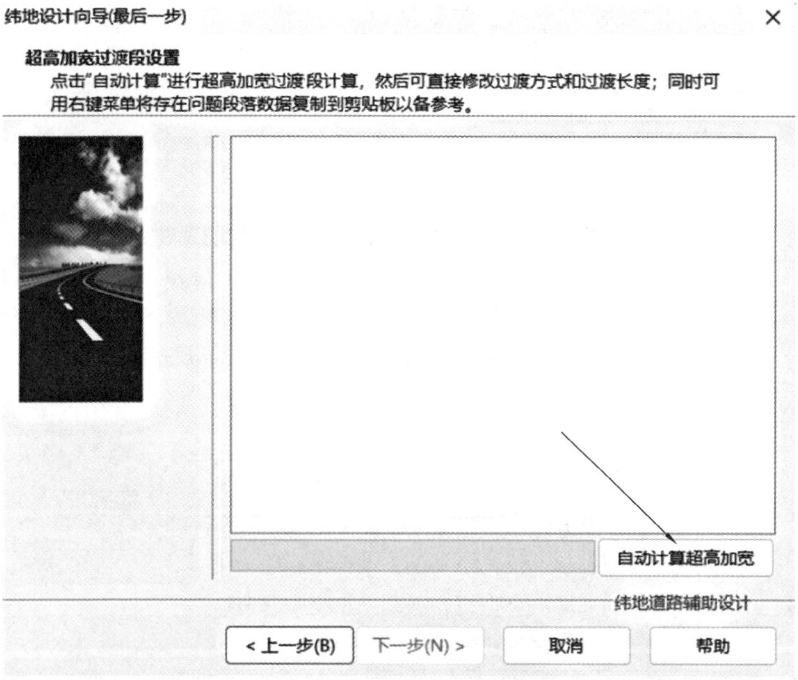

图 2.14　超高加宽过渡段设置

② 有红色的区域表示设计参数可能不合理，重新修改设计参数(平面设计的参数，半径、缓和曲线长度、直线段长度都需要满足规范要求)，如图 2.15 所示。

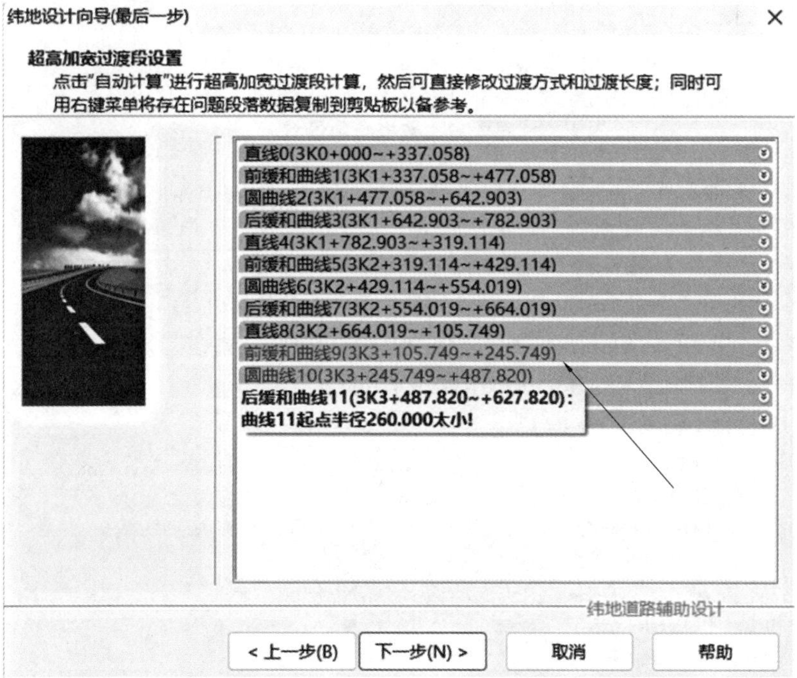

图 2.15　设计参数不合理示意图

（2）数模建设，点击“数模”，读入三维数据，打开地形图，把地形图上的高程设置为地形点，等高线设置为约束线，点击“开始读入”“三角构网”“三角网优化”“数模应用”（依次为纵断面插值、横断面插值，插值过程中记得勾选“绘制三维地面线”），即可进行纵断面设计，如图 2.16 至图 2.21 所示。

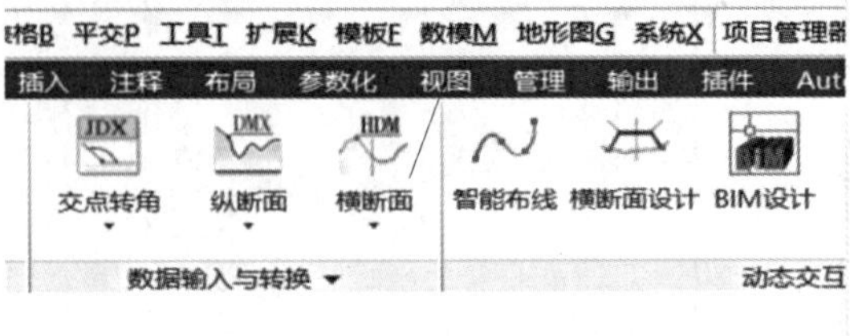

图 2.16 “数模”选取

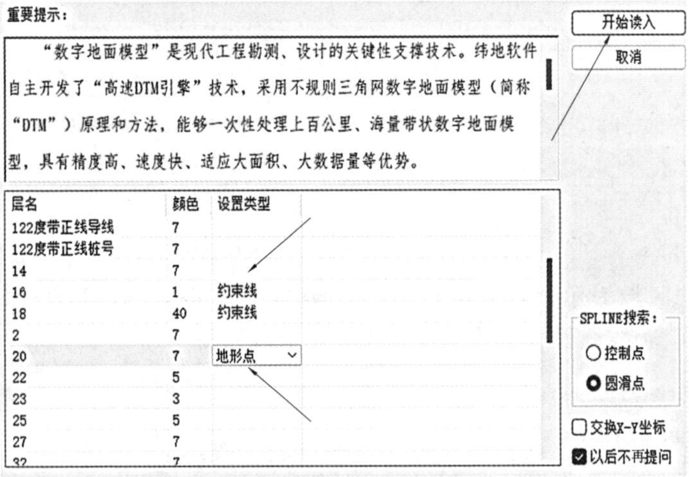

图 2.17 数模参数设置

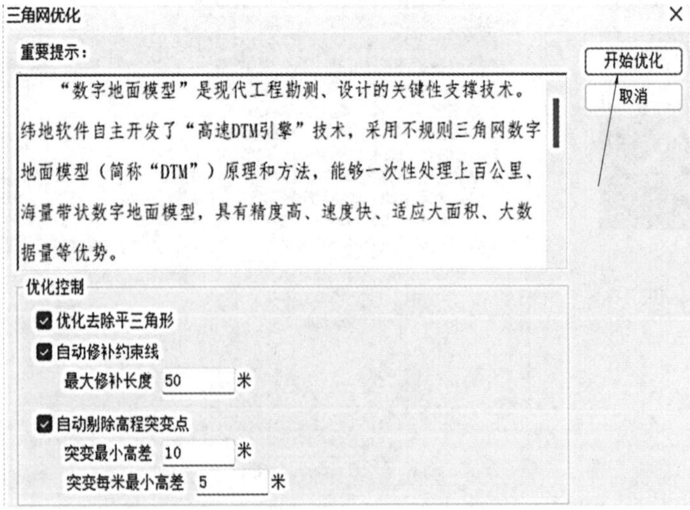

图 2.18 “三角网优化”界面

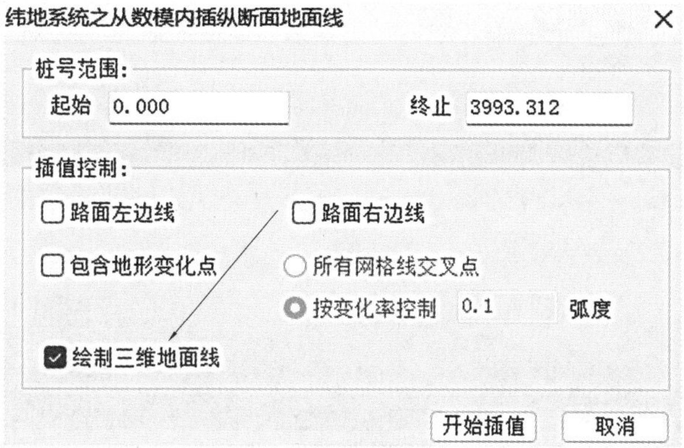

图 2.19 绘制三维地面线

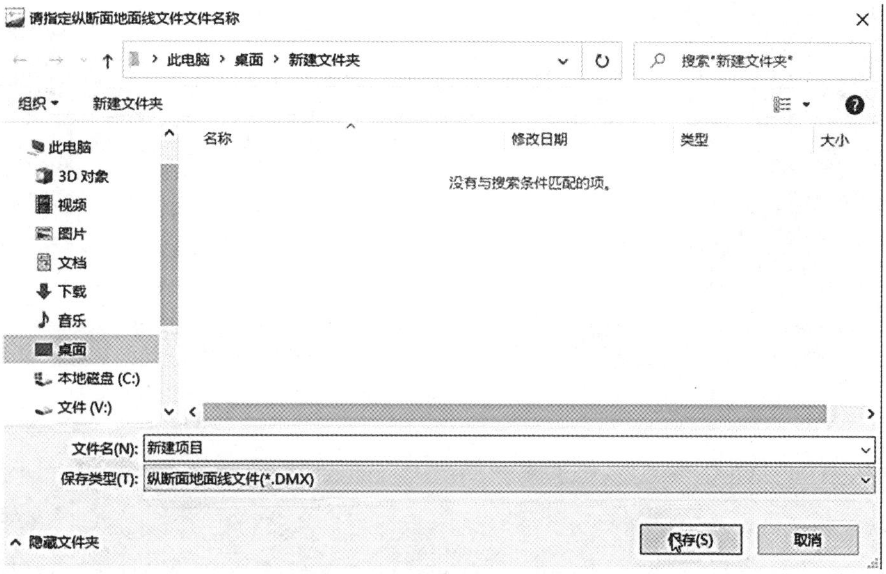

图 2.20 纵断面地面线文件保存

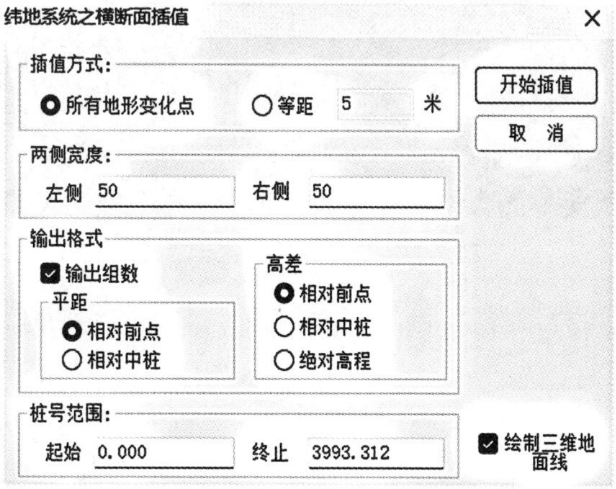

图 2.21 横断面插值界面

(3) 纵断面设计,点击“计算显示”后再点击“确定”,然后双击鼠标滚轮会显示纵断面地面线,如图 2.22、图 2.23 所示。

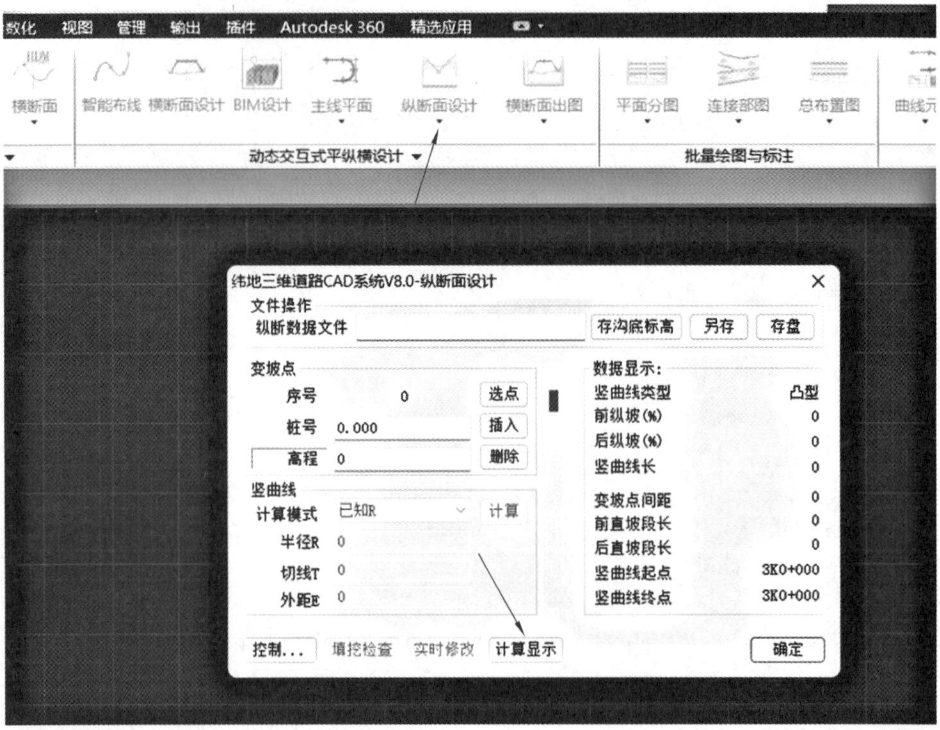

图 2.22　纵断面设计演示图

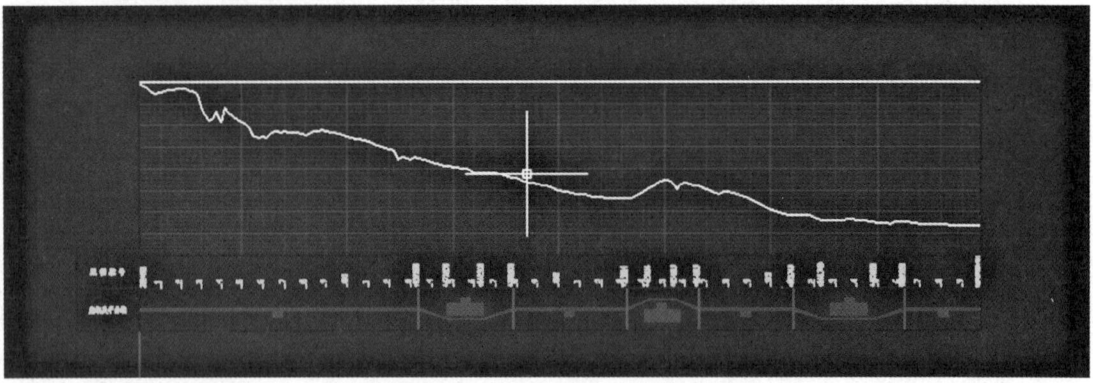

图 2.23　纵断面地面线示意图

选点、插入,设置半径后存盘,如图 2.24、图 2.25 所示。此处设计半径、切线长、坡度、坡长等参数要满足规范要求。

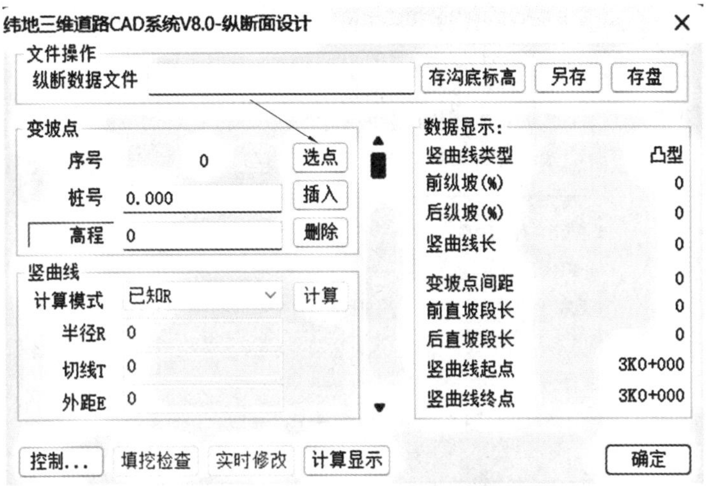

图 2.24 纵断面变坡点选择

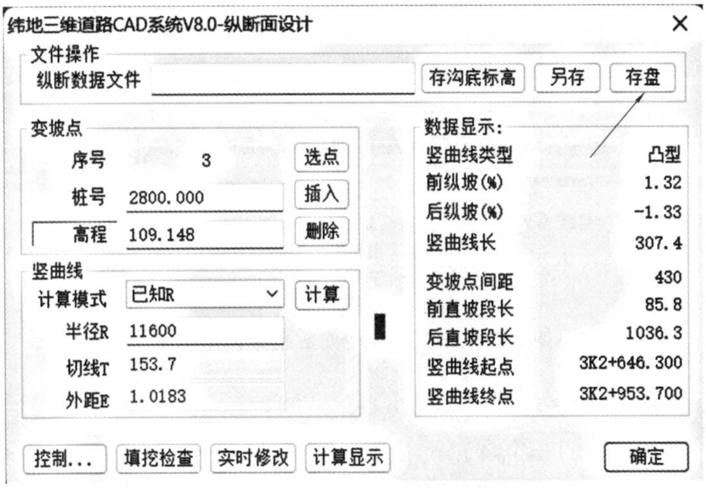

图 2.25 纵断面数据存盘

2.1.3.4 横断面设计

(1) 设计前,先进行路基设计计算,如图 2.26 所示。

(2) 搜索全线、保存、计算,如图 2.27 至图 2.30 所示。

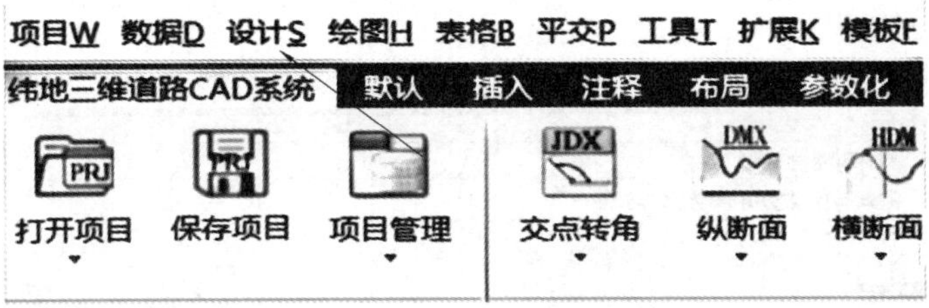

图 2.26 横断面设计示意图

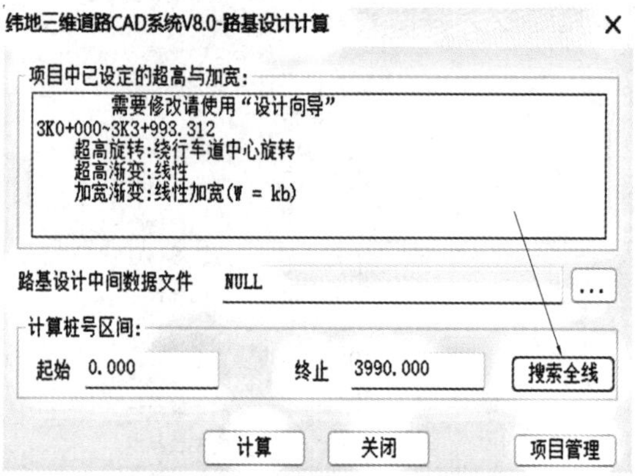

图 2.27 “搜索全线”选取

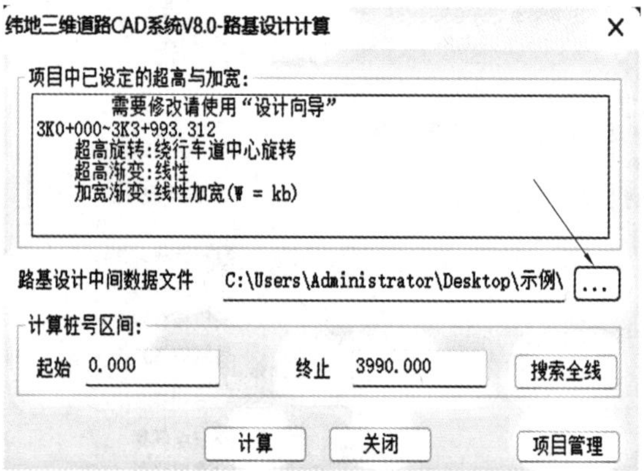

图 2.28 路基设计中间数据文件演示图

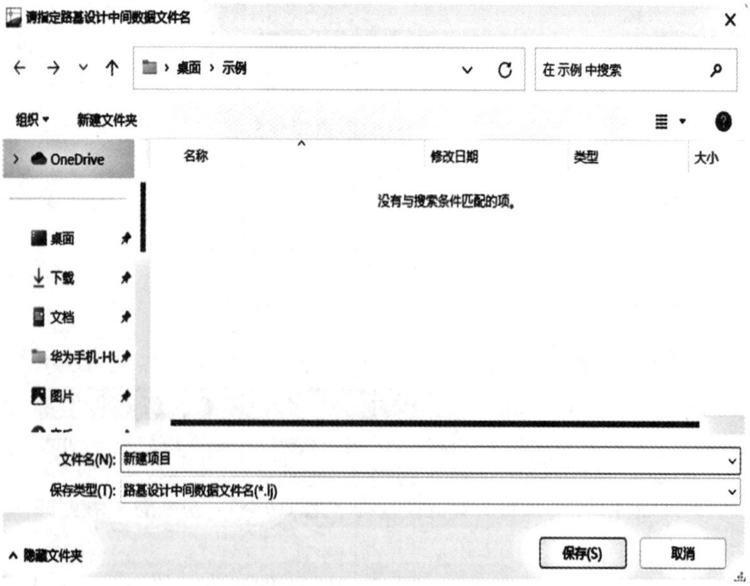

图 2.29 路基设计中间数据文件保存

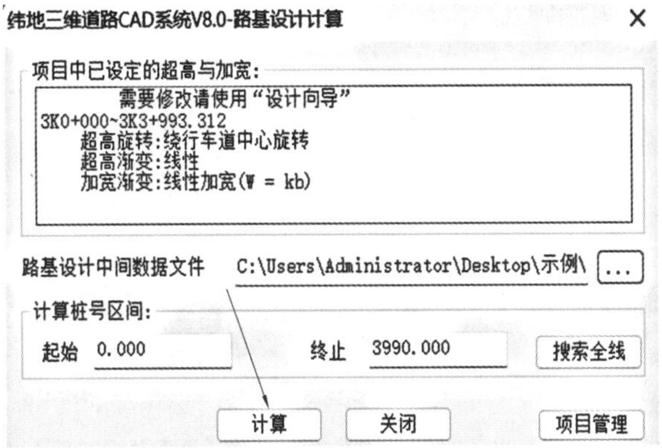

图 2.30　路基设计计算演示图

(3) 点击横断面出图，如图 2.31 所示。

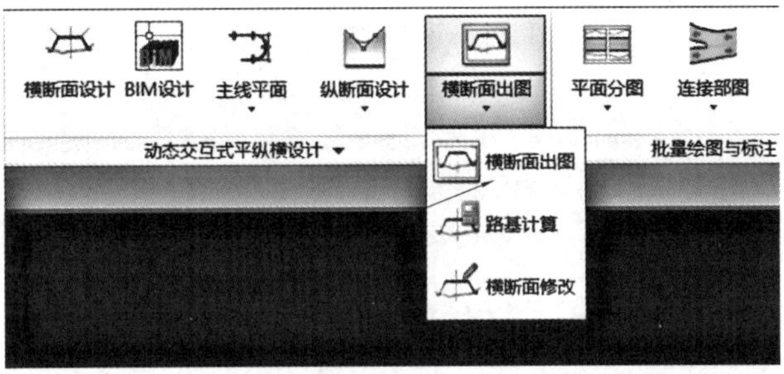

图 2.31　横断面出图

(4) 横断面设计绘图选择 1 km 范围即可，此 1 km 需要保证有路线转弯地方、有填有挖路基，如图 2.32、图 2.33 所示。

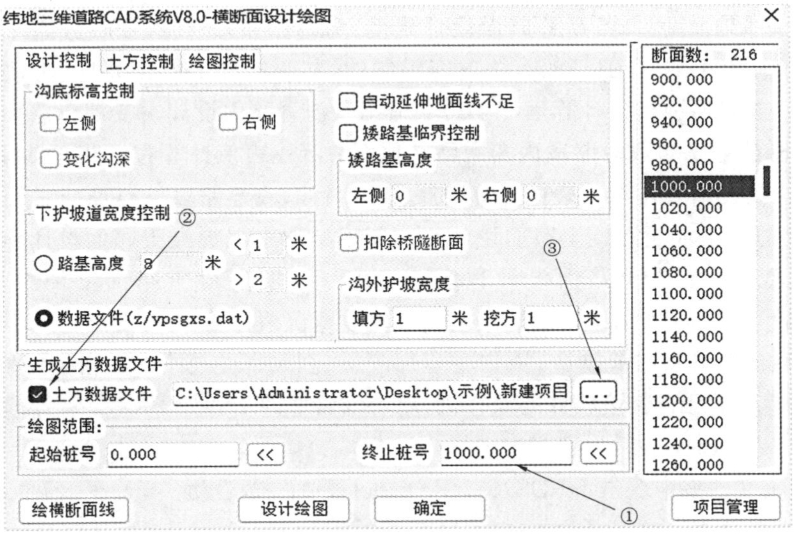

图 2.32　横断面设计绘图参数选取

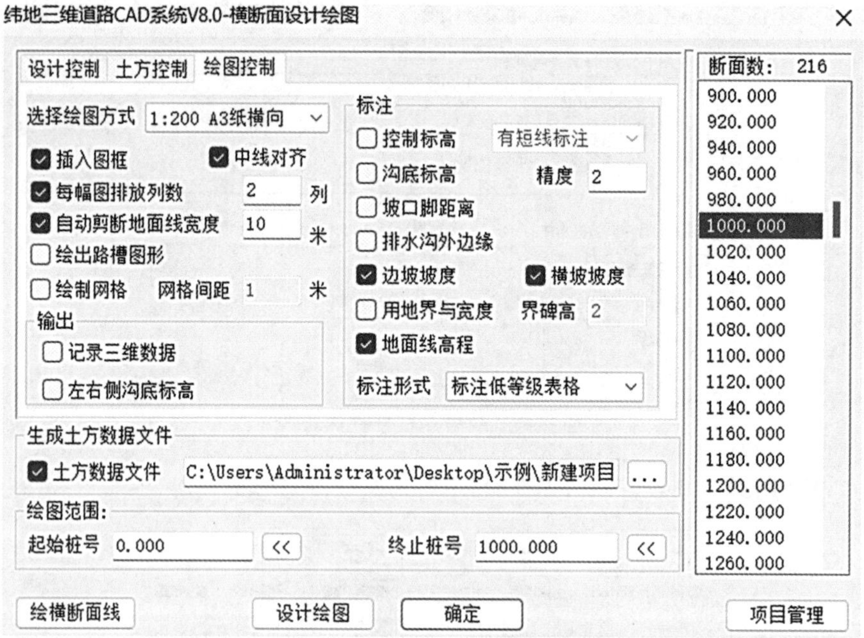

图 2.33　横断面设计绘图示意图

2.2　路面设计软件

2.2.1　HPDS 软件简介

HPDS 软件是根据《公路沥青路面设计规范》(JTG D50—2017)和《公路水泥混凝土路面设计规范》(JTG D40—2011)的有关内容编制的,共包括如下九个程序:①改建路段留用路面结构顶面当量回弹模量计算程序 HOC(适用于沥青路面设计);②沥青路面设计与验算程序 HAPDS;③路基验收时路段内实测路基顶面弯沉代表值计算程序 HOCG;④路面交工验收时路段内实测路表弯沉代表值计算程序 HOCA;⑤改建路段原路面当量回弹模量计算程序 HOC1(适用于水泥混凝土路面设计);⑥新建单层水泥混凝土路面设计程序 HCPD1;⑦新建复合式水泥混凝土路面设计程序 HCPD2;⑧旧混凝土路面上加铺层设计程序 HCPD3;⑨基(垫)层或加铺层及新建路基交工验收弯沉值计算程序 HCPC。

由于该软件已采取加密措施,用户在程序安装完毕后,必须将“加密锁”插入主机上的 USB 接口中。对于已安装该软件的计算机,启动该软件的步骤如下:

① 启动 Windows;

② 在安装文件夹中双击 HPDS2017.EXE 执行程序,即启动。

2.2.2 沥青路面设计与验算程序使用说明

2.2.2.1 程序主窗口使用说明

(1) 程序功能

① 在主窗口左侧的“交通量”框架中，打开“交通参数输入”窗口输入交通参数，并在此基础上通过交通量计算确定路面设计交通荷载等级，计算对应各种设计指标（沥青混合料层疲劳开裂寿命、无机结合料稳定层疲劳开裂寿命、沥青混合料层永久变形量及路基顶面竖向压应变）的当量设计轴载累计作用次数并输出。

② 在主窗口右侧的“路面设计参数输入”框架中，程序规定“路面结构的层数”M 的取值范围为[1,9]，当文本框中的数据输入正确时，其右侧命令按钮上“路面结构的参数输入…”文字呈黑色（否则呈模糊灰色），单击此按钮，即出现“沥青路面结构参数输入”窗口，通过该窗口输入沥青路面结构参数，包括路面材料名称、结构层厚度（mm）、材料模量（MPa）、材料泊松比、无机结合料稳定类材料弯拉强度（MPa）及沥青混合料车辙试验永久变形量（mm），为下一步进行沥青路面设计和路面结构验算服务。

③ 在主窗口左下侧，打开“路面结构验算公共参数输入”窗口输入路面结构验算公共参数，包括季节性冻土地区调整系数、基准路面结构温度调整系数、沥青混合料的沥青饱和度和基准等效温度等。

④ 在主窗口右下侧的“验算沥青面层低温开裂指数和路面防冻厚度”框架中，当用户选择“二者皆验算”或“仅验算前者”单选按钮时，“沥青面层低温开裂指数验算参数输入”命令按钮上文字呈黑色（否则呈模糊灰色），单击此按钮，即出现“沥青面层低温开裂指数验算参数输入”窗口，通过该窗口输入验算沥青面层低温开裂指数的有关参数包括：公路所在地区路面低温设计温度、路基类型参数和面层沥青弯曲梁流变试验的蠕变劲度等。

⑤ 根据输入的路面结构组合，程序选择相应的设计指标进行路面结构验算，并在此基础上计算出路面结构中拟定设计层厚度。根据用户对主窗口中“路面设计类型”的选择，程序可进行新建路面设计或改建路面设计。当用户在主窗口右下侧的“验算沥青面层低温开裂指数和路面防冻厚度”框架中选择“二者皆验算”单选按钮时，程序还会对所设计的路面结构进行防冻厚度验算。

⑥ 计算设计路面结构的路基顶面验收弯沉值和路表验收弯沉值。

(2) 为方便用户输入，程序增加了一个新的重要功能，即在每一个窗口中，当鼠标停留在输入参数名的标签上时（无标签时则为文本框），即出现一个淡黄色的文本提示，提示内容包括该参数输入值的取值范围，单击标签将可能显示的《公路沥青路面设计规范》（JTG D50—2017）中与该参数有关的内容或表格，以及与该参数输入有关的说明等。如果提示中有后一个内容，则当用鼠标单击该标签时，将会出现一个窗口，窗口中显示《公路沥青路面设计规范》（JTG D50—2017）中与该参数有关的内容或表格，以及与该参数输入有关的说明等，为输入该参数提供帮助。

(3) 原始数据输入补充说明

① 当单击“公路等级”组合框右侧的箭头时，即出现“公路等级”下拉菜单，供用户选择。

② 在“路面设计参数输入”框架中：

a. 程序规定“路面结构的层数”M 的取值范围为[1,9]。

b. 程序规定“路面设计层位”的取值范围为[1,M](M 为路面结构的层数)。

c. 程序规定“设计层起始厚度”的取值范围为[10,400](mm)。

d. 程序规定“设计层厚度增加的步长”的取值范围为[10,50](mm)。

③ 程序规定“新建路基顶面回弹模量”取值范围为[1,1000](MPa)[注意:《公路沥青路面设计规范》(JTG D50—2017)第 5.2.2 条规定,新建路基顶面回弹模量值应大于 40MPa。为了给用户设计计算有更大的灵活性,当用户“新建路基顶面回弹模量”输入值小于上述规范推荐值时,程序对此有所提醒,但允许用户根据实际设计情况自主选择]。

④ 程序规定“原路路基顶面回弹模量或改建后未划入路面的原路路基和留用路面结构顶面当量回弹模量”的取值范围为[1,3000](MPa)。

⑤ 程序规定“改建后新加铺路面最下层的层位”的取值范围为[1,M](M 为路面结构的层数)。

⑥ 程序规定“新建路基或原路路基或改建后未划入路面的原路路基和留用路面结构的泊松比”的取值范围为[0.2,0.45]。

⑦ 根据《公路沥青路面设计规范》(JTG D50—2017)表 B.6.2 的规定,程序规定“路面最小防冻厚度”的取值范围为[240,1000](mm),并规定“改建后未划入路面的留用路面结构总厚度”的取值范围为[0,1500](mm)。

(4) 最后的提醒

由于计算机屏幕尺寸的限制,每一个设计计算程序除了一个数据输入主窗口外,还附带1～3 个数据输入辅助窗口。因此用户每进行一个新的设计计算时,不但要打开主窗口输入数据,而且还必须打开所有附带的辅助窗口输入数据,否则数据输入将是不完全的。

不仅如此,由于辅助窗口的数据输入往往与主窗口的某些参数数据相联系(例如“路面结构的参数输入窗口”与主窗口的“路面结构的层数”M 相联系),因此即使在同一个设计计算过程中,如用户已打开某辅助窗口输入过数据,但由于种种原因用户又在主窗口中重新设置与该辅助窗口数据输入有联系的参数数据,则必须再次打开该辅助窗口重新输入数据。

每一次辅助窗口输入数据结束后,都勿忘单击“确定”按钮(除非用户放弃刚输入的数据)。因为只有单击“确定”按钮,程序才会对输入数据进行检查,并在检查无误后将输入到文本框中的数据存入相关变量,从而真正完成数据输入。

2.2.2.2　交通参数输入窗口使用说明

本窗口的作用是输入交通参数并在此基础上通过交通量计算确定路面设计交通荷载等级,计算对应各种设计指标(沥青混合料层疲劳开裂寿命、无机结合料稳定层疲劳开裂寿命、沥青混合料层永久变形量以及路基顶面竖向压应变)的当量设计轴载累计作用次数并输出。输入的项目及其取值范围如下：

(1) 路面设计使用年限 T(年)

本参数的取值范围为[1,20]。

(2) 通车至首次针对车辙维修的期限 T_1(年)

本参数的取值范围为[1,T](T 为路面设计使用年限)。

(3) 初始年大型客车和货车双向年平均日交通量 N_1(辆/日)

本参数要求输入值不小于 1。

(4) 方向系数 DDF

本参数的取值范围为[0.5,1],无实测数据时可在 0.5～0.6 范围内选取。

(5) 车道系数 LDF

本参数取值范围为[0.25,1]。

(6) 交通量年平均增长率(%)

本参数的取值范围为[－100,2000]。

(7) 整体式货车比例(%)

本参数取值范围为[0,100](%)。

(8) 半挂式货车比例(%)

本参数取值范围为[0,100](%)。

注意:整体式货车比例与半挂式货车比例之和不能大于 100(%)。

(9) 2 类车型中满载车所占的比例

本参数的取值范围为[0,1]。

(10) 3 类车型中满载车所占的比例

本参数的取值范围为[0,1]。

(11) 4 类车型中满载车所占的比例

本参数的取值范围为[0,1]。

(12) 5 类车型中满载车所占的比例

本参数的取值范围为[0,1]。

(13) 6 类车型中满载车所占的比例

本参数的取值范围为[0,1]。

(14) 7 类车型中满载车所占的比例

本参数的取值范围为[0,1]。

(15) 8 类车型中满载车所占的比例

本参数的取值范围为[0,1]。

(16) 9 类车型中满载车所占的比例

本参数的取值范围为[0,1]。

(17) 10 类车型中满载车所占的比例

本参数的取值范围为[0,1]。

(18) 11 类车型中满载车所占的比例

本参数的取值范围为[0,1]。

本窗口有三个命令按钮,即“确定”“取消”“帮助”。当单击“帮助”按钮时,即出现显示本使用说明内容的“帮助(使用说明)”窗口;当单击“取消”按钮时,用户放弃刚输入的数据,本窗口消失,返回主窗口;当单击“确定”按钮时,程序先检查所输入的数据是否有误,如果全部输入数据无误,程序将输入数据存入相关变量,本窗口消失,返回主窗口。

2.2.2.3 沥青路面结构参数输入窗口使用说明

本窗口的作用是输入沥青路面结构参数，包括路面材料名称、结构层厚度(mm)、材料模量(MPa)、材料泊松比、无机结合料稳定类材料弯拉强度(MPa)及沥青混合料车辙试验永久变形量(mm)，为下一步进行沥青路面设计和路面结构验算服务。具体说明如下：

(1) 路面材料名称

为方便用户输入，程序提供了两种“路面材料名称”的输入方法：一是菜单输入法，当鼠标单击“路面材料名称”标签下面的文本框时即出现“路面材料名称”菜单，单击其中某一个选好的子菜单，即完成“路面材料名称”的输入；二是代码输入法，即用户根据“路面材料代码与材料名称对照表”输入“路面材料代码”，然后由程序自动显示出相应的“路面材料名称”。当用户单击“路面材料代码”标签时，即出现显示该对照表内容的窗口，供用户选用(注意：如果“路面材料代码”输入不正确，“路面材料名称”栏的文本框中将保持空白状态)。

如果设计计算所采用的“路面材料名称”未包含在对照表中时，用户可在对照表中选用一个相近的“路面材料名称”并输入其“路面材料代码”，在设计计算结束，“设计计算成果文件显示修改与打印”窗口显示设计计算成果文件内容时，再对其进行修改并保存。

(2) 结构层厚度(mm)

程序规定本设计参数的取值范围为[10,1000]。

(3) 材料模量(MPa)

程序规定沥青混合料 20 ℃动态压缩模量的取值范围为[4000,20000]，无机结合料稳定类材料弹性模量的取值范围为[800,25000]，粒料回弹模量的取值范围为[80,1000]。

(4) 材料泊松比

程序规定本设计参数的取值范围为[0.20,0.45]。

(5) 无机结合料稳定类材料弯拉强度(MPa)

程序规定本设计参数的取值范围为[0.15,4.0]。

(6) 沥青混合料车辙试验永久变形量(mm)

程序规定本设计参数的取值范围为[0,50]。

本窗口有三个命令按钮，即“确定”“取消”“帮助”。当单击“帮助”按钮时，即出现显示本使用说明内容的“帮助(使用说明)”窗口；当单击“取消”按钮时，用户放弃刚输入的数据，本窗口消失，返回主窗口；当单击“确定”按钮时，程序先检查所输入的数据是否有误，如果全部输入数据无误，程序将输入数据存入相关变量，本窗口消失，返回主窗口。

2.2.2.4 路面结构验算公共参数输入窗口使用说明

本窗口的作用是输入路面结构验算公共参数。输入的项目及其取值范围如下：

(1) 季节性冻土地区调整系数 k_a

本参数取值范围为[0.6,1]。

(2) 基准路面结构温度调整系数(用于沥青混合料层疲劳开裂验算或无机结合料稳定层疲劳开裂验算)k_{T1}

本参数取值范围为[0.1,5]。

(3) 沥青混合料的沥青饱和度 VFA(%)

本参数取值范围为[10,100] 。

(4) 基准路面结构温度调整系数(用于路基顶面竖向压应变验算)k_{T3}

本参数取值范围为[0.1,5]。

(5) 基准等效温度(用于沥青混合料层永久变形量验算)T_{KA}(℃)

本参数取值范围为[1,50]。

本窗口有三个命令按钮,即“确定”“取消”“帮助”。当单击“帮助”按钮时,即出现显示本使用说明内容的“帮助(使用说明)”窗口;当单击“取消”按钮时,用户放弃刚输入的数据,本窗口消失,返回主窗口;当单击“确定”按钮时,程序先检查所输入的数据是否有误,如果全部输入数据无误,程序将输入数据存入相关变量,本窗口消失,返回主窗口。

2.2.2.5 沥青面层低温开裂指数验算的参数输入窗口使用说明

本窗口的作用是输入验算沥青面层低温开裂指数的有关参数。输入的项目及其取值范围如下:

(1) 公路所在地区路面低温设计温度 T_{SJ}(℃)

本参数取值范围为[−100,0],为公路所在地区连续 10 年年最低气温的平均值。

(2) 路基类型参数 B_{LJ}

本参数取值范围为[2,5],砂质路基输入 5,粉质黏土路基输入 3,黏土路基输入 2。

(3) 表面层沥青弯曲梁流变试验的蠕变劲度 S_T(MPa)

本参数取值范围为[1,1000]。

本窗口有三个命令按钮,即“确定”“取消”“帮助”。当单击“帮助”按钮时,即出现显示本使用说明内容的“帮助(使用说明)”窗口;当单击“取消”按钮时,用户放弃刚输入的数据,本窗口消失,返回主窗口;当单击“确定”按钮时,程序先检查所输入的数据是否有误,如果全部输入数据无误,程序将输入数据存入相关变量,本窗口消失,返回主窗口。

2.2.2.6 路面厚度修改窗口使用说明

在沥青路面设计或水泥混凝土路面设计完成后,程序将自动对路面设计厚度取整,当程序验算路面防冻厚度并且路面总厚度小于路面最小防冻厚度时,程序自动将不足部分增补到新建路面的最下层结构层中去。与此同时,程序还询问用户,是否还要对刚设计完成的路面厚度做一些调整。

2.2.3 HPDS 软件主要操作步骤

本小节以二级公路为示例,介绍 HPDS 软件主要操作步骤。

(1) 启动 HPDS 软件

启动 HPDS 软件,如图 2.34 所示。点击“路面设计与计算”→“沥青路面设计与计算”→“沥青路面设计与验算”。

图 2.34 HPDS 图标

(2) 交通参数输入

输入交通参数,如图 2.35 所示。

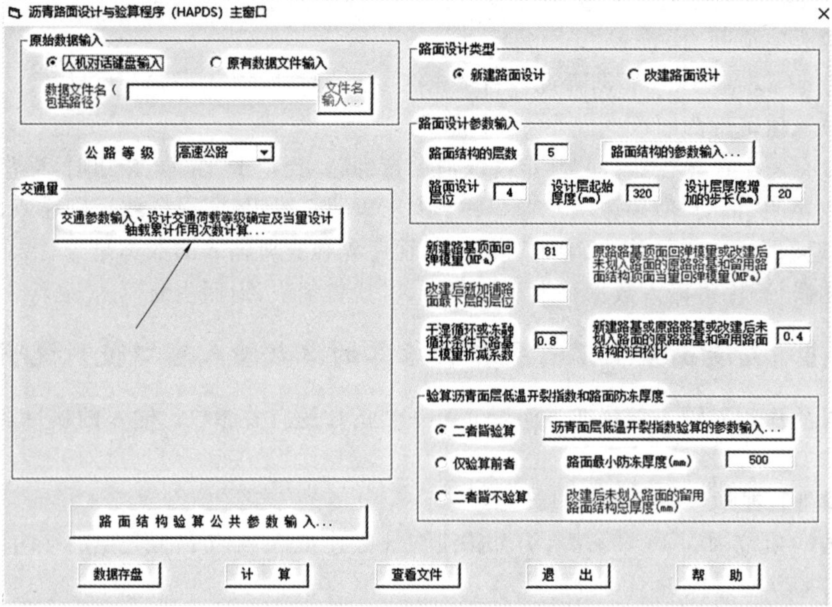

图 2.35　交通参数输入演示图

各类车型中满载车所占的比例为车辆类型分布系数乘以满载车比例;所有参数输入结束以后点击"确定",界面出现设计交通荷载等级,如图 2.36、图 2.37 所示。

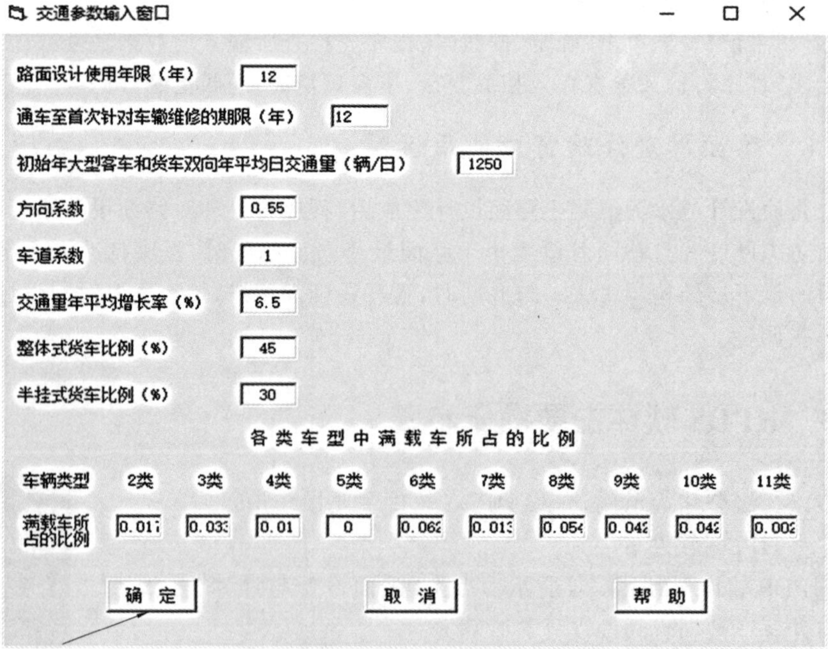

图 2.36　交通参数输入示意图

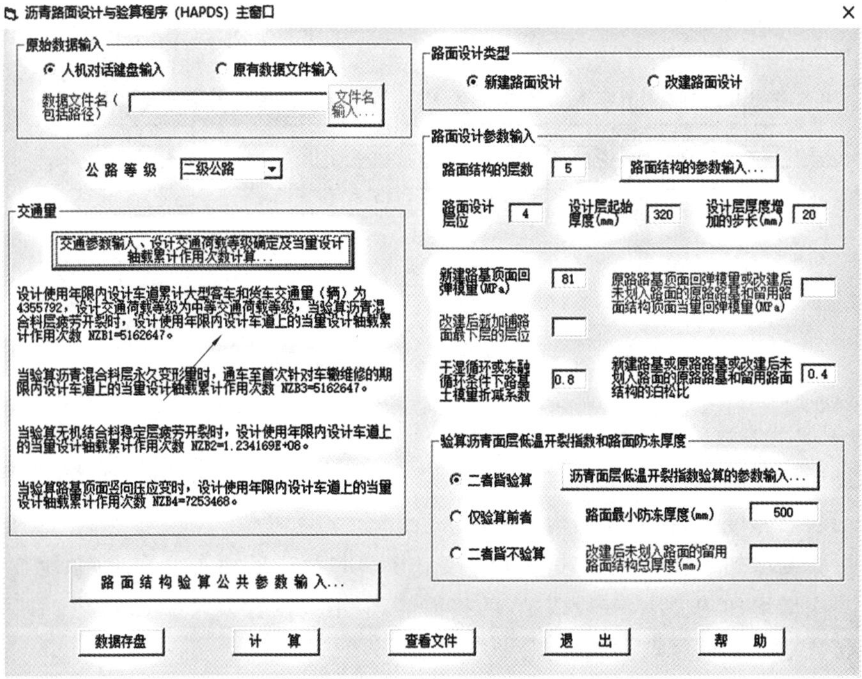

图 2.37　交通量等级确定示意图

(3) 沥青路面结构的参数输入

① 输入路面结构层数，如图 2.38 所示。

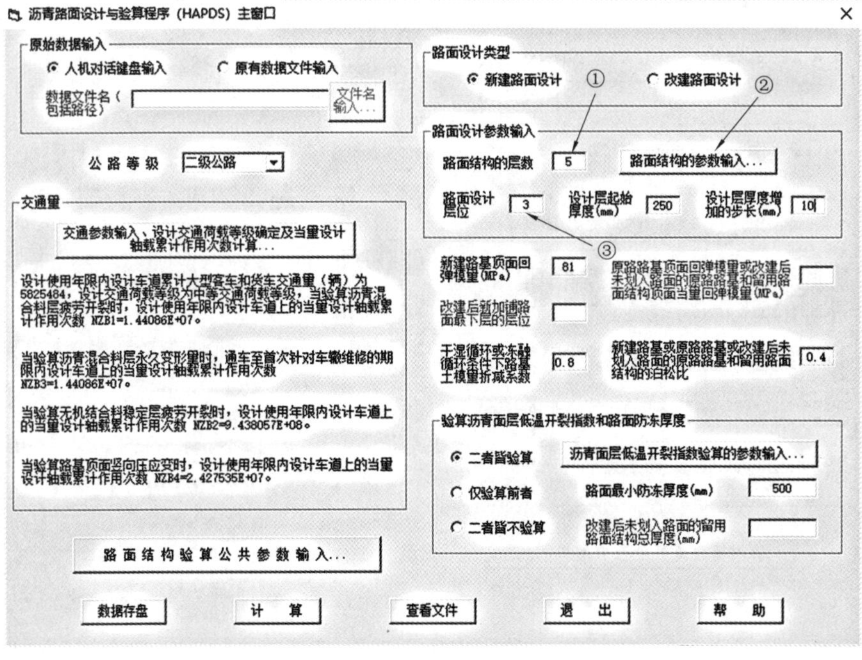

图 2.38　路面设计参数输入演示图

② 输入路面结构参数，如图 2.39 所示。

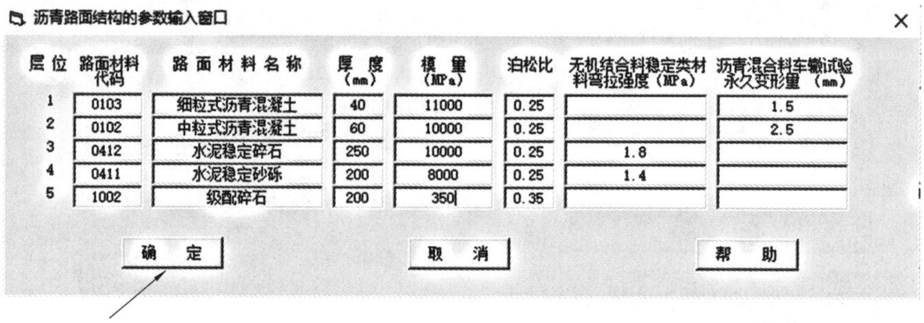

图 2.39 沥青路面结构的参数输入演示图

③ 输入如下参数：

路面设计层位：一般选基层所在层位。

设计层起始厚度：初拟路面结构的基层厚度。

设计层厚度增加的步长：指的是起始厚度在验算过程中若不符合要求，系统在起始厚度的基础上一次所增加的大小，一般取 10 的整数倍，但不宜设置太大。

所有参数输入结束后点击“确定”。

无机结合料弹性模量需要乘以调整系数 0.5，粒料类回弹模量要选择经湿度调整后的模量。

(4) 新建路基顶面回弹模量和干湿循环系数输入

输入新建路基顶面回弹模量和干湿循环系数，如图 2.40 所示。

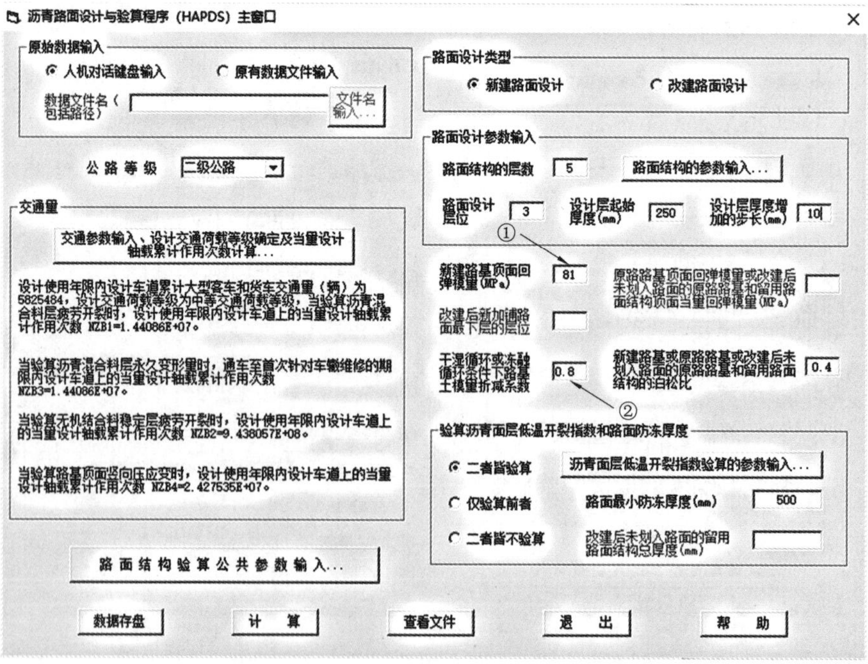

图 2.40 新建路基顶面回弹模量和干湿循环系数输入示意图

(5) 路面结构验算公共参数输入

输入路面结构验算公共参数,如图 2.41、图 2.42 所示。

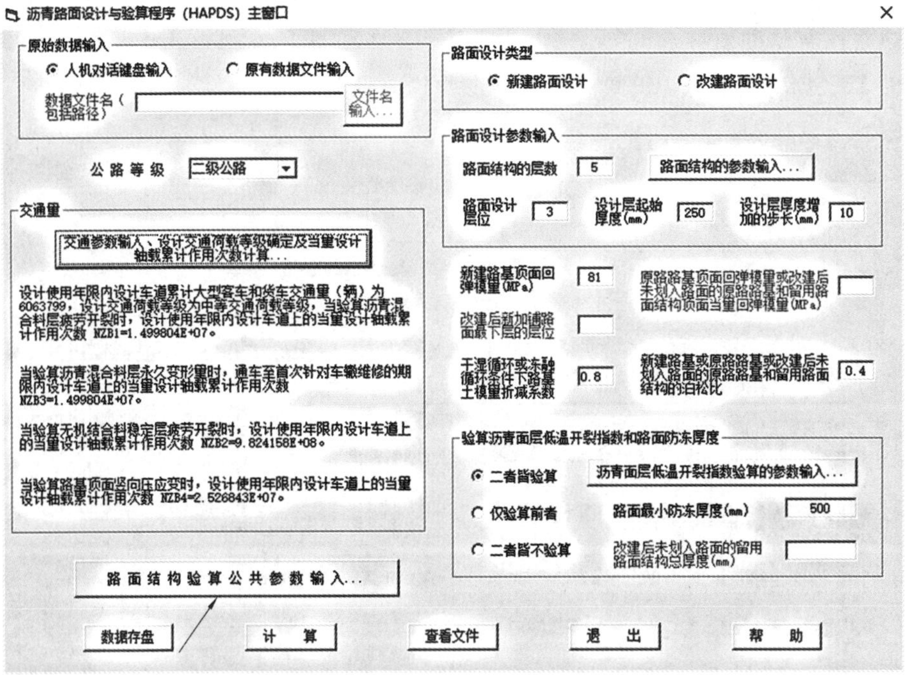

图 2.41 路面结构验算公共参数输入示意图

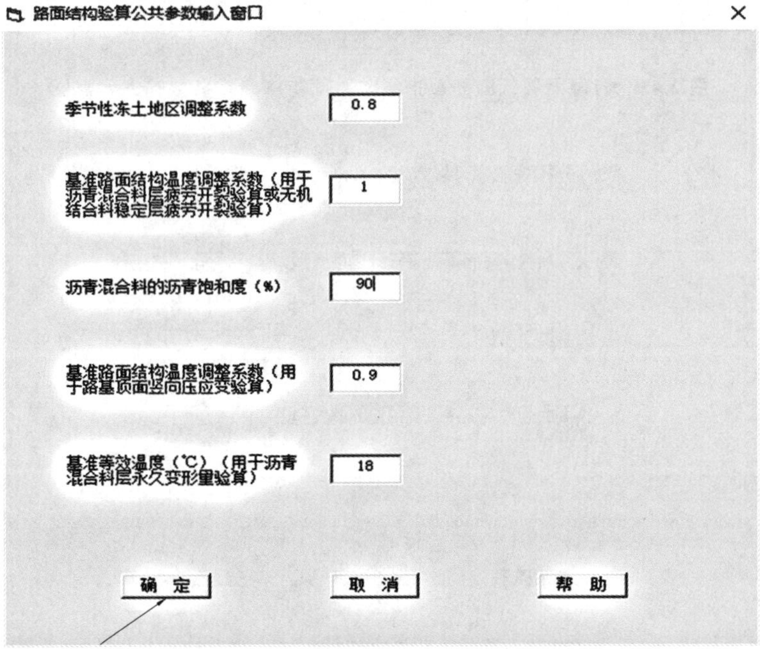

图 2.42 路面结构验算公共参数输入界面

(6) 验算沥青面层低温开裂指数和路面防冻厚度

公路所在地位于季节性冻土地区,需验算沥青面层低温开裂指数,点击“仅验算前者”。公路路基平衡湿度状况为中湿类,且位于季节性冻土地区,需要对路面结构组合进行最小防冻厚度和沥青面层低温开裂指数验算,点击“二者皆验算”;否则点击“二者皆不验算”,如图 2.43 所示。沥青面层低温开裂指数验算参数输入见图 2.44。

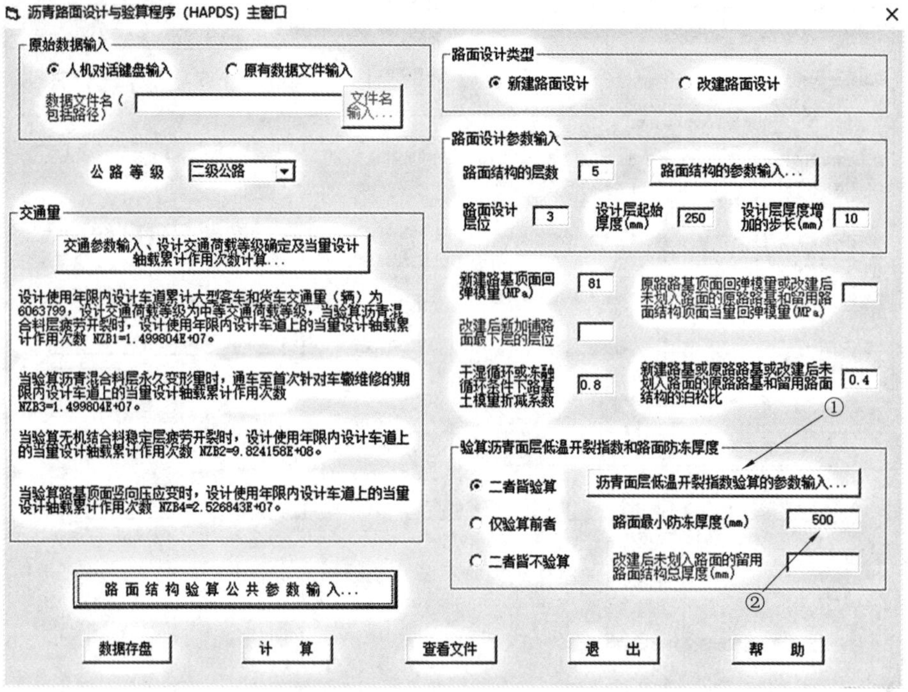

图 2.43 沥青面层低温开裂指数和路面防冻厚度参数输入示意图

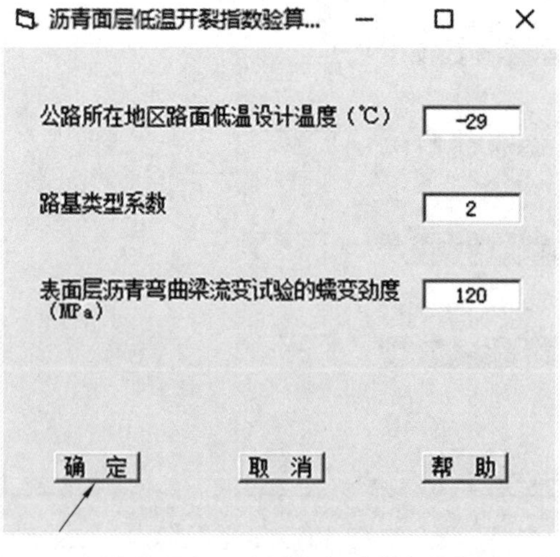

图 2.44 沥青面层低温开裂指数验算参数输入示意图

点击“计算”，计算书满足要求后点击“数据存盘”，如图 2.45 所示。

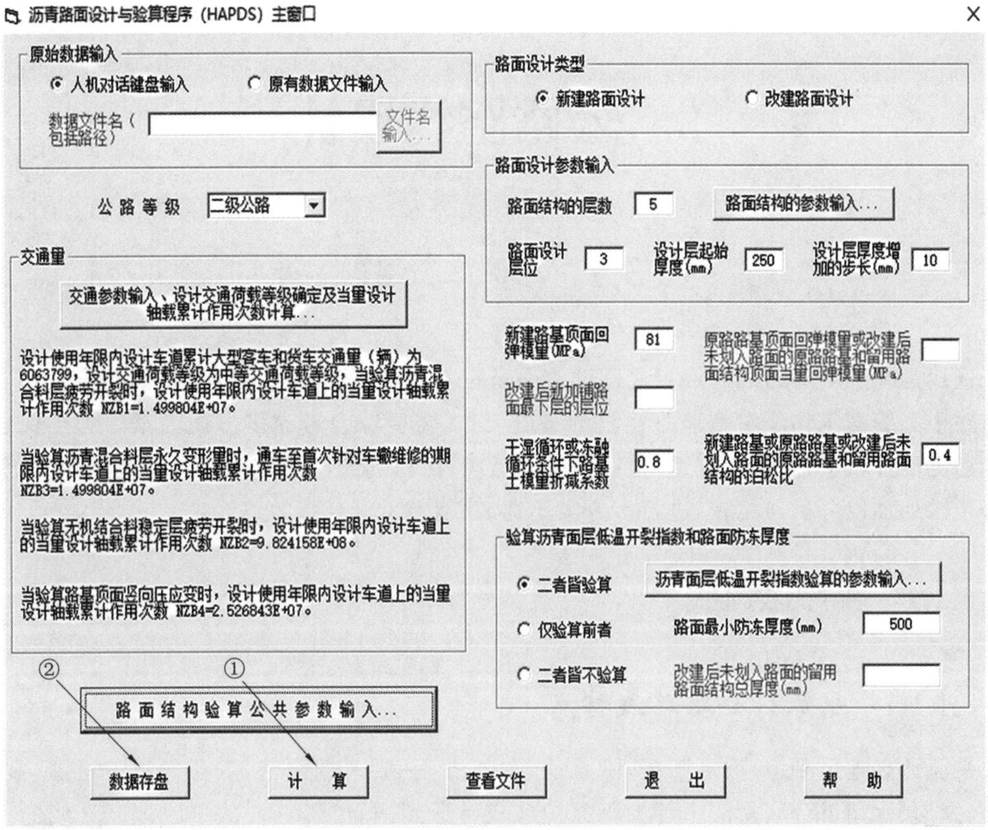

图 2.45 计算和数据存盘操作示意图

3　公路路线设计

3.1　选　　线

选线是在规划道路的起终点之间选定一条技术上可行、经济上合理,又能符合使用要求的道路中心线的工作。它是道路建设的基础工作,需要综合考虑多方面因素。为了保证选线和勘测设计质量,降低工程造价,必须全面考虑,由粗到细,由轮廓到具体,逐步深入,分阶段分步骤地加以分析与比较,进行多方案比选,才能定出最合理的路线来。

3.1.1　平原区选线

3.1.1.1　平原区公路路线特点

平原地区地形平坦,坡度平缓,除草原、戈壁外,一般人烟稠密,农业发达。村镇、农田、河流、湖泊、水塘、沼泽、盐渍土等为平原地区较常遇到的自然障碍,故平原地区选线的主要特点是克服平面障碍。

3.1.1.2　平原区公路选线方法

先把路线总方向内规定经过的地点(如城市、工厂、农场和乡镇及文物风景地点)作为大控制点,然后在大控制点之间进行实地勘察,了解农田优劣及地物分布情况,确定哪些可穿,哪些该绕以及怎样绕避,从而建立起一系列中间控制点。控制点之间以直达为主,在直达的基础上作适当的调整,使路线的平纵断面配合好。

3.1.1.3　平原区公路选线要点

(1) 路线平面线形应采用较高的技术指标,避免采用长直线或小偏角,但不应为避免长直线而随意转弯。

(2) 在微丘区,路线绕避山嘴,跨越沟谷或其他障碍时,一般应使曲线交点正对主要障碍物,使障碍物在曲线的内侧并使其偏角较小。

(3) 路线应少占农田,特别是高产田。路线位置和施工取、弃土要结合农田规划、灌溉、交通等情况,尽量做到绕避农田(或经济作物区)。

(4) 力争减少路基填土高度,但绕避高程障碍而导致路线延长时,则应认真比选。

(5) 路线应尽可能采取较高的平、纵面设计标准，路基应保持合理高度，在充分满足桥涵及其他建筑物高度的条件下，适应地形起伏，以节省工程量。

(6) 正确处理路线与桥位的关系。

① 特大桥是路线基本走向的控制点，大桥原则上应服从路线总方向并满足桥头接线的要求，桥路综合考虑。一般情况下，桥位中线应尽可能与洪水的主流流向正交，桥梁和引道最好都在直线上。当条件受限制时，也可设置斜桥或曲线桥。

② 中、小桥和涵洞位置应服从路线走向，但遇到斜交过大或河沟过于弯曲的情况，可采取改河措施或改移路线，调整桥轴线与流向的夹角，以免过分增大施工难度或加大工程投资，选线时应全面比较确定。

3.1.2 山岭区选线

山岭区山高谷深、坡陡流急、地形复杂，但山脉水系清晰，为山区选线指明了方向，不是顺山沿水，就是横山越岭。路线按行经地带的部位可分为沿河(溪)线、越岭线、山坡线、山脊线等。因所处的部位不同，地形特征、地质条件决定了选线过程中要解决的主要问题也不同，具体方法见道路勘测设计有关书籍。

3.1.3 丘陵区选线

丘陵区山丘连绵，岗坳交错，此起彼伏，山形迂回曲折，岭低脊宽，山坡较缓，丘谷相对高差不大。重丘区与山区无明显界线，微丘区与平原区也难于区别。

丘陵区路线特点：局部方案多，且为充分适应地形，路线纵断面有起伏，平面也以曲线为主。

丘陵区选线，应根据丘陵区地形特点，选出方向顺直、工程量少的路线方案。微丘区选线应充分利用地形，处理好平、纵线形的组合。重丘区选线应注意：①利用有利地形减少工程量；②平、纵组合合理设计；③少占耕地，不占良田。

丘陵区地形复杂，布线方法应随路线行经地带的具体地形而采用不同的布线方式。根据经验，可概括为三种布线方式：①平坦地带，走直线；②较陡横坡地带，走匀坡线；③起伏地带，走直连线和匀坡线之间。

3.2 平面设计

3.2.1 平面设计原则

(1) 平面线形应顺直、流畅，与地形、地物相适应，与周围环境相协调。

（2）保持平面线形的均衡与连续，应满足如下要求：

① 直线与平曲线衔接处线形变化应连续、均衡，圆曲线半径和长度与相邻直线长度应相适应，避免以下组合：长直线尽头接小半径平曲线；短直线接大半径平曲线。根据国外设计经验，从视觉及安全角度考虑，当直线与平曲线相接时，圆曲线半径 R 与其前后的直线长度 L_Z 满足如下关系时，是比较好的直线与平曲线组合：$L_Z \leqslant 500$ m 时，$R \geqslant L_Z$；$L_Z > 500$ m 时，$R \geqslant 500$ m。

② 相邻平曲线之间的设计指标应连续、均衡，避免突变。在条件允许时，相邻圆曲线大半径与小半径之比宜小于 2.0，相邻回旋线参数之比宜小于 2.0，以利于行车。

③ 高、低标准之间要有过渡。除满足有关设计路段在长度和速度梯度上的要求外，还应结合地形的变化，使路线的平面线形指标逐渐过渡，避免出现突变。不同标准路段相互衔接的地点，应选在交通量发生变化处，或驾驶人能明显判断前方需改变速度的地方。

（3）注意与纵断面设计相协调。

（4）平曲线应有足够的长度，应满足以下要求：

① 驾驶人操作从容、乘客感觉舒适要求的平曲线最小长度见表 3.1。

表 3.1　各级公路平曲线最小长度

设计速度/(km/h)		120	100	80	60	40	30	20
平曲线最小长度/m	一般值	600	500	400	300	200	150	100
	最小值	200	170	140	100	70	50	40

注："一般值"为正常情况下的采用值；"最小值"为条件受限时可采用的值。

② 转角 Δ 小于或等于 7°时的平曲线长度见表 3.2。

表 3.2　公路转角 Δ 小于或等于 7°时的平曲线长度

设计速度/(km/h)	120	100	80	60	40	30	20
一般值	1400/Δ	1200/Δ	1000/Δ	700/Δ	500/Δ	350/Δ	280/Δ
最小值	200	170	140	100	70	50	40

3.2.2　平面设计要点

（1）平面设计应充分考虑当地的自然条件，路线走向的选择应与地形相适应，在保证行车安全、满足规范要求的前提下，使工程量最小，尽量减少拆迁，少占耕地。

（2）平面设计的各项参数应符合规范要求，在条件允许时，尽量使路线的各项指标高于规范规定的一般值。

（3）高速公路应尽量满足驾驶员视觉和心理上的要求，保证驾驶员视野开阔，降低视觉疲劳。

3.2.3　平面设计指标

3.2.3.1　直线的设计标准

(1) 直线最大长度

直线的最大长度，在城镇及其附近或其他景色有变化的地点大于 20V(V 为设计速度)是可接受的；在景色单调的地点最好控制在 20V 以内；受地形条件或其他特殊情况限制而采用长直线时，应结合运行速度分析及安全性评价，增设必要的提示和警示标志，避免出现疲劳驾驶等现象。

(2) 直线最小长度

① 同向曲线间的直线最小长度：设计速度大于或等于 60 km/h 时，同向曲线间的直线最小长度(以 m 计)以不小于设计速度(km/h)的 6 倍为宜。

② 反向曲线间的直线最小长度：设计速度大于或等于 60 km/h 时，反向曲线间的直线最小长度(以 m 计)以不小于设计速度(km/h)的 2 倍为宜。

(3) 直线的运用

① 路线完全不受地形、地物限制的平坦地区或山间的宽阔河谷地带。

② 城镇及其近郊道路，或以直线为主体进行规划的地区。

③ 长大桥梁、隧道等构造物路段。

④ 路线交叉点及其附近。

⑤ 双车道公路提供超车的路段。

3.2.3.2　圆曲线的设计标准

(1) 圆曲线最小半径

圆曲线最小半径见表 3.3。

表 3.3　圆曲线最小半径

设计速度/(km/h)		120	100	80	60	40	30	20
圆曲线最小半径(极限值)/m	$i_h=10\%$	570	360	220	115	—	—	—
	$i_h=8\%$	650	400	250	125	60	30	15
	$i_h=6\%$	710	440	270	135	60	35	15
	$i_h=4\%$	810	500	300	150	65	40	20
圆曲线最小半径 (一般值)/m		1000	700	400	200	100	65	30
不设超高的圆曲线最小半径/m	路拱≤2%	5500	4000	2500	1500	600	350	150
	路拱>2%	7500	5250	3350	1900	800	450	200

(2) 圆曲线最大半径

圆曲线最大半径不宜超过 10000 m。

(3) 圆曲线最小长度

在平曲线设计时,圆曲线的最小长度一般要达到按运行速度行驶 3 s 的行程。

(4) 圆曲线的运用

① 圆曲线半径应与地形相适应,以采用超高值为 2%～4%的圆曲线半径为宜。

② 地形条件受限制时,圆曲线半径可采用大于或接近于圆曲线最小半径(一般值)的值,并应采取措施保证视距的要求。

③ 圆曲线半径应与设计速度相适应,同相衔接路段的平、纵线形要素相协调,构成连续、均衡的曲线线形。

④ 从交通安全的角度考虑,400 m 是圆曲线半径选择的参考基准值。

⑤ 选用圆曲线半径时,最大半径值一般不超过 10000 m。

3.2.3.3 缓和曲线的设计标准

(1) 缓和曲线最小长度

各级公路缓和曲线最小长度见表 3.4。

表 3.4 各级公路缓和曲线最小长度

设计速度/(km/h)	120	100	80	60	40	30	20
缓和曲线最小长度/m	100	85	70	50	35	25	20

(2) 缓和曲线的省略

下列情况下可省略缓和曲线:

① 在直线与圆曲线间,当圆曲线半径大于或等于“不设超高最小半径”时。

② 半径不同的同向圆曲线间,当小圆半径大于“不设超高的圆曲线最小半径”时。

③ 小圆半径大于表 3.5 所列复曲线中小圆临界曲线半径,且符合下列条件之一时:

a. 小圆曲线按规定设置相当于最小缓和曲线长度的回旋线时,其大圆与小圆的内移值之差小于 0.10 m;

b. 设计速度不小于 80 km/h,大圆半径(R_1)与小圆半径(R_2)之比小于 1.5 时;

c. 设计速度小于 80 km/h,大圆半径(R_1)与小圆半径(R_2)之比小于 2.0 时。

表 3.5 复曲线中小圆临界曲线半径

设计速度/(km/h)	120	100	80	60	40	30
临界曲线半径/m	2100	1500	900	500	250	130

(3) 缓和曲线的运用

① 缓和曲线作为平面线形要素之一,在线形设计中应作为主要线形要素加以应用,不能仅将其视为一种过渡的线形,设计时要注意与直线和圆曲线相协调、配合,在线形组合和线形美观上产生良好的行车和视觉效果。

② 缓和曲线参数宜根据地形条件及线形要求确定,并与圆曲线半径相协调。

③ 缓和曲线长度除满足最小缓和曲线长度要求外，还应考虑超高的要求，所选择的缓和曲线长度应大于或等于超高缓和段的要求。

④ 两反向圆曲线相衔接或插入的直线长度不足时，可用缓和曲线将两反向圆曲线连接组合为S形曲线。

⑤ 两同向圆曲线相衔接或插入的直线长度不足时，可用缓和曲线将两同向圆曲线连接组合为卵形曲线。当受地形条件限制时，可利用缓和曲线与圆曲线组成凸形线、复合曲线或C形曲线等形式。

3.2.4 平曲线要素计算方法

(1) 要素计算

内移值：

$$p=\frac{L_s^2}{24R}-\frac{L_s^4}{2688R^3}$$

切线增长值：

$$q=\frac{L_s}{2}-\frac{L_s^3}{240R^2}$$

缓和曲线角：

$$\beta_0=28.6479\frac{L_s}{R}$$

切线长：

$$T=(R+p)\tan\frac{\alpha}{2}+q$$

平曲线长：

$$L=(\alpha-\beta_0)\times\frac{\pi}{180}R+2L_s$$

外距：

$$E=(R+p)\sec\frac{\alpha}{2}-R$$

切曲差：

$$J=2T-L$$

(2) 桩号计算(图 3.1)

ZH(桩号)＝JD(桩号)－T

HY(桩号)＝ZH(桩号)＋L_s

QZ(桩号)＝ZH(桩号)＋$L/2$

YH(桩号)＝HZ(桩号)－L_s

HZ(桩号)＝ZH(桩号)＋L

JD(桩号)＝QZ(桩号)＋$J/2$

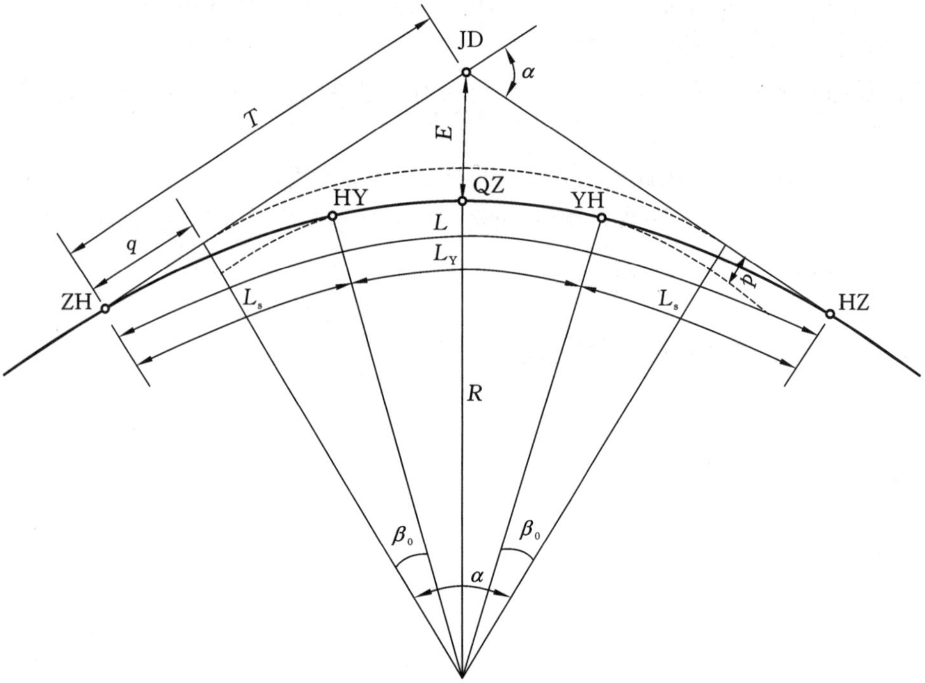

图 3.1　按回旋线敷设缓和曲线

3.3　纵断面设计

3.3.1　纵断面设计的方法及其步骤

路线纵断面设计主要是指纵坡设计和竖曲线设计，由于公路路线是一条空间带状曲线，路线的平面、纵断面和横断面相互影响，因而在纵断面设计之前的选线阶段，已对纵坡设计的部分内容进行过考虑。在进行纵断面设计时，一般要根据实地选线时的意图，以及桥涵、地质等方面对路线纵断面设计的要求，综合考虑工程技术与工程经济因素，先定出路线的纵坡，再选择合适的竖曲线半径，最后才计算出各桩号的设计高程和填挖值。

应用纬地软件进行纵断面设计的步骤归纳为以下几点：

① 标注控制点数据。

② 打开纵断面设计对话框。

③ 设置变坡点。

④ 设置竖曲线。

⑤ 修改调整设计线。

⑥ 保存数据。

3.3.2 纵断面设计的有关规定和设计标准

3.3.2.1 最大纵坡

最大纵坡是指在纵坡设计时各级道路允许采用的最大坡度值。我国《公路工程技术标准》(JTG B01—2014)规定的各级公路最大纵坡见表3.6。

表3.6 各级公路最大纵坡

设计速度/(km/h)	120	100	80	60	40	30	20
最大坡度/%	3	4	5	6	7	8	9

考虑到地区差异和改建工程等的特殊性,我国《公路路线设计规范》(JTG D20—2017)明确指出:设计速度为120 km/h、100 km/h、80 km/h的高速公路,受地形条件或其他特殊情况限制时,经技术经济论证,最大纵坡可增加1%。改扩建公路设计速度为40 km/h、30 km/h、20 km/h的利用原有公路的路段,经技术经济论证,最大纵坡可增加1%。

3.3.2.2 高原纵坡折减

高原地区的道路纵坡设计适当采用较小的坡度,减少对汽车爬坡能力的要求,从而更好地适应高海拔地区的特殊条件。《公路路线设计规范》(JTG D20—2017)规定,设计速度小于或等于80 km/h,位于海拔3000 m以上的高原地区公路,最大纵坡值按表3.7的规定予以折减。最大纵坡折减后若小于4%,则应采用4%。

表3.7 高原纵坡折减值

海拔/m	3000~4000	4000~5000	>5000
纵坡折减/%	1	2	3

3.3.2.3 最小纵坡

在挖方路段、设置边沟的低填方路段和其他横向排水不畅的路段,为了保证排水,防止水渗入路基而影响路基的稳定性,应设置不小于0.3%的纵坡(一般情况下不宜小于0.5%)。当横向排水不畅的路段或长路堑路段采用平坡(0%)或小于0.3%的纵坡时,其边沟应进行纵向排水设计。

3.3.2.4 平均纵坡

《公路路线设计规范》(JTG D20—2017)规定:二级公路、三级公路、四级公路的越岭路线连续上坡或下坡路段,相对高差为200~500 m时,平均纵坡应不大于5.5%;相对高差大于500 m时,平均纵坡应不大于5.0%;任意连续3 km路段的平均纵坡宜不大于5.5%。

3.3.2.5 合成坡度

《公路路线设计规范》(JTG D20—2017)规定:在设有超高的平曲线上,超高与纵坡坡度的最大合成坡度值不得超过表3.8的规定。在冬季路面有结冰、积雪的地区，自然横坡较陡峻的傍山路段，非汽车交通量较大的路段，合成坡度值必须小于8%。

表3.8 公路最大合成坡度

公路技术等级	高速公路、一级公路				二级公路、三级公路、四级公路				
设计速度/(km/h)	120	100	80	60	80	60	40	30	20
合成坡度值/%	10.0	10.0	10.5	10.5	9.0	9.5	10.0	10.0	10.0

为了保证路面排水，《公路工程技术标准》(JTG B01—2014)还规定各级公路的最小合成坡度不宜小于0.5%；当合成坡度小于0.5%时，应采取综合排水措施，以保证路面排水畅通。

3.3.2.6 最小坡长限制

通常规定最小坡长宜为汽车按设计速度行驶9～15 s的行程。在高速公路上，9 s行程的长度已满足行车及几何线形布设的要求；在低等级公路上，为满足行车和布线的要求可取较大值，《公路工程技术标准》(JTG B01—2014)规定了各级道路的最小坡长，见表3.9。

表3.9 公路最小坡长

设计速度/(km/h)	120	100	80	60	40	30	20
最小坡长/m	300	250	200	150	120	100	60

3.3.2.7 最大坡长限制

公路纵坡的大小及其坡长对汽车正常行驶影响很大。纵坡越陡，坡长越长，对行车影响也就越大。为保证行驶质量和行车安全，《公路工程技术标准》(JTG B01—2014)规定了陡坡的最大坡长，见表3.10。

表3.10 各级公路不同纵坡的最大坡长　　单位：m

设计速度/(km/h)		120	100	80	60	40	30	20
纵坡坡度/%	3	900	1000	1100	1200	—	—	—
	4	700	800	900	1000	1100	1100	1200
	5	—	600	700	800	900	900	1000
	6	—	—	500	600	700	700	800
	7	—	—	—	—	500	500	600
	8	—	—	—	—	300	300	400
	9	—	—	—	—	—	200	300
	10	—	—	—	—	—	—	200

3.3.2.8 竖曲线有关规定和设计标准

(1) 竖曲线最小半径和最小长度

各级公路在纵坡变更处均应设置竖曲线，竖曲线的半径应大于《公路工程技术标准》(JTG B01—2014)规定的竖曲线的最小半径和最小长度，见表 3.11。

表 3.11 竖曲线的最小半径和最小长度

设计速度/(km/h)		120	100	80	60	40	30	20
凸形竖曲线最小半径/m	一般值	17000	10000	4500	2000	700	400	200
	极限值	11000	6500	3000	1400	450	250	100
凹形竖曲线最小半径/m	一般值	6000	4500	3000	1500	700	400	200
	极限值	4000	3000	2000	1000	450	250	100
竖曲线长度/m	一般值	250	210	170	120	90	60	50
	极限值	100	85	70	50	35	25	20

表 3.11 中极限最小半径是为了缓和冲击和保证视距所需的最小半径的计算值，该值在受地形等特殊情况约束时方可采用。为了安全和舒适，应采用极限最小半径的 1.5～2.0 倍的数值，即表中规定的一般最小半径值。

当坡差很小时，由计算得来的竖曲线往往很短，这样的竖曲线在视觉上会给驾驶员一种很急促的折曲感觉，为了避免这种情况，坡差小时应尽量采用大的竖曲线半径。

(2) 竖曲线要素的计算

竖曲线的形式为二次抛物线，其要素主要包括竖曲线长度 L、切线长度 T 和外距 E。设变坡点相邻两纵坡坡度分别为 i_1 和 i_2，它们的代数差用 ω 表示，即 $\omega=i_2-i_1$。当 ω 为"+"时，表示凹形竖曲线；当 ω 为"−"时，表示凸形竖曲线。竖曲线要素的计算公式如下：

竖曲线的长度 L：

$$L=R\omega$$

竖曲线切线长 T：

$$T=\frac{L}{2}$$

竖曲线外距 E：

$$E=\frac{T^2}{2R}$$

竖距 y：

$$y=\frac{l^2}{2R}$$

3.3.3 平、纵线形组合设计

平、纵线形组合设计的总要求：对于设计速度大于或等于 60 km/h 的道路，必须注意平、纵线形的合理组合，尽量做到线形连续、指标均衡、视觉良好、景观协调、安全舒适。对于设计速度小于或等于40 km/h的道路，首先应在保证行车安全的前提下，正确地运用线形要素指标，在条件允许的情况下，力求做到各种线形要素的合理组合，并尽量避免或减少不利的组合。

3.3.3.1 道路平、纵线形组合设计原则

（1）视觉上能自然地引导驾驶人的视线，并保持视觉的连续性，任何使驾驶人感到茫然、迷惑和判断失误的线形，都应尽力避免。

（2）注意保持平、纵线形的技术指标大小均衡。

（3）选择组合得当的合成坡度，以利于路面排水和行车安全。

（4）注意与道路周围环境的配合，可以减轻驾驶人的疲劳和紧张程度，并可起到引导视线的作用。

3.3.3.2 平、纵线形组合的基本要求

（1）当竖曲线与平曲线组合时，竖曲线宜包含在平曲线之内，且平曲线应稍长于竖曲线。

（2）要保持平曲线与竖曲线大小均衡。根据经验，平曲线半径如果不大于1000 m，竖曲线半径为平曲线半径的10～20倍，便可达到线形的均衡性。

（3）当平曲线缓而长、纵断面坡差较小时，可不要求平、竖曲线一一对应，平曲线中可包含多条竖曲线或竖曲线略长于平曲线，这对平坦地区的高速公路设计是很重要的。

（4）选择适当的合成坡度。在进行平、纵面线形组合时，如条件允许，最好使合成坡度小于8%，最小合成坡度不宜小于0.5%。

3.3.3.3 平、纵线形设计中应注意避免的组合形式

（1）避免竖曲线的顶、底部插入小半径的平曲线。

（2）避免将小半径的平曲线起、讫点设在或接近竖曲线的顶部或底部。

（3）避免使竖曲线顶、底部与反向平曲线的拐点重合。

（4）避免出现驼峰、暗凹、跳跃、断背、折曲等使驾驶人视线中断的线形。

（5）避免在长直线上设置陡坡或曲线长度短、半径小的凹形竖曲线。

（6）避免急弯与陡坡的不利组合。

（7）避免小半径的竖曲线与缓和曲线的重合。

3.4 横断面设计

横断面设计主要是确定组成公路路幅各部分的几何尺寸，在实际设计中，一般是根据公路等级和交通量大小，参考《公路工程技术标准》(JTG B01—2014)中各级公路路基横断面来确定，同时结合当地交通规划和有关要求进行适当调整。

公路由于分类和等级不同，道路横断面比较复杂并各有特点，这里只叙述公路中与行车道有关的路幅范围内的道路横断面有关内容，即行车道、路肩、中间带的宽度及横向坡度等。

3.4.1 路幅类型及组成

两侧路肩外线之间那一部分称为路幅。

3.4.1.1 路幅类型

路幅分为单幅路和双幅路两种。

(1) 单幅路

单幅路有单幅单车道和单幅双车道两种。单幅单车道只适用于交通量不大的四级公路，这种路幅若为双向行驶，则必须设置错车道。单幅双向行驶的双车道公路，在我国公路总里程中占的比例最大，我国二级、三级和部分四级公路都属于这一类型。

(2) 双幅多车道

等级高、交通量大的公路要设置中间分隔带，把对向行车道分隔为两幅行车带，每幅行车带包括两条或两条以上行车道。中间分隔带有宽有窄，主要根据地形、行车安全、舒适与经济等因素决定。这种双幅多车道道路通行能力大、车速快，适应交通量大的情况。但造价高、占用土地多，故只有在公路网中具有重要的政治、经济意义，且预计交通量很大时，才能采用。

3.4.1.2 路幅组成

路幅是由行车道、路肩、中间带等组成，如图 3.2 所示。

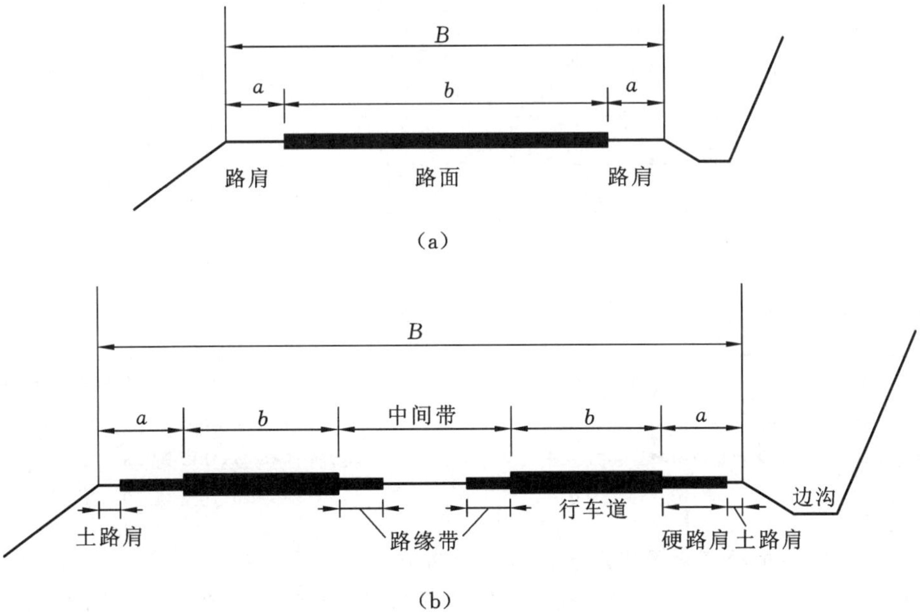

图 3.2 道路路幅的组成

(1) 行车道宽度

行车道主要供机动车辆行驶,其宽度一般包括两条以上的行车道。一条车道宽度如表3.12所示。车道数由该路的交通量及通行能力确定。

表3.12 车道宽度

设计速度/(km/h)	120	100	80	60	40	30	20
车道宽度/m	3.75	3.75	3.75	3.50	3.50	3.25	3.00

八车道及以上公路在内侧车道(内侧1、2车道)仅限小客车通行时,其车道宽度可采用3.5 m;以通行中、小型客运车辆为主且设计速度为80 km/h及以上的公路,经论证车道宽度可采用3.5 m;四级公路采用单车道时,车道宽度应采用3.5 m;设置慢车道的二级公路,慢车道宽度应采用3.5 m。

(2) 路肩宽度

单幅路和双幅路均要设置路肩。路肩宽度应符合表3.13中的规定。

表3.13 路肩宽度

公路等级(功能)		高速公路			一级公路(干线功能)	
设计速度/(km/h)		120	100	80	100	80
右侧硬路肩宽度/m	一般值	3.00 (2.50)	3.00 (2.50)	3.00 (2.50)	3.00 (2.50)	3.00 (2.50)
	最小值	1.50	1.50	1.50	1.50	1.50
土路肩宽度/m	一般值	0.75	0.75	0.75	0.75	0.75
	最小值	0.75	0.75	0.75	0.75	0.75
公路等级(功能)		一级公路(集散功能)和二级公路		三级公路、四级公路		
设计速度(km/h)		80	60	40	30	20
右侧硬路肩宽度/m	一般值	1.50	0.75	—	—	—
	最小值	0.75	0.25			
土路肩宽度/m	一般值	0.75	0.75	0.75	0.50	0.25(双车道) 0.50(单车道)
	最小值	0.50	0.50			

注:① 正常情况下,应采用"一般值";在设爬坡车道、变速车道及超车道路段,受地形、地物等条件限制路段及多车道公路特大桥,经论证后可采用"最小值"。

② 高速公路和作为干线的一级公路以通行小客车为主时,右侧硬路肩宽度可采用括号内数值。

(3) 中间带

中间带是由两条左侧路缘带及中央分隔带组成。

高速公路和作为干线的一级公路,中央分隔带宽度应根据公路项目中央分隔带的功能确定;作为集散的一级公路,中央分隔带宽度应根据中间隔离设施的宽度确定;左侧路缘带宽度不应小于表 3.14 中规定的一般值。设计车速为 120 km/h、100 km/h，受地形、地物限制的路段或多车道公路内侧车道仅限小型车辆通行的路段，左侧路缘带经论证后可采用 0.50 m。

表 3.14　左侧路缘带宽度

设计速度/(km/h)	120	100	80	60
左侧路缘带宽度/m	0.75	0.75	0.50	0.50

3.4.2　路拱

路拱坡度应根据路面宽度、路面类型、设计速度、纵坡坡度及气候条件等确定，应符合表 3.15 的规定。

表 3.15　路拱横坡度

路面类型	路拱横坡度/%
水泥混凝土路面、沥青混凝土路面	1.0～2.0
其他沥青路面、整齐石块	1.5～2 5
半整齐石块、不整齐石块	2.0～3.0
碎、砾石等粒料路面	2.5～3.5
低级路面	3.0～4.0

高速公路、一级公路整体式路基的路拱宜采用双向路拱坡度，由路中央向两侧倾斜。位于中等强度降雨地区时，路拱坡度宜为 2%；位于降雨强度较大地区时，路拱坡度可适当增大。高速公路、一级公路分离式路基、互通式立交单向匝道的路拱，宜用单向横坡，并向路基外侧倾斜，也可采用双向路拱坡度。积雪、冰冻地区，宜采用双向路拱坡度。二级公路、三级公路、四级公路的路拱应采用双向路拱坡度，由路中央向两侧倾斜。路拱坡度应根据路面类型和当地自然条件确定，但不应小于 1.5%。

3.4.3　平曲线加宽设计

平曲线加宽是指为满足车辆在平曲线上行驶时后轮轨迹偏向曲线内侧的需要，平曲线内侧相应增加的路面、路基宽度。

3.4.3.1　加宽类别及加宽值的应用

根据小客车、载重汽车和铰接列车三种标准车型轴距加前悬的长度分别计算加宽值，可得公路与城市道路不同圆曲线半径对应的三类加宽值。计算结果表明，二级公路、三级公路、四级公路的圆曲线半径小于或等于 250 m 时，应进行加宽设置。双车道公路圆曲线加宽值见表 3.16。

表 3.16 双车道公路圆曲线加宽值 单位:m

加宽类型	车辆轴距加前悬/m	设计车辆	圆曲线半径/m								
			$200<R\leqslant250$	$150<R\leqslant200$	$100<R\leqslant150$	$70<R\leqslant100$	$50<R\leqslant70$	$30<R\leqslant50$	$25<R\leqslant30$	$20<R\leqslant25$	$15<R\leqslant20$
第1类	0.8+3.8	小客车	0.4	0.5	0.6	0.7	0.9	1.3	1.5	1.8	2.2
第2类	1.5+6.5	载重汽车	0.6	0.7	0.9	1.2	1.5	2.0			
第3类	4.8+11	铰接列车	0.8	1.0	1.5	2.0	2.7				

圆曲线加宽值应根据公路功能、技术等级和实际交通组成确定。作为干线的二级公路,应采用第3类加宽值。作为集散的二级公路和三级公路,在考虑铰接列车通行时,应采用第3类加宽值;不考虑铰接列车通行时,可采用第2类加宽值。作为支线的三级公路、四级公路,可采用第1类加宽值。

3.4.3.2 加宽过渡段长度

对设有缓和曲线或超高过渡段的平曲线,加宽过渡段应采用与缓和曲线或超高过渡段相同的长度;对不设缓和曲线,但设有超高过渡段的平曲线,可采用与超高过渡段相同的长度;既不设缓和曲线,又不设超高过渡段的平曲线,加宽过渡段宜设置在直线段,加宽过渡段应按渐变率为1:15且长度不小于10 m的要求设置。

二级公路、三级公路、四级公路的加宽过渡段,应在加宽过渡段全长范围内按其长度成比例增加的方式设置。

3.4.4 超高与超高缓和段

当圆曲线半径小于不设超高的最小半径,而又要以设计车速在弯道上行驶时,由于汽车行驶在弯道上所产生的离心力会使汽车产生倾覆、滑移的危险,为了保证行车安全,应当在行车道部分设置超高。曲线路段的超高横坡,可根据已定设计车速及选定的平曲线半径通过计算确定。

3.4.4.1 超高过渡段长度

弯道设置超高后,直线段与弯道的横坡坡度不一致而使路面高低不平,为了使公路较平顺地从直线段的双向横坡断面逐渐过渡到曲线段具有超高的单坡横断面,就需要有一个逐渐变化的过渡段,称为超高过渡段。一般来说,过渡段的长度越长,行车舒适性越好;过渡段越短,则越利于排水。因此,超高过渡段的长度必须加以控制,超高过渡段最小长度可按照下式进行计算:

$$L_c=\frac{B'\Delta_i}{P} \tag{3-1}$$

式中 L_c——超高过渡段最小长度(m);

B'——旋转轴至行车道外侧边缘的宽度,无中间带道路绕内边线和外边线旋转时

$B'=B$，绕中线旋转时 $B'=B/2$；

Δ_i——超高坡度 i_h 与路拱坡度 i_G 代数差(%)，当绕内边线旋转时 $\Delta_i=i_h$，采用其他方式时 $\Delta_i=i_h+i_G$；

P——超高渐变率，即旋转轴与行车道外边线之间相对坡度。

超高过渡段计算的长度一般应取 5 m 的整倍数，且不小于 10 m。

因超高过渡段一般设置在缓和曲线内，所以在确定超高过渡段长度 L_c 时应考虑以下几点：

(1) 一般情况下，在确定缓和曲线长度时，已经考虑了超高过渡段所需的最短长度，故通常取超高过渡段 L_c 与缓和曲线长度 L_s 相等，即 $L_c=L_s$。

(2) 若计算出的 $L_c>L_s$，此时应修改平面线形，使 $L_s\geqslant L_c$。当平面线形无法修改时，可将超高过渡段起点前移，即超高过渡段在缓和曲线起点前的直线路段开始，路面外侧以适当的超高渐变率逐渐抬高，使横断面在 ZH(或 HZ)点渐变为向内倾斜的单向横坡(临界断面)。

(3) 若计算出的 $L_c\leqslant L_s$，但只要超高渐变率 $P\geqslant 1/330$，仍可取 $L_c=L_s$。

(4) 在高速公路和一级公路设计中，为照顾线形的协调性，在平曲线中一般配置较长的缓和曲线。为了避免在缓和曲线全长范围内均匀过渡超高而造成路面横向排水不畅，可按以下方式设置超高过渡段：

① 超高过渡段仅在缓和曲线的某一区段内设置。即超高过渡起点可从缓和曲线起点($R=\infty$)至缓和曲线上不设超高的最小半径之间的任一点开始，至缓和曲线终点结束。

② 超高过渡段在缓和曲线全长范围内按两种超高渐变率分段设置。即第一段从缓和曲线起点由双向路拱横坡以超高渐变率 1/330 过渡到单向横坡，其值等于路拱横坡度；第二段由单向横坡过渡到缓和曲线终点处的超高横坡。全超高断面宜设在圆点或圆缓点处。

(5) 四级公路不设缓和曲线，但若圆曲线上设有超高，则应设超高过渡段，其长度仍由式(3-1)计算。超高过渡段应设在紧接圆曲线起(终)点的直线上。受地形或其他特殊情况限制时，如直线长度不足，容许超高过渡段在直线和圆曲线上各分配一半。

3.4.4.2 超高过渡方式

(1) 无中间带道路的超高过渡方式有 3 种，即绕内边线旋转、绕中线旋转、绕外边线旋转。一般新建工程多采用绕内边线旋转方式；绕中线旋转方式则多用于旧路改建工程；绕外边线旋转是一种特殊设计，仅用于某些改善路容的路段，或者外侧不宜抬高，而内侧可以降低的路段。

(2) 有中间带道路的超高过渡方式有 3 种，即绕中央分隔带中线旋转、绕中央分隔带边线旋转、绕各自行车道中线旋转。三种超高方式可按中间带宽度和车道数选用。中间带宽度较窄时(≤4.5 m)可采用绕中央分隔带中线旋转的方式；各种宽度的中间带都可采用绕中央分隔带边线旋转的方式；对双向车道数大于 4 条的公路，可采用绕各自行车道中线旋转的方式。

3.4.5 视距的保证

为了保证行车安全,驾驶员应能随时看到路面前方一定距离的障碍物或迎面来车,以便及时刹车或绕过。汽车在这段时间内沿公路路面行驶的必要安全距离,称为行车视距。各级公路在平面和纵面上都应保证必要的行车视距。行车视距按行车状态不同分为停车视距、会车视距和超车视距。

各级公路的行车视距,不应小于表 3.17 中的数值。

表 3.17 行车视距

公路等级	高速公路、一级公路停车视距				二、三、四级公路停车、会车与超车视距				
设计速度/(km/h)	120	100	80	60	80	60	40	30	20
停车视距/m	210	160	110	75	110	75	40	30	20
会车视距/m	—	—	—	—	220	150	80	60	40
超车视距/m	—	—	—	—	550	350	200	150	100

高速公路、一级公路应满足停车视距要求;其他各级公路一般应满足会车视距要求。对向行驶的双车道公路,应根据需要并结合地形,在适当的距离内设置具有超车视距的路段。汽车在路上行驶除保证直线段上的行车视距外,还应保证曲线段上的行车视距,以确保行车安全。

平面曲线上的视距保证:为保证车辆在弯道上安全行驶,弯道内侧视距曲线(驾驶员在弯道上行驶视距线的公切线)范围内不能有任何障碍物,以保证弯道内侧通视;如有遮挡,则必须清除视距曲线范围内的障碍物。

3.5 二级公路设计示例

设计资料包括:某地区 1∶2000 地形图一张,交通量调查资料;该地区地质、水文、气候、植被情况;路线起终点位置等。

根据地形图中给定的道路起终点进行选线,通过方案对比论证后,针对最终所选方案进行道路线形设计。

路线设计利用道路设计软件辅助进行,根据所给资料,参照《公路工程技术标准》(JTG B01—2014)和《公路路线设计规范》(JTG D20—2017)确定公路等级及各项指标。

3.5.1 公路等级的确定

公路等级应在论证确定公路功能的基础上,结合项目所在地区的综合运输体系远景发展规划及设计交通量经论证确定,并遵守以下原则:

(1) 主要干线公路作为公路网中结构层次最高的主通道,应选用高速公路。

(2) 次要干线公路作为主要干线公路的补充,应选用二级及二级以上公路。

(3) 主要集散公路连接干线公路与支线公路,宜选用一级、二级公路。

(4) 次要集散公路服务于县乡区域交通,宜选用二级、三级公路。

(5) 支线公路宜选用三、四级公路。当设计交通量达到5000辆小客车/日时,宜选用二级公路。

根据交通量资料求得预期年限所能达到的年平均日交通量,结合路网规划、公路功能,由《公路工程技术标准》(JTG B01—2014)可知:双车道二级公路的设计交通量为5000～15000辆/日,选定本设计的公路技术等级为二级公路。

3.5.2 公路设计速度的选用

根据公路的功能、等级、交通量,并结合地形、地质等状况,经论证确定。本实例选定设计速度为60 km/h。

3.5.3 设计标准

3.5.3.1 技术标准

主要技术标准见表3.18。

表3.18 主要技术标准

设计车速		60 km/h
同向曲线间的直线最小长度		360 m
反向曲线间的直线最小长度		120 m
圆曲线一般最小半径		200 m
圆曲线极限最小半径(i_h=8%)		125 m
不设超高的圆曲线最小半径	路拱横坡度不大于2.0%	1500 m
	路拱横坡度大于2.0%	1900 m
缓和曲线最小长度		50 m
平曲线最小长度	一般值	300 m
	最小值	100 m
最大纵坡/%		6
最小纵坡/%		0.3
最小坡长/m		150

续表 3.18

最大坡长/m	纵坡为 3%	1200
	纵坡为 4%	1000
	纵坡为 5%	800
	纵坡为 6%	600
凸形竖曲线最小半径/m	一般值	2000
	极限值	1400
竖曲线最小长度/m	一般值	120
	极限值	50
凹形竖曲线最小半径/m	一般值	1500
	极限值	1000

3.5.3.2 经济指标

主要技术经济指标,从略。

3.5.4 平面线形设计

平面线形设计一般尽量考虑纵、横断面的平衡,先定平面线形,再设计纵横断面,为求得线形的均衡和土石方数量的平衡,需要经过反复的比较论证,最终得到最优的平面线形。

根据路线方案的比选原则,在满足技术标准、行车安全舒适的同时做到工程量小、造价低、营运费用低、效益好、便于施工,最终采用的平面线形设计全长 5217.079 m,共有交点 4 个。路线平面设计方案比选见图 3.3。

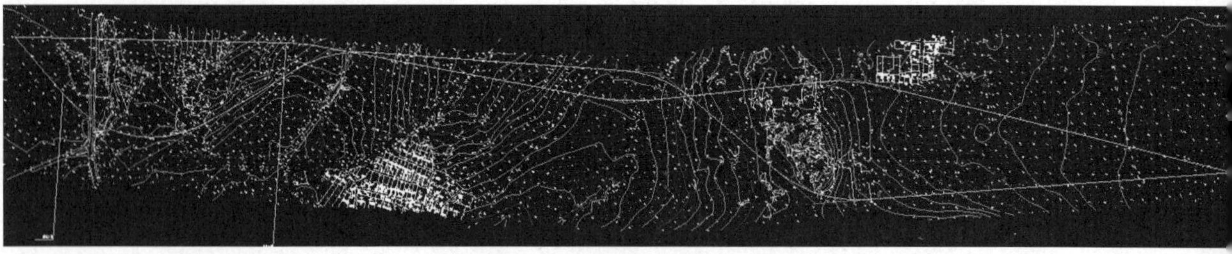

图 3.3 路线平面设计方案比选图

本次设计采用纬地软件进行平面线形的布设,主要采用“直线+缓和曲线+圆曲线+缓和曲线+直线”的基本组合形式。根据平面、纵断面、横断面综合设计原则,以及平原区选线原则和平面设计技术指标,设计结果为:路线全长 4907.692 m,共有 4 个交点,交点桩号:K0+640.252、K1+400.847、K2+636.880、K3+371.969,对应圆曲线半径为 400 m、450 m、400 m、450 m,缓和曲线长为 180 m、90 m、80 m、110 m。

下面以交点 1(JD1:K0+640.252)为例,讲解曲线要素手算内容:

设 $R=400$ m,$L_s=180$ m,$\alpha=78°50'47''$(Z),曲线要素计算如下:

$$P=\frac{180^2}{24\times400}-\frac{180^4}{2688\times400^3}=2.338\ \text{m}$$

$$q=\frac{180}{2}-\frac{180^3}{240\times400^2}=89.848\ \text{m}$$

$$\beta_0=28.6479\times\frac{180}{400}=12.891°$$

$$T=(400+2.338)\tan\frac{78°50'47''}{2}+89.848=421.435\ \text{m}$$

$$L=\pi\times(78°50'47''-2\times12.891°)\times\frac{400}{180}+2\times180=730.4517\ \text{m}$$

$$E=(400+2.338)\sec\frac{78°50'47''}{2}-400=112.2\ \text{m}$$

$$J=2\times421.435-730.4517=112.5\ \text{m}$$

主点里程桩号计算:

$$\text{ZH}=\text{JD}-T=\text{K}0+640.252-421.453=\text{K}0+218.799$$

$$\text{HY}=\text{ZH}+L_s=218.799+180=\text{K}0+398.799$$

$$\text{QZ}=\text{ZH}+\frac{L}{2}=\text{K}0+218.799+\frac{730.4517}{2}=\text{K}0+584.025$$

$$\text{HZ}=\text{ZH}+L=\text{K}0+218.799+730.4517=\text{K}0+949.251$$

$$\text{YH}=\text{HZ}-L_s=\text{K}0+949.251-180=\text{K}0+769.251$$

$$\text{JD}=\text{QZ}+\frac{J}{2}=\text{K}0+584.025+\frac{112.5}{2}=\text{K}0+640.275$$

以上计算经校核无误。由计算机辅助得到完整的直线曲线及转角表。

3.5.5 纵断面设计

纵断面设计的主要内容是根据道路、沿线自然条件和构造物控制标高等,确定路线合适的标高、各坡段的纵坡坡度和坡长,并设计竖曲线。基本要求是纵坡均匀平顺、起伏和缓、坡长和竖曲线长适当、平面与纵断面组合设计协调,以及填挖经济、平衡。

纵断面设计采用纬地软件进行,本次设计中所有竖曲线均满足平包纵要求,也有的竖曲线位于直线上,都能较好地满足设计指标。路线纵断面设计图见图 3.4。

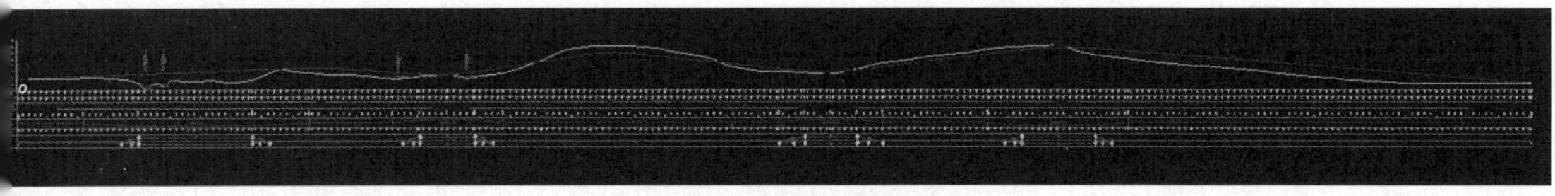

图 3.4 路线纵断面设计图

设计结果：设置了 5 个变坡点，其中有 3 个凸曲线和 2 个凹曲线。

变坡点桩号：K0＋990、K1＋400、K1＋920、K2＋620、K3＋360。

纵坡坡度：0.33％、－0.66％、1.53％、－1.02％、1.21％、－0.77％。

竖曲线半径：8000 m、10000 m、7000 m、10000 m、14000 m。

毕业设计要求进行手算验证，下面取第一个竖曲线（变坡点 1：K0＋990）进行手算验证。

已知 $i_1=0.33\%$，$i_2=-0.66\%$，高程为 80.928，则：

$$\omega=i_2-i_1=-0.66\% -0.33\%=-0.99\%<0$$

设置凸形曲线，设半径 $R=8000$ m，曲线要素计算如下：

$$L=R\omega=8000\times0.99\%=79.2\ \text{m}$$

$$T=\frac{L}{2}=\frac{79.2}{2}=39.6\ \text{m}$$

$$E=\frac{T^2}{2R}=\frac{39.6^2}{2\times8000}=0.098\ \text{m}$$

竖曲线起点桩号＝K0＋990－39.6＝K0＋950.4

竖曲线终点桩号＝K0＋990＋39.6＝K1＋1029.6

与设计软件所出设计结果一致，计算正确。

3.5.6 横断面设计

横断面设计必须结合地形、地质、水文等条件，选用合理的断面形式，以满足行车舒适、工程经济、路基稳定且便于施工和养护的要求。

在具体设计中，应先确定路基的标准横断面。标准横断面一般包括：行车道、路肩、中间带、边沟、边坡、截水沟及护坡。对于高填、深挖、特殊地质、浸水路堤等单独设计。本章使用道路设计软件进行辅助设计，主要确定二级公路的横断面组成，并计算平曲线加宽和超高值。

3.5.6.1 横断面组成

本设计的二级公路断面形式为一般整体式断面形式，横断面由行车道、路肩（右侧硬路肩、土路肩）、边沟和边坡等组成，路幅宽度为 10 m，其中行车道：7 m（2×3.5 m），路肩：3 m（右侧硬路肩：2×0.75 m，右侧土路肩 2×0.75 m），边沟采用梯形边沟，边沟底宽为 0.6 m，深 0.6 m，梯形斜边坡度为 1∶1，路堤边坡坡度为 1∶1.5，路堑边坡坡度为 1∶0.5。

3.5.6.2 横坡设置

根据《公路路线设计规范》（JTG D20—2017）第 6.5.4 条，二级公路、三级公路、四级公路的路拱应采用双向路拱坡度，由路中央向两侧倾斜。路拱坡度应根据路面类型和当地自然条件确定，但不应小于 1.5％。，故本设计车道选用路拱横坡为 2％；硬路肩规范要求横坡坡度值应与车道横坡坡度值相同，故本设计硬路肩路拱横坡坡度为 2％；当车道或硬路肩横坡坡度值小于 3%时，土路肩的横坡坡度值应比车道或者硬路肩横坡坡度值大 1%或者 2%，本设计土路肩横坡坡度值为 3%。

3.5.6.3 圆曲线加宽

根据《公路路线设计规范》(JTG D20—2017)第 7.6.1 条，圆曲线半径小于或等于 250m 应设置加宽。而本设计圆曲线最小半径为 400 m，故不需要进行加宽设计。

3.5.6.4 圆曲线超高

根据《公路路线设计规范》(JTG D20—2017)第 7.4.1 条，设计速度为 60 km/h 的二级公路，路拱横坡坡度不大于 2%时，不设超高的圆曲线最小半径为 1500 m。本设计的五个圆曲线半径都小于 1500 m，故需要进行超高设计。

(1) 超高值的选取

根据《公路路线设计规范》(JTG D20—2017)第 7.5.1 条，对于一般地区的二级公路，圆曲线的最大超高值为 8%，各圆曲线半径所设置的超高值应根据设计速度、圆曲线半径、公路条件、自然条件等经公式计算确定，设计超高值取 4%。

(2) 超高过渡方式选取

根据《公路路线设计规范》(JTG D20—2017)第 7.5.5 条，对于无中间带的公路，当超高横坡坡度大于路拱坡度时，应采用绕内侧车道边缘旋转、绕路中线旋转或绕外侧车道边缘旋转的方式，新建工程宜采用绕内侧车道边缘旋转的方式，故超高过渡方式采用绕内边线旋转。

(3) 超高过渡段长度

根据《公路路线设计规范》(JTG D20—2017)第 7.5.6 条，超高过渡段宜在回旋线全长范围内设置。当回旋线较长时，其超高过渡段应设在回旋线的某一区段范围内，超高过渡段的纵向渐变率不得小于 1/330，全超高断面宜设在缓圆点或圆缓点处。

4 路基设计

4.1 一般路基设计

一般路基通常指修筑在良好的地质、水文、气候条件下，填方高度和挖方深度不大的路基。通常认为一般路基可以结合当地的地形、地质情况，直接选用典型横断面图。

4.1.1 设计要素

一般路基设计的三要素包括：路基宽度、路基高度、路基边坡坡度。路基宽度取决于公路技术等级；路基高度（包括路中心线的挖填深度，路基两侧的边坡高度）取决于纵坡设计及地形；路基边坡坡度取决于地质、水文条件，并由边坡稳定性和横断面经济性等因素比较选定。

4.1.1.1 路基宽度

路基宽度为行车道路面及其两侧路肩宽度之和，对于设有中间带、变速车道、爬坡车道、紧急停车带的道路，均应包括在路基宽度范围内。

各级公路路基宽度按《公路工程技术标准》（JTG B01—2014）各部分的规定进行设计，并且需要考虑占用土地及生态问题，应尽可能少占农田，考虑填挖平衡以减少取土开挖，防止水土流失以维护生态平衡。如图 4.1 所示，路基宽度为各部分宽度之和。

4.1.1.2 路基高度

关于路基设计标高的位置，新建公路为路基边缘标高；设置超高、加宽路段则为设置超高、加宽前的路基边缘标高；改建公路的路基设计标高，可与新建公路相同，也可以采用路中心线标高。由于原地面常呈横向倾斜，在路基的整个宽度范围内，两者的相对高差有所不同，通常路基高度是指路中心线的相对高差而言，就路基的边坡高度来说，则指填方坡脚或挖方坡顶与路基边缘的相对高差，所以路基高度有中心高度（填高或挖深）与边坡高度（填方或挖方坡高）之分，原地面平坦时，两者大致相同；山坡地面上，两者不同，而且路基两侧的坡高也不相等。

路基的填挖高度，综合考虑路线纵坡要求、路基稳定性要求和工程经济性的要求等因素确定，同时与路基临界高度结合；应使路肩边缘高出地面积水，并考虑地面水、地下水、毛细水和冰冻作用对路基强度、耐久性和稳定性的影响；从路基的强度和稳定性要求出发，路基

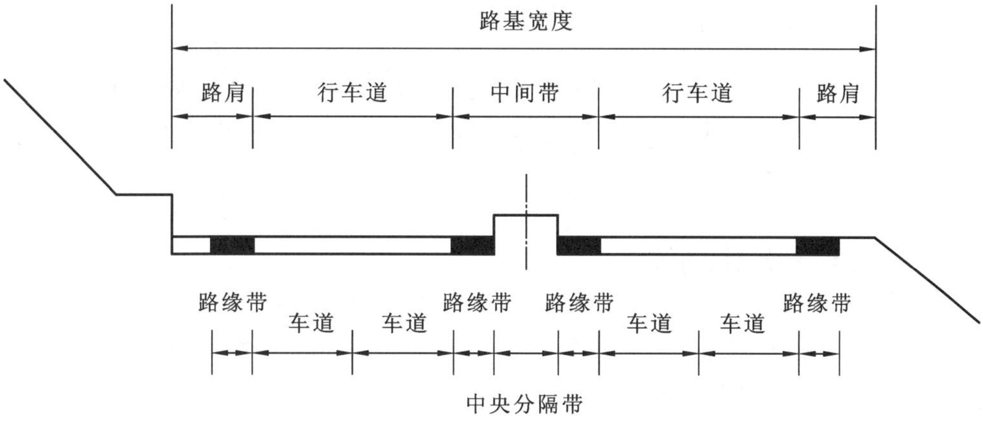

(a)

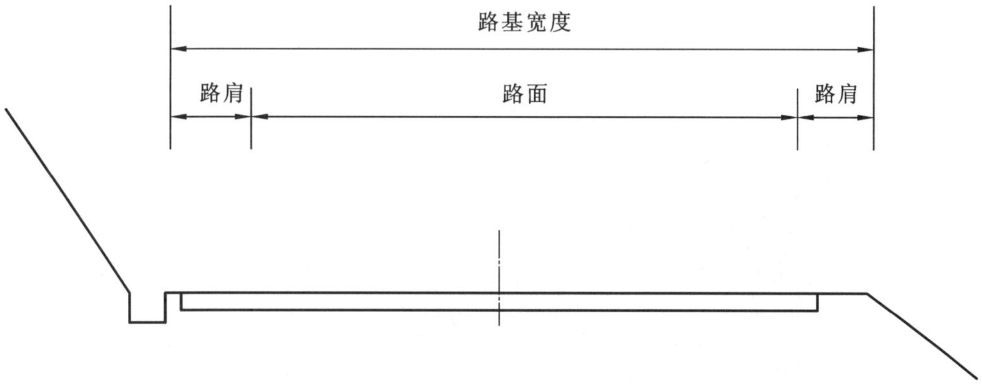

(b)

图 4.1 公路路基宽度示意图

(a) 高速公路和一级公路路基宽度示意图；(b) 二、三、四级公路路基宽度示意图

上部土层应处于干燥或中湿状态，路基高度应根据临界高度并结合公路沿线具体条件和排水及防护措施确定路堤的最小填土高度。

沿河及受水浸淹的路基，其高度一般应根据设计标准所规定的设计洪水频率（表 4.1），求得设计水位，再增加 0.5 m 的余量。如果河道因设路堤而压缩过水面积致使上游有壅水，或河面宽阔而有风浪，就应增加壅水高度和波浪冲上路堤的高度（即波浪侵袭高度）。所以沿河浸水路堤的高度，应高出上述各水位之和，以保证路基不致被淹没。

表 4.1 路基设计洪水频率

公路等级	高速公路	一级公路	二级公路	三级公路	四级公路
设计洪水频率	1/100	1/100	1/50	1/25	根据具体情况确定

4.1.1.3 路基边坡坡度

路基边坡坡度的大小取决于边坡的土质、地质和水文条件，路基高度，横断面经济合理性等因素。路基边坡坡度对路基整体稳定起重要的作用，正确确定路基边坡坡度及采取相应的措施，是路基设计的基本任务。

4.1.2 路基横断面设计

路基横断面由路基本体和路基设施组成。路基本体是指路基断面中的填挖部分；路基设施是指为确保路基本体的稳定性而采用的必要的附属工程设施，包括排水设施和防护支挡加固设施。按照路基断面形式，一般分为填方路基、挖方路基和半填半挖路基等。路基结构及各部位名称如图 4.2 所示。

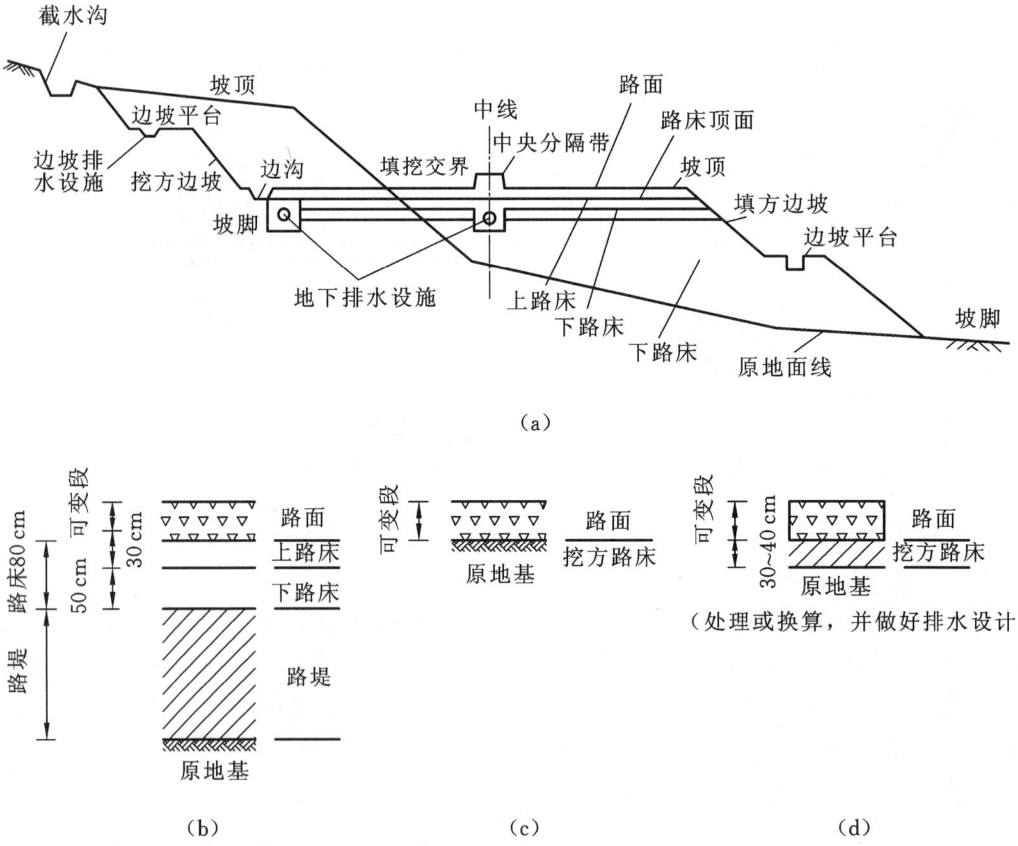

图 4.2 路基结构图

(a)路基横断面；(b)填方路基剖面图；(c)地基良好(岩石、砂砾土)段挖方路基剖面图；

(d)地基不良段挖方路基剖面图

4.1.3 填方路基设计

4.1.3.1 路基宽度设计

各级公路路基宽度按《公路工程技术标准》(JTG B01—2014)的规定进行设计。

4.1.3.2 路基高度设计

路基高度是指路堤的填筑高度和路堑的开挖深度，是路基设计高程和原地面高程之差。一般应高出表 4.1 规定设计洪水频率的计算水位加壅水高度、波浪侵袭高度和 0.5 m 的安全高度。

4.1.3.3 路基边坡坡度设计

路基填方边坡坡度应根据填料种类、边坡高度和基底工程地质条件等确定。当路基基底良好时，一定高度范围以内的路堤边坡坡率 m，可根据填料种类和边坡高度按表 4.2 确定。总高度超过表列数值时应进行路基稳定性验算。对于渗水性土，可采用直线滑动面法进行验算；对于黏质土可采用圆弧滑动面法进行验算，验算时稳定系数按《公路路基设计规范》(JTG D30—2015)确定。当采取其他措施时，如逐层加强压实、铺砌护坡、加强排水防冲刷设施等，可根据具体情况确定边坡坡度。

表 4.2 路堤边坡坡率

填料类别	边坡坡率	
	上部高度(H≤8 m)	下部高度(H≤12 m)
细粒土	1∶1.5	1∶1.75
粗粒土	1∶1.5	1∶1.75
巨粒土	1∶1.3	1∶1.5

当填方边坡高度大于 20 m 时，可在边坡的中部每隔 8～10 m 设置边坡平台一道，平台宽度 1～3 m，用浆砌片石或水泥混凝土预制块防护。边坡平台设置排水沟时，平台应做 2%～5%向内侧倾斜的排水坡度；当不设排水沟时，平台应设坡度为 2%～5%向外倾斜的缓坡。填石路基的边坡平台上不设排水沟。

受水浸淹的路基填方边坡坡度，在设计水位以下部分视填料情况可取 1∶1.75～1∶2.0，在常水位以下部分可取 1∶2～1∶3。如用渗水性好的土填筑或设边坡防护时，可采用较陡的边坡。

陡坡地面的路堤，可分别采用石砌护肩、护坡、护墙或护脚，并根据边坡高度、石料规格及操作方法，分别采用 1∶0(直立)～1∶0.75 的外边坡。填石路堤边坡，一般可取 1∶1的坡度。

4.1.4 挖方路基设计

路堑开挖破坏了自然地表的平衡形态，边坡大面积暴露于大气中，裸露的岩土在外部风化因素作用下，导致风化加剧，坡面受到侵蚀，很容易失稳。影响路基挖方边坡稳定的因素很多，一般采用工程地质法(比拟法)进行调查分析，必要时应进行验算。

挖方边坡坡度的拟定，主要取决于边坡的稳定性，并综合考虑工程数量、防护及排水工程和施工难度等因素。

4.1.4.1 土质路堑

土质路堑边坡形式及坡率应根据工程地质与水文地质条件、边坡高度、排水措施、施工方法，并结合自然稳定边坡和人工边坡的调查情况及力学分析综合确定。

边坡高度不大于 20 m 时，边坡坡率不宜大于表 4.3 的规定值。路堑边坡高度大于 20 m 时，其边坡形式及坡率应由稳定性分析计算确定，并应进行单独设计。

表 4.3 土质路堑边坡坡率

土的类别		边坡坡率
黏土、粉质黏土、塑性指数大于 3 的粉土		1∶1
中密以上的中砂、粗砂、砾砂		1∶1.5
卵石土、碎石土、圆砾土、角砾土	胶结和密实	1∶0.75
	中密	1∶1

4.1.4.2 岩质路堑

岩质路堑边坡形式及坡率应根据工程地质与水文地质条件、边坡高度、施工方法，结合自然稳定边坡和人工边坡的调查情况综合确定，必要时可采用稳定性分析方法予以验算。

边坡高度不大于 30 m 时，无外倾软弱结构面的边坡按表 4.4 确定边坡坡率。对于有外倾软弱结构面的岩质边坡、坡顶边缘附近有较大荷载的边坡、边坡高度超过表 4.4 规定范围的边坡，边坡坡率应通过稳定性分析计算确定。

表 4.4 岩质路堑边坡坡率

边坡岩体类型	风化程度	边坡坡率	
		$H<15$ m	15 m$\leqslant H<30$ m
Ⅰ类	未风化、微风化	1∶0.1～1∶0.3	1∶0.1～1∶0.3
	弱风化	1∶0.1～1∶0.3	1∶0.3～1∶0.5
Ⅱ类	未风化、微风化	1∶0.1～1∶0.3	1∶0.3～1∶0.5
	弱风化	1∶0.3～1∶0.5	1∶0.5～1∶0.75

续表4.4

边坡岩体类型	风化程度	边坡坡率	
		$H<15$ m	15 m$\leqslant H<$30 m
Ⅲ类	未风化、微风化	1∶0.3～1∶0.5	
	弱风化	1∶0.5～1∶0.75	
Ⅳ类	弱风化	1∶0.5～1∶1	
	强风化	1∶0.75～1∶1	

4.2 路基排水设计

4.2.1 一般规定

(1) 排水设施要因地制宜、全面规划、合理布局、综合治理、讲究实效、注意经济,并充分利用有利地形和自然水系。

(2) 各种路基排水沟渠的设置,应注意与农田水利相配合,必要时可适当地增设涵管或加大涵管孔径,以防农业用水影响路基稳定,并做到路基排水有利于农田排灌。

(3) 设计前必须进行调查研究,查明水源与地质条件,重点路段要进行排水系统的全面规划,考虑路基排水与桥涵布置相配合,地下排水与地面排水相配合,各种排水沟渠的平面布置与竖向布置相配合,做到路基路面综合设计和分期修建。对于排水困难和地质不良的路段,还应与路基防护加固相配合,并进行特殊设计。

(4) 路基排水要注意防止附近山坡的水土流失,尽量不破坏天然水系,不轻易合并自然沟溪和改变水流性质,尽量选择有利地质条件布设人工沟渠,减少排水沟渠的防护与加固工程。

(5) 路基排水要结合当地水文条件和道路等级等具体情况,注意就地取材,以防为主,既要稳固适用,又必须讲究经济效益。

(6) 为了减少水对路面的破坏作用,应尽量阻止水进入路面结构,并提供良好的排水措施,以便迅速排除路面结构内的水,亦可修筑具有能承受荷载和雨水共同作用的路面结构。

4.2.2 路基地面排水设计

地面排水设施一般有:边沟、截水沟、排水沟、跌水与急流槽等几种类型。

4.2.2.1 边沟

边沟一般设置在挖方路基的路肩外侧或低路堤的坡脚外侧,多与路中线平行,用以汇集和排除路基范围内和流向路基的少量地面水。

(1) 形式

常用边沟的横断面形式为梯形、矩形、三角形和流线形,见图 4.3。

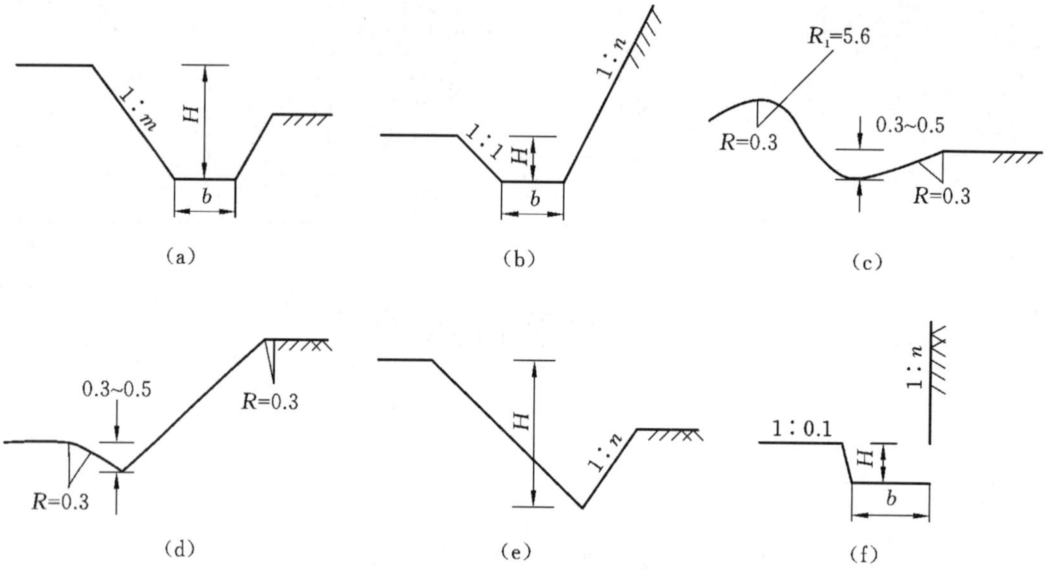

图 4.3　边沟的横断面形式示意图(单位:m)

(a),(b)梯形;(c),(d)流线形;(e)三角形;(f)矩形

(2) 尺寸

高速公路和一级公路的边沟底宽与深度一般不小于 0.6 m,其他等级公路一般不小于 0.4 m。

(3) 长度

边沟长度一般不宜过长,尽量使沟内水流就近排至路旁自然水沟或低洼地带。边沟纵坡一般与路线相同,但不小于 5‰。

4.2.2.2　截水沟

截水沟一般设置在挖方路基边坡坡顶之外或山坡路堤上方的适当处,用以拦截流向路基的地面水,防止其冲刷或侵蚀挖方边坡和路堤坡脚,并减轻边沟的泄水负担。

(1) 形式

截水沟的横断面形式一般为梯形,如图 4.4 所示,截水沟的边坡坡度因岩土条件而定,一般取 1∶1.0～1∶1.5。

(2) 尺寸

沟底宽度不小于 0.5 m,沟深按设计流量而定,亦不应小于 0.5 m。

(3) 长度

截水沟的长度以 200～500 m 为宜。

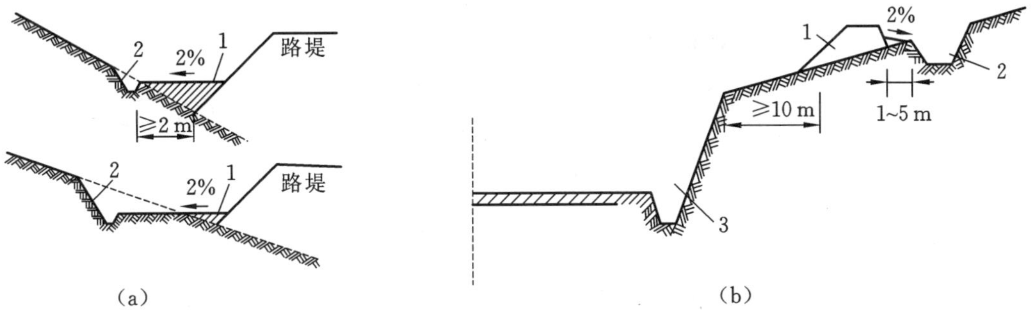

(a)　　　　(b)

1—土台；2—截水沟；3—边沟

图 4.4 截水沟示意图

(a)填方路段；(b)挖方路段

4.2.2.3 排水沟

排水沟的主要用途在于引水，将路基范围内各种水源的水流（如边沟、截水沟、取土坑、边坡和路基附近积水）引至桥涵或路基范围以外的指定地点。

(1) 形式

排水沟的横断面形式一般为梯形。

(2) 尺寸

排水沟的尺寸大小应经过水力水文计算选定。用于边沟、截水沟及取土坑出水口的排水沟，横断面尺寸根据设计流量确定，底宽与深度不宜小于 0.5 m，土沟的边坡坡度为 1∶1～1∶1.5。

(3) 长度

排水沟的长度根据实际需要而定，通常宜在 500 m 以内。排水沟应尽量采用直线，如必须转弯时，其半径不宜小于 10 m。排水沟应具有合适的纵坡，以保证水流畅通，不致流速太大而产生冲刷，亦不可流速太小而形成淤积，为此宜通过水文水力计算而择优选定。一般情况下，排水沟纵坡可取 0.5%～1.0%，不小于 0.3%，亦不宜大于 3%。

(4) 出水口

排水沟水流注入其他沟渠和水道时，应使原水道不产生冲刷或淤积。通常应使排水沟与原水道两者成锐角相交，即交角不大于 45°，有条件时可按半径 $R=10b$（b 为沟顶宽）的圆曲线朝下游与其他水道连接。

4.2.2.4 跌水与急流槽

跌水与急流槽是路基地面排水沟渠的特殊形式，用于陡坡地段，沟底纵坡可达 45°。

由于纵坡陡、水流速度快、冲刷力大，要求跌水与急流槽的结构必须稳固耐久。

(1) 形式

跌水与急流槽的横断面形式一般为矩形，通常应采用浆砌块石或水泥混凝土预制块砌筑。

(2) 尺寸

一般根据地形和地质条件等，经水力计算确定。

4.2.3 路基地下排水设计

路基及边坡土体中的上层滞水或埋藏很浅的潜水称为地下水。当地下水影响路基路面强度或边坡稳定时，应设置暗沟(管)、渗沟和检查井等地下排水结构物。

4.2.3.1 暗沟

暗沟是设在地面以下引导水流的沟渠，无渗水和汇水作用。当路基范围内遇有个别泉眼，泉水外涌，路线不能绕避时，为将泉水引至填方坡脚以外或挖方边沟予以排出，可在泉眼与出口之间开挖沟槽，修建暗沟。

4.2.3.2 渗沟

采用渗透方式将地下水汇集于沟内，并通过沟底通道将水排至指定地点，此种地下排水设备统称为渗沟，它的作用是降低地下水位或拦截地下水，其水力特性是紊流。

4.2.3.3 渗井

渗井属于水平方向的地下排水设备，当地下存在多层含水层，其中影响路基的上部含水层较薄，排水量不大，且平式渗沟难以布置时，可采用立式(竖向)排水方式，设置渗井，穿过不透水层，将路基范围内的上层地下水引入更深的含水层中去，以降低上层的地下水位或全部予以排除。

5 沥青路面设计

路面结构设计应根据公路等级、路面使用性能要求和所需承担的交通荷载，结合当地气候、水文、地质、材料、建设和养护条件、工程实践经验及环境保护要求等进行结构组合、材料设计和厚度设计，通过技术经济分析选定设计方案。

5.1 交通荷载及其他环境参数

5.1.1 交通数据调查

路面结构设计要考虑设计使用年限内所有车辆荷载的总和对路面的综合累计损伤作用。因此，在进行路面结构设计前需对现有的交通量、轴载组合及交通量增长率进行调查和预测。

交通数据调查内容应包括交通量及其增长率、方向系数、车道系数、车辆类型组成、轴组组成和轴重等。

(1) 交通量计算

在道路路面设计中，交通量是指一定时间间隔内各类车辆通过某一道路横断面的数量(双向)。为了获得设计年限内的总交通量，通常需要确定设计道路的初始年平均日交通量，也即通车第一年的年平均日交通量，按式(5-1)计算：

$$AADT = \frac{1}{365}\sum_{365}^{1} Q_i \tag{5-1}$$

式中 $AADT$—— 初始年平均日交通量；

Q_i—— 规定时间(365 天)内的每日实际交通量。

在我国现行《公路沥青路面设计规范》(JTG D50—2017)中，一般是将获取的初始年平均日交通量(双向)及其车辆类型组成数据，剔除 2 轴 4 轮及以下的客、货运车辆交通量，得到 2 轴 6 轮及以上车辆(也即包括大型客车在内的货车)的交通量，作为设计用双向初期年平均日交通量($AADTT$)。双向初期年平均日交通量乘以方向系数(DDF)和车道系数(LDF)，即为设计车道的年平均日货车交通量，见式(5-2)。

$$Q_1 = AADTT \times DDF \times LDF \tag{5-2}$$

式中 Q_1——设计车道的年平均日货车交通量；

$AADTT$——2 轴 6 轮及以上车辆的双向初期年平均日交通量；

DDF——方向系数，宜根据不同方向上实测交通量数据确定，无实测数据时可在0.5～6范围内选取；

LDF——车道系数。

沥青路面的车道系数可以按下列三个水平确定：水平一，根据现场交通量观测资料统计设计方向不同车道上车辆的数量，确定车道系数；水平二，采用当地的经验值；水平三，采用表5.1的推荐值。注意根据公路等级及单向车道数进行选取，如二级公路双向两车道，则车道系数为1.00。改建路面设计应采用水平一，新建路面设计可采用水平二或水平三。

表5.1　车道系数

单向车道数	1	2	3	≥4
高速公路	—	0.70～0.85	0.45～0.60	0.40～0.50
其他等级公路	1.00	0.50～0.75	0.50～0.75	—

注：交通受非机动车和行人影响严重时取低限，反之取高值。

随着地区经济的发展，路面承受的年平均日交通量随着使用年限逐年变化，在计算时需考虑和预测其增长率。交通量的年平均增长率可依据公路等级和功能，以及地区经济和交通发展情况通过调查分析确定。表5.2所列为根据不同道路10年间交通量实测数据整理出来的不同年限内交通量年平均增长率的变化范围，可供参考，同时选用时要因地制宜。

表5.2　交通量年平均增长率 γ 变化范围(%)

公路等级	年限/年				
	10	15	20	30	40
高速公路	5～9	4～7	4～7	3～6	2～4
一级公路	6～11	4～9	3～9	2～6	2～4
二级公路	5～12	3～8	2～6	2～4	1～3
三级公路	3～24	2～18	2～13	1～8	1～6

确定交通量年平均增长率 γ 后，设计年限内设计车道累计交通量 Q 可以按式(5-3)预估：

$$Q=\frac{365Q_1[(1+\gamma)^t-1]}{\gamma} \tag{5-3}$$

式中　Q——设计年限内设计车道的累计交通量；

Q_1——设计的初始年平均日交通量；

γ——设计年限内交通量年平均增长率；

t——设计使用年限或设计基准期。

(2) 车辆类型分布系数

对于沥青路面，车辆类型分布系数可按三个水平确定，改建路面设计应采用水平一，新建路面设计可采用水平二或水平三。

水平一，根据交通观测资料分析 2～11 类车型所占的百分比，得到车辆类型分布系数；

水平二，根据交通历史数据或经验数据按照表 5.3 确定公路 TTC 分类，采用该 TTC 分类车辆类型分布系数的当地经验值；

水平三，根据交通历史数据或经验数据按表 5.3 确定公路 TTC 分类，采用表 5.4 规定的车辆类型分布系数。

表 5.3　公路 TTC 分类标准

TTC 分类	整体式货车比例/%	半挂式货车比例/%
TTC1	＜40	＞50
TTC2	＜40	＜50
TTC3	40～70	＞20
TTC4	40～70	＜20
TTC5	＞70	—

注：表中整体式货车为车辆类型分类中 3～6 类车，半挂式货车为车辆类型分类中 7～10 类车。

表 5.4　不同 TTC 分类车辆类型分布系数

车辆类型	2 类	3 类	4 类	5 类	6 类	7 类	8 类	9 类	10 类	11 类
TTC1	6.4	15.3	1.4	0.0	11.9	3.1	16.3	20.4	25.2	0.0
TTC2	22.0	23.3	2.7	0.0	8.3	7.5	17.1	8.5	10.6	0.0
TTC3	17.8	33.1	3.4	0.0	12.5	4.4	9.1	10.6	8.5	0.7
TTC4	28.9	43.9	5.5	0.0	9.4	2.0	4.6	3.4	2.3	0.1
TTC5	9.9	42.3	14.8	0.0	22.7	2.0	2.3	3.2	2.5	0.2

5.1.2　车辆当量设计轴载换算

为了量化考虑交通量，以及不同车辆类型对路面结构的综合累积损伤作用，路面结构设计中一般选用一种轴载作为路面结构设计的标准轴载，其他各种轴载按照一定的原则换算成标准轴载，从而将交通量转换为结构设计用的当量设计轴载累计作用次数。

(1) 标准轴载

标准轴载一般要求对路面的响应较大，同时又能反映本国公路运输运营车辆的总体轴载水平。我国根据公路运输运营车辆的实际水平，规定公路与城市道路路面设计采用轴重为 100 kN 的单轴-双轮组轴载为设计轴载，计算参数见表 5.5。

表 5.5　设计轴载的参数

设计轴载/kN	轮胎接地压强/MPa	单轮接地当量圆直径/mm	两轮中心距/mm
100	0.70	213.0	319.5

(2) 车辆设计轴载换算

根据《公路沥青路面设计规范》(JTG D50—2017)附录 A.3,各类车辆当量设计轴载换算系数可以按三个水平确定,高速公路和一级公路的改建设计应采用水平一,其他情况可采用水平二或水平三。考虑毕业设计为新建公路沥青路面设计,因此,一般采用水平二和水平三进行计算。

按式(5-4)确定各类车辆的当量设计轴载换算系数,式(5-4)中非满载车和满载车的比例和当量设计轴载换算系数,采用水平二时取当地经验值,采用水平三时取表 5.6 和表 5.7 所列全国经验值。

$$EALF_{m}=EALF_{ml}\times PER_{ml}+EALF_{mh}\times PER_{mh} \tag{5-4}$$

式中 $EALF_{ml}$——m 类车辆中非满载车的当量设计轴载换算系数;

$EALF_{mh}$——m 类车辆中满载车的当量设计轴载换算系数;

PER_{ml}——m 类车辆中非满载车所占的百分比;

PER_{mh}——m 类车辆中满载车所占的百分比。

表 5.6　2～11 类车辆非满载车与满载车比例

车型	非满载车比例/%	满载车比例/%
2 类	0.80～0.90	0.10～0.20
3 类	0.85～0.95	0.05～0.15
4 类	0.60～0.70	0.30～0.40
5 类	0.70～0.80	0.20～0.30
6 类	0.50～0.60	0.40～0.50
7 类	0.65～0.75	0.25～0.35
8 类	0.40～0.50	0.50～0.60
9 类	0.55～0.65	0.35～0.45
10 类	0.50～0.60	0.40～0.50
11 类	0.60～0.70	0.30～0.40

表 5.7　2～11 类车辆当量设计轴载换算系数

车型	沥青混合料层层底拉应变、沥青混合料层永久变形量		无机结合料稳定层层底拉应力		路基顶面竖向压应变	
	非满载车	满载车	非满载车	满载车	非满载车	满载车
2 类	0.8	2.8	0.5	35.5	0.6	2.9
3 类	0.4	4.1	1.3	314.2	0.4	5.6
4 类	0.7	4.2	0.3	137.6	0.9	8.8
5 类	0.6	6.3	0.6	72.9	0.7	12.4
6 类	1.3	7.9	10.2	1505.7	1.6	17.1

续表 5.7

车型	沥青混合料层层底拉应变、沥青混合料层永久变形量		无机结合料稳定层层底拉应力		路基顶面竖向压应变	
	非满载车	满载车	非满载车	满载车	非满载车	满载车
7 类	1.4	6.0	7.8	553.0	1.9	11.7
8 类	1.4	6.7	16.4	713.5	1.8	12.5
9 类	1.5	5.1	0.7	204.3	2.8	12.5
10 类	2.4	7.0	37.8	426.8	3.7	13.3
11 类	1.5	12.1	2.5	985.4	1.6	20.8

取值时应注意，2～11 类车辆非满载车与满载车比例在其范围内取值，并且非满载车与满载车比例之和应为 1。车辆当量设计轴载换算系数应根据沥青路面结构设计指标不同，分别查表进行取值计算。

(3) 当量设计轴载累计作用次数

根据前述确定的车辆当量设计轴载换算系数，结合交通量调查数据，按式(5-5) 确定初始年设计车道日平均当量轴次 N_1，即：

$$N_1 = AADTT \times DDF \times LDF \times \sum_{m=2}^{11}(VCDF_m \times EALF_m) \tag{5-5}$$

式中 $AADTT$——2 轴 6 轮及以上车辆的双向年平均日交通量(辆 /d)；

DDF—— 方向系数；

LDF—— 车道系数；

m—— 车辆类型编号；

$VCDF_m$——m 类车辆类型分布系数；

$EALF_m$——m 类车辆的当量设计轴载换算系数。

根据初始年设计车道日平均当量轴次 N_1、设计使用年限等，按式(5-6) 计算设计车道上的当量设计轴载累计作用次数 N_e，即：

$$N_e = \frac{[(1+\gamma)^t - 1] \times 365}{\gamma} N_1 \tag{5-6}$$

式中 N_e—— 设计使用年限内设计车道上的当量设计轴载作用次数(次)；

t—— 设计使用年限(年)；

γ—— 设计使用年限内交通量的年平均增长率；

N_1—— 初始年设计车道日平均当量轴次(次 /d)。

(4) 交通荷载分级

由于不同等级的道路承受不同的交通荷载作用，为了判别道路承受荷载的轻重，现行《公路沥青路面设计规范》(JTG D50—2017)进行了交通荷载等级的划分。沥青路面以设计使用年限内累计大型客车和货车交通量之和划分交通荷载等级，见表 5.8。

表 5.8 沥青路面设计交通荷载分级

设计交通荷载等级	极重	特重	重	中等	轻
设计使用年限内设计车道累计大型客车和货车交通量/(×10^6辆)	≥50.0	50.0～19.0	19.0～8.0	8.0～4.0	<4.0

注:大型客车和货车为车辆类型分类中所列 2～11 类车。

5.1.3 其他环境参数

(1) 公路自然区划划分

为区分不同地理区域自然因素对公路工程影响的差异性,并在路基路面的规划、设计、施工和养护中采取适当的技术措施和采用合适的设计参数,以保证路基路面的性能需求,我国在 1986 年从分析自然综合情况与公路工程的实际关系出发,选出具有分区功能的主导标志,并通过地理相关分析对区界进行修正,制定了《公路自然区划标准》(JTJ 003—1986)。

结合我国地理、气候特点,将全国的公路自然区划分为三个等级。一级区划首先将全国划分为多年冻土、季节冻土和全年不冻三大地带;二级区划是在一级区划的基础上以潮湿系数为主进一步划分;三级区划是在二级区划内划分更低一级的区域或类型单元。公路自然区划参见《公路自然区划标准》(JTJ 003—1986)。

(2) 沥青路面使用性能分区

由于我国幅员辽阔,自然环境因素变化大,各地区对路面性能要求有很大差别。《公路沥青路面施工技术规范》(JTG F40—2004)中提出了我国"沥青路面使用性能气候分区指标"及相应的"分区图"。为了根据不同气候分区合理选择沥青结合料等级提供依据,具体沥青路面使用性能气候分区参见《公路沥青路面施工技术规范》(JTG F40—2004)附录 A 确定。

(3) 路基湿度状况判别

路基是路面结构的基础,路基应具有合适的干湿类型。在进行路面结构设计前,应根据沿线调查情况确定路基的平衡湿度状况。

对于新建公路项目,路基平衡湿度状况的判别步骤如下:

① 调查地下水位高程,确定地下水位到地面的距离;

② 确定毛细水的上升高度;

③ 计算确定路基工作区深度,确定路基工作区;

④ 判别毛细湿润面在路基工作区的位置(高、低、内部),确定干湿类型。

路基的平衡湿度状况可依据路基工作区湿度来源分为干燥、中湿、潮湿三类。对于干燥类路基,地下水位很低,路基工作区处于地下水毛细润湿面之上,平衡湿度由气候因素所控制;中湿类型路基的湿度则兼受地下水和气候因素的影响,路基工作区被地下水毛细润湿面分为上、下两部分,下部受地下水毛细润湿的影响,上部则受气候因素的影响;对于潮湿类路基,地下水或地表积水水位高,路基工作区均处于地下水毛细润湿的影响之下,平衡湿度由地下水或地表长期积水的水位升降控制。路基平衡湿度预估参见《公路路基设计规范》(JTG D30—2015)附录 C。

5.2 沥青路面设计

沥青路面设计内容广泛，包括原材料的调查与选择、沥青混合料配合比及基层材料配合比设计、各项设计参数的测试与选定、路面结构组合设计、路面结构层验算及路面结构方案的比选等，具体参见《公路沥青路面设计规范》(JTG D50—2017)。

5.2.1 新建路面结构设计流程

(1) 依据交通调查数据及轴载换算方法，调查与分析交通参数，计算并确定交通荷载等级、设计使用年限内设计车道在不同控制指标下的当量设计轴载累计作用次数。

(2) 根据路基土类型、地下水位高度确定路基干湿类型和温度状况，结合现行《公路路基设计规范》(JTG D30—2015)确定路基顶面回弹模量及必要的路基改善措施。

(3) 根据设计要求，收集所在地区的常用路面结构组合和材料性质资料，分析影响路面结构设计的其他因素，初拟路面结构组合与厚度方案，并根据结构类型选取设计指标。

(4) 依据不同资料，确定各结构层材料的设计参数，并检验无机结合料稳定类材料的无侧限抗压强度、沥青混合料的动稳定度、低温破坏应变和水稳定性等；检验粒料的 *CBR* 值；季节性冻土地区高速公路和一级公路还需要检验表面层沥青低温性能。

(5) 收集工程所在地区气温资料，确定各设计指标对应的温度调整系数或等效温度。

(6) 采用多层弹性体系理论程序计算各设计指标的力学响应量。

(7) 根据不同结构类型进行路面结构验算。验算结果不符合要求时，调整路面结构方案重新验算，直至符合要求为止；对季节性冻土地区进行沥青路面结构最小防冻厚度验算，验算不满足要求时，应增设防冻层，使路面结构满足最小防冻厚度要求。

(8) 对通过结构验算的路面结构进行技术经济分析，选定路面结构方案。

(9) 计算设计路面结构的路基顶面验收弯沉值和路表验收弯沉值。

新建沥青路面的结构验算流程如图 5.1 所示。

5.2.2 沥青路面设计标准

(1) 可靠度和设计使用年限

为了使设计更加合理，并能反映实际情况，以及满足设计使用年限内的要求，对路面性能的变异性必须加以控制。《公路沥青路面设计规范》(JTG D50—2017)规定，不同等级公路沥青路面结构的目标可靠度和目标可靠度指标不应低于表 5.9 的规定值，新建沥青路面结构设计使用年限不应低于表 5.10 的规定值。

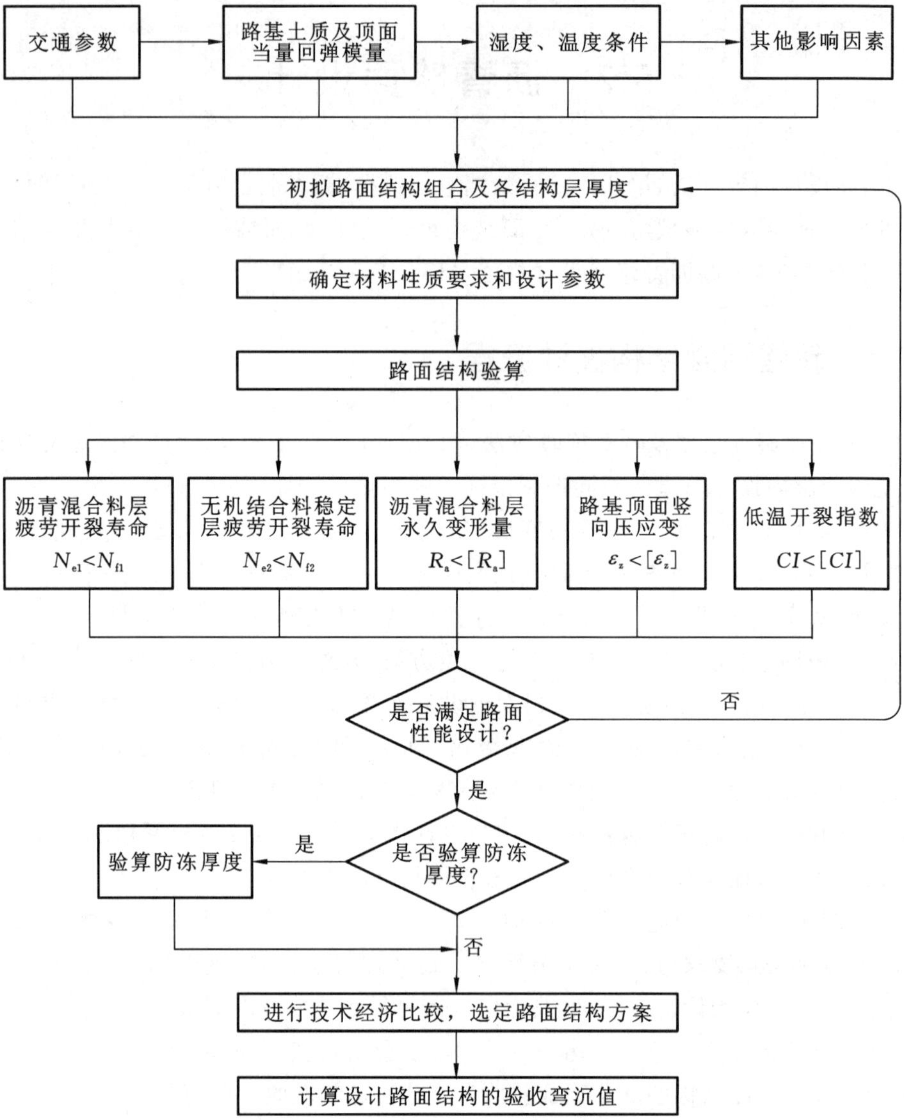

图 5.1　路面结构验算流程图

表 5.9　目标可靠度和目标可靠度指标

公路等级	高速公路	一级公路	二级公路	三级公路	四级公路
目标可靠度/%	95	90	85	80	75
目标可靠度指标 β	1.65	1.28	1.04	0.84	0.52

表 5.10　路面结构设计使用年限

公路等级	设计使用年限	公路等级	设计使用年限
高速公路、一级公路	15	三级公路	10
二级公路	12	四级公路	8

(2) 沥青路面结构设计指标与标准

由于路面结构类型的多样性和路面性能影响因素的复杂性,《公路沥青路面设计规范》(JTG D50—2017)中采用五个单项设计指标分别控制相应的路面损坏,即沥青混合料层层底拉应变、无机结合料稳定层层底拉应变、沥青混合料层永久变形量、路基顶面竖向压应变、季节性冻土地区沥青面层低温开裂指数,路面结构验算时应根据路面结构组合,参照表 5.11 选择设计指标。

表 5.11 不同结构组合路面的设计指标

基层类型	底基层类型	设计指标
无机结合料稳定类	粒料类	无机结合料稳定层层底拉应变、沥青混合料层永久变形量
	无机结合料稳定类	
沥青结合料类	粒料类	沥青混合料层层底拉应变、沥青混合料层永久变形量、路基顶面竖向压应变
	无机结合料稳定类	沥青混合料层永久变形量、无机结合料稳定层层底拉应变
粒料类	粒料类	沥青混合料层层底拉应变、沥青混合料层永久变形量、路基顶面竖向压应变
	无机结合料稳定类	沥青混合料层层底拉应变、沥青混合料层永久变形量、无机结合料稳定层层底拉应变
水泥混凝土	—	沥青混合料层永久变形量

注:① 季节性冻土地区应增加沥青面层低温开裂验算和防冻层验算。

② 在沥青混合料层与无机结合料稳定层间设置粒料层时,应验算沥青混合料层疲劳开裂寿命。

我国现行《公路沥青路面设计规范》(JTG D50—2017)要求路面使用年限设计指标应满足以下要求:

① 沥青混合料层和无机结合料稳定层的疲劳开裂寿命,均不应小于设计使用年限内当量设计轴载累计作用次数。

② 沥青混合料层永久变形量应不大于表 5.12 所列容许永久变形量。同时,路基顶面竖向压应变不应大于基于设计使用年限内当量设计轴载累计作用次数计算获得的容许竖向压应变。

表 5.12 沥青混合料层容许永久变形量

基层类型	沥青混合料层容许永久变形量/mm	
	高速、一级公路	二级、三级公路
无机结合料稳定类基层、水泥混凝土基层和底基层为无机结合料稳定类的沥青混合料基层	15	20
其他基层	10	15

③ 路基顶面竖向压应变不应大于按照《公路沥青路面设计规范》(JTG D50—2017)附录B.4 计算的容许值。

④ 对于季节性冻土地区,沥青面层低温开裂指数不宜大于表 5.13 所列数值。

表 5.13 低温开裂指数要求

公路等级	高速、一级公路	二级公路	三、四级公路
低温开裂指数 CI,不大于	3	5	7

此外,高速公路、一级公路,以及山岭重丘区二级和三级公路的路面在交工验收时,其抗滑技术指标应满足表 5.14 的技术要求,路基顶面和路表的实测代表弯沉值应不超过其各自的验收弯沉值。

表 5.14 抗滑技术要求

年平均降雨量/mm	交工检测指标值	
	横向力系数 SFC_{60}	构造深度 TD/mm
>1000	≥54	≥0.55
500～1000	≥50	≥0.50
250～500	≥45	≥0.45

注:① 横向力系数 SFC_{60} 用横向力系数测试车,在(60±1)km/h 下测定。

② 构造深度 TD 用铺砂法测定。

5.2.3 沥青路面组合设计

沥青路面通常由沥青面层、基层、底基层及必要的功能层等多层结构组成。不同材料组成的路面结构或相同材料类型对应的不同结构组合,其性能、造价和养护费用也会有较大差别,应合理选择与安排路面结构各个层次,包括结构层次数量、各结构层次的功能和材料类型等,确保在设计使用期内,路面能够在满足设计目标前提下承受行车荷载与自然因素的共同作用,并充分发挥各结构层的最大效能,使整个路面结构满足技术经济合理的要求。

无机结合料稳定类基层沥青路面适用于各种交通荷载等级,粒料类基层沥青路面适用于重及以下交通荷载等级,沥青结合料类基层沥青路面适用于各种交通荷载等级,水泥混凝土基层沥青路面适用于重及以上交通荷载等级。同时,路基湿度状态为中湿或潮湿时,宜采用粒料类底基层或设置粒料类路基改善层。

路面结构组合的选择需要充分考虑各种路面结构组合的材料特性和结构特性、主要损坏类型及性能衰变规律。

不同结构组合的沥青路面主要损坏类型见表 5.15。

表 5.15 沥青路面主要损坏类型

<table>
<tr><td>结构类型</td><td colspan="3">粒料基层沥青路面、底基层采用粒料的沥青结合料类基层沥青路面</td><td colspan="2">无机结合料稳定类基层沥青路面、底基层采用无机结合料稳定材料的沥青结合料类基层沥青路面</td></tr>
<tr><td>沥青混合料层厚度/mm</td><td>≥150</td><td>150～50</td><td>≤50</td><td>≥150</td><td><150</td></tr>
<tr><td>主要损坏类型</td><td>沥青混合料层永久变形、沥青混合料层疲劳开裂</td><td>沥青混合料层疲劳开裂、沥青混合料层永久变形</td><td>车辙</td><td>车辙、基层疲劳开裂、面层反射裂缝</td><td>基层疲劳开裂、面层反射裂缝</td></tr>
<tr><td>季冻地区</td><td colspan="5">面层低温开裂</td></tr>
</table>

(1) 沥青面层组合

沥青面层直接经受车轮荷载反复作用和各种自然因素影响，并将荷载传递到基层以下的结构层。因此，沥青面层应满足功能性和结构性的使用性能要求，常见的沥青面层可进一步分为单层、双层、三层。双层结构分为表面层(磨耗层)、下面层，三层结构分为表面层(磨耗层)、中面层、下面层。

表面层应具有平整、抗滑、稳定耐久等功能，同时应具有高温抗车辙、低温抗开裂、抗老化、抗剥离等性能。中、下面层应具有一定的密水性、高温抗车辙等性能。下面层应具有良好的抗疲劳性能，并兼顾其他性能要求。面层材料类型可根据交通荷载等级和层位选用，见表 5.16。

表 5.16 各沥青面层材料的交通荷载等级和层位

材料类型	适应交通荷载等级和层位
连续级配沥青混合料	各交通荷载等级的表面层、中面层和下面层
沥青玛琋脂碎石混合料	极重、特重和重交通荷载等级的表面层、对抗滑有特殊要求的表面层
厂拌热再生沥青混合料	各交通荷载等级的表面层、中面层和下面层
上拌下贯沥青碎石	中等、轻交通荷载等级的面层
沥青表面处治	中等、轻交通荷载等级的表面层

高速公路、一级公路一般选用三层沥青面层结构。为满足上述要求，应精心选择沥青面层混合料。通常认为密实型中粒式或细粒式沥青混合料(如 AC-13、AC-16)宜用于表面层，它的空隙率一般为 3%～5%。对于重交通和特重交通等级，普通热拌沥青混合料不能满足使用要求时，可从材料和沥青混合料结构上改善，如采用改性沥青和 SMA-10、SMA-13 等混合料。对抗滑、排水和降噪有特殊要求的表面层，可采用 OGFC 等开级配沥青混合料，表面层下应设置防水层，防水层可采用改性乳化沥青或改性沥青等。

沥青路面中面层和下面层经受着与沥青路面表面层相似的不利工作环境，只是对平整性和抗滑性两个指标要求略低。因此，对沥青混合料的选择同样有较高的要求，特别是在密实防水和抗剪切变形等方面的要求也很高，通常选用密实型中粒式和粗粒式混合料(如 AC-20、AC-25)。对于特重交通等级或者炎热地区，胶结料常采用改性沥青。

二级、三级以下等级公路一般采用双层式沥青面层。除了沥青混合料之外，也可选用热拌沥青碎石(ATB)或沥青贯入式结构，再加上表面封层。三级、四级公路一般可采用双层沥青表面处治结构。

现行《公路沥青路面设计规范》(JTG D50—2017)对不同粒径沥青混合料的最小层厚规定见表5.17。结合大量工程经验，从技术经济合理的角度考虑，表5.18所列的适宜厚度可供参考。

表5.17 不同粒径沥青混合料层厚

沥青混合料类型	以下集料公称最大粒径沥青混合料的层厚(mm)，不小于					
	4.75	9.5	13.2	16.0	19.0	26.5
连续级配沥青混合料	15	25	35	40	50	75
沥青玛琋脂碎石	—	30	40	50	60	—
开级配沥青混合料	—	20	25	30	—	—

表5.18 沥青混合料压实最小厚度与适宜厚度

沥青混合料类型		最大粒径/mm	公称最大粒径/mm	符号	压实最小厚度/mm	适宜厚度/mm
密级配沥青混合料(AC)	砂粒式	9.5	4.75	AC-5	15	15～30
	细粒式	13.2	9.5	AC-10	20	25～40
		16	13.2	AC-13	35	40～60
	中粒式	19	16	AC-16	40	50～80
		26.5	19	AC-20	50	60～100
	粗粒式	31.5	26.5	AC-25	70	80～120
密级配沥青碎石(ATB)	粗粒式	31.5	26.5	ATB-25	70	80～120
		37.5	31.5	ATB-30	90	90～150
	特粗式	53	37.5	ATB-40	120	120～150
开级配沥青碎石(ATPB)	粗粒式	31.5	26.5	ATPB-25	80	80～120
		37.5	31.5	ATPB-30	90	90～150
	特粗式	53	37.5	ATPB-40	120	120～150
半开级配沥青碎石(AM)	细粒式	16	13.2	AM-13	35	40～60
	中粒式	19	16	AM-16	40	50～70
		26.5	19	AM-20	50	60～80
	粗粒式	31.5	26.5	AM-25	80	50～120
	特粗式	53	37.5	AM-40	120	120～150

续表 5.18

沥青混合料类型		最大粒径/mm	公称最大粒径/mm	符号	压实最小厚度/mm	适宜厚度/mm
沥青玛瑞脂碎石混合料(SMA)	细粒式	13.2	9.5	SMA-10	25	25～50
		16	13.2	SMA-13	30	35～60
	中粒式	19	16	SMA-16	40	40～70
		26.5	19	SMA-20	50	50～80
开级配沥青磨耗层(OGFC)	细粒式	13.2	9.5	OGFC-10	20	20～30
		16	13.2	OGFC-13	30	30～40

沥青贯入碎石层的厚度宜为 40～80 mm，乳化沥青贯入式路面的厚度不宜超过 50 mm；上拌下贯式路面的拌和层厚度不宜小于 25 mm；沥青表面处治层可分为单层、双层和三层，单层表面处治层厚度宜为 10～15 mm，双层表面处治层厚度宜为 15～25 mm，三层表面处治层厚度宜为 25～30 mm。

(2) 基层组合

沥青路面的基层按材料和力学特性的不同可以分为柔性基层(粒料类或沥青混合料类)、半刚性基层(无机结合料稳定类)和刚性基层(水泥混凝土)三种。各种基层有不同的特点，各有适用的场合。

选择基层类型关系到路面结构的耐久性和长期使用性能，首先应根据路面结构所承受的交通等级进行比选，同时应考虑地基支承的可靠性及当地水温状况和路基排水与路基稳定的可靠程度作不同方案，比较后择优选定。我国《公路沥青路面设计规范》(JTG D50—2017)给出的基层材料类型选用见表 5.19。水泥混凝土基层还应符合现行《公路水泥混凝土路面设计规范》(JTG D40—2011)的有关规定。

表 5.19 基层和底基层材料的使用交通荷载等级和层位类型

基层类型	材料类型	适用交通荷载等级和层位
无机结合料稳定类	水泥稳定级配碎石、水泥粉煤灰稳定级配碎石或砾石、石灰粉煤灰稳定级配碎石和砾石	各交通荷载等级的基层和底基层
	水泥稳定未筛分碎石和砾石、石灰粉煤灰稳定未筛分碎石或砾石、石灰稳定未筛分碎石和砾石	轻交通荷载等级的基层、各交通荷载等级的底基层
	水泥稳定土、石灰稳定土、石灰粉煤灰稳定土	轻交通荷载等级的基层、各交通荷载等级的底基层
粒料类	级配碎石	重及重以下交通荷载等级的基层、各交通荷载的底基层
	级配砾石、未筛分碎石、天然砂砾、填隙碎石	中等和轻交通荷载等级的基层、各交通荷载等级的底基层

续表5.19

基层类型	材料类型	适用交通荷载等级和层位
沥青结合料类	密级配沥青碎石、半开级配沥青碎石、开级配沥青碎石	极重、特重和重交通荷载等级的基层
	沥青贯入碎石	重及重以下交通荷载等级的基层
水泥混凝土	水泥混凝土或贫混凝土	极重、特重交通荷载等级的基层

基层结构的厚度主要应满足强度与刚度的设计要求。除此之外，还应考虑施工的可实施性和材料规格对厚度的影响。一般情况下，基层的厚度应大于混合料最大粒径的4倍，同时还应考虑压实机具的性能，通常取能一次压密的最佳厚度。若基层厚度超过最佳厚度，可分几层铺筑，每层厚度接近最佳厚度。不同材料基层和底基层厚度宜符合表5.20的规定。

表5.20　基层和底基层厚度

材料种类	集料公称最大粒径/mm	厚度(mm)，不小于
密级配沥青碎石 半开级配沥青碎石 开级配沥青碎石	19.0	50
	26.5	80
	31.5	100
	37.5	120
沥青贯入碎石	—	40
贫混凝土	31.5	120
无机结合料稳定类	19.0、26.5、31.5、37.5	150
	53.0	180
级配碎石 级配砾石未筛分碎石、天然砂砾	26.5、31.5、37.5	100
	53.0	120
填隙碎石	37.5	75
	53.0	100
	63.0	120

(3) 功能层设置

① 为提高路基顶面回弹模量或改善路基湿度状态而设置的粒料层或无机结合料稳定层，称为路基改善层。

② 地下水位高、排水不良的路段，有裂隙水、泉眼等水文条件不良的岩石挖方路段，基层和底基层为非粒料类材料时，可在基层或底基层与路床间设置粒料层，粒料层与路基边缘或与边沟下渗水沟相连接，厚度不宜小于150 mm。

③ 在季节性冰冻地区，当冻深较大，不能满足防冻层验算要求时，在这种路段应设置防冻层，以保护路面结构不受冻胀和翻浆的危害。防冻层宜采用粗砂、砂砾、碎石等粒料类材料。

④ 基层与基层、基层与面层、面层与面层间，根据情况设置透层、黏层、应力吸收层等功

能层，具体参见《公路沥青路面设计规范》(JTG D50—2017)中第 4.6 节相关内容进行设置。

(4) 路面结构厚度选择

选定结构组合类型后，可结合基层类型不同组合、不同层位混合料最小厚度要求，根据交通荷载等级参照表 5.21 至表 5.26 初选各结构层厚度。结构层厚度应根据交通荷载等级、路基承载能力等因素选择。交通荷载等级高、路基承载能力弱时，宜取靠近高限的厚度或参照高一个交通荷载等级的路面厚度范围；反之可靠近低限取值或参照第一个交通荷载等级的路面厚度范围。

表 5.21　无机结合料稳定类基层(粒料类底基层)路面厚度范围　单位：mm

交通荷载等级	极重、特重	重	中等	轻
面层	250～150	250～150	200～100	150～20
基层(无机结合料稳定类)	600～350	550～300	500～250	450～150
底基层(粒料类)	200～150			

表 5.22　无机结合料稳定类基层(无机结合料稳定类底基层)路面厚度范围　单位：mm

交通荷载等级	极重、特重	重	中等	轻
面层	250～150	250～150	200～100	150～20
基层(无机结合料稳定类)	500～250	450～200	400～150	150～200
底基层(粒料类)	200～150			

表 5.23　粒料类基层(粒料类基层底基层)路面厚度范围　单位：mm

交通荷载等级	重	中等	轻
面层	350～200	300～150	200～100
基层(无机结合料稳定类)	450～350	400～300	350～250
底基层(粒料类)	200～150		

表 5.24　沥青结合料稳定类基层(沥青结合料稳定类底基层)路面厚度范围　单位：mm

交通荷载等级	重	中等	轻
面层	150～120	120～100	80～40
基层(沥青结合料稳定类)	250～200	220～180	200～120
底基层(粒料类)	400～300	400～300	350～250

表 5.25　沥青结合料稳定类基层(无机结合料稳定类底基层)路面厚度范围　单位：mm

交通荷载等级	极重、特重	重	中等	轻
面层	120～100	120～100	100～80	80～40
基层(沥青结合料稳定类)	180～120	150～100	150～100	100～80
底基层(粒料类)	600～300	600～300	550～250	450～200

表 5.26　沥青结合料稳定类基层(粒料+无机结合料稳定类底基层)路面厚度范围　单位:mm

交通荷载等级	极重、特重	重	中等	轻
面层	120～100	120～100	100～80	80～40
基层(沥青结合料稳定类)	240～260	180～120	160～100	100～80
底基层(粒料类)	200～150	200～150	200～150	250～150
底基层(无机结合料类)	400～200	400～200	350～200	250～150

5.2.4　材料设计参数选取

路面材料应根据公路等级、交通荷载等级、气候条件、各结构层功能要求和当地材料特性等,在技术经济论证基础上进行选择并确定材料设计参数。路面结构层材料设计参数的确定可分为下列三个水平:水平一,通过室内试验实测确定;水平二,利用已有经验关系式确定;水平三,参照典型数值确定。

高速公路和一级公路的施工图设计阶段宜采用水平一,其他设计阶段可采用水平二或水平三;二级及二级以下公路可采用水平二或水平三。

(1) 路基

根据路基土类型、地下水位高度确定路基干湿类型和温度状况,结合现行《公路路基设计规范》(JTG D30—2015),确定路基顶面回弹模量及必要的路基改善措施。

新建公路路基回弹模量设计值E_0可由标准状态下的路基回弹模量M_R按式(5-7)通过湿度调整系数和模量折减系数确定,并应满足式(5-8)的要求:

$$E_0 = K_s K_\eta M_R \tag{5-7}$$

$$E_0 \geqslant [E_0] \tag{5-8}$$

式中　E_0——路基回弹模量设计值(MPa);

$[E_0]$——路面结构设计的路基回弹模量要求值(MPa),见表 5.27;

M_R——标准状态(最佳含水率、最大干密度)下路基回弹模量值(MPa),根据试验或根据《公路路基设计规范》(JTG D30—2015)附录 B 按土组类别查表确定;

K_s——路基回弹模量湿度调整系数,为平衡湿度(含水率)状态下的回弹模量与标准状态下的回弹模量之比,潮湿类和干燥类路基分别根据《公路路基设计规范》(JTG D30—2015)查表确定,中湿类路基的回弹模量调整系数,可先分别确定路基工作上部和下部湿度调整系数,再以路基工作区上部厚度和下部厚度加权计算得到路基工作区总的湿度调整系数值,路基回弹模量湿度调整系数取值根据《公路路基设计规范》(JTG D30—2015)附录 D 范围查表确定;

K_η——干湿循环或冻融循环条件下路基土模量折减系数,通过试验确定,初步设计时,非冰冻地区可根据土质类型、失水率确定,季节性冰冻区可根据冻结温度、含水率确定,折减系数可取 0.7～0.9。

表 5.27 路基顶面回弹模量

交通荷载等级	极重	特重	重	中等、轻
回弹模量,不小于/MPa	70	60	50	40

(2) 粒料类材料

粒料类材料用于路面基层、底基层时,以回弹模量作为路面结构设计的参数,在结构验算时应采用粒料回弹模量乘以湿度调整系数后得到,湿度调整系数可在 1.6～2.0 范围内选取。粒料回弹模量应取用最佳含水率和与压实度要求相应的干密度条件下的试验值。在最佳含水率和与压实度要求相应的干密度条件下的粒料回弹模量应依据相应的水平确定:水平一,采用重复加载三轴压缩试验测定,取回弹模量试验结果的均值;水平三,按粒料类型和层位参照表 5.28 确定粒料回弹模量取值。

表 5.28 粒料回弹模量取值范围 单位:MPa

材料类型和层位	最佳含水率和与压实度要求相应的干密度条件下	经湿度调整后
级配碎石基层	200～400	300～700
级配碎石底基层	180～250	190～440
级配砾石基层	150～300	250～600
级配砾石底基层	150～220	160～380
未筛分碎石层	180～220	200～400
天然砂砾层	105～135	130～240

注:材料性能好、级配好或压实度大时取高值,反之取低值。

(3) 无机结合料稳定类材料

无机结合料稳定类材料的弯拉强度和弹性模量在水平一条件下,采用中间段法单轴压缩试验测定。弯拉强度和弹性模量的测定应符合现行《公路工程无机结合料稳定材料试验规程》(JTG E51—2009)中无机结合料稳定材料弯拉强度试验方法(T0851—2009)的有关规定。测试时水泥稳定类、水泥粉煤灰稳定类测试试件的龄期应为 90 d,石灰稳定类、石灰粉煤灰稳定类材料试件的龄期应为 180 d。弯拉强度和弹性模量应取测试数据的平均值。在水平三条件下,可参照表 5.29 确定弯拉强度和弹性模量。

表 5.29 无机结合料稳定类材料的弯拉强度和弹性模量取值范围 单位:MPa

材料	弯拉强度	弹性模量
水泥稳定粒料、水泥粉煤灰稳定粒料、石灰粉煤灰稳定粒料	1.5～2.0	18000～28000
	0.9～1.5	14000～20000
水泥稳定土、水泥粉煤灰稳定土、石灰粉煤灰稳定土	0.6～1.0	5000～7000
石灰土	0.3～0.7	3000～5000

注:结合料用量高、材料性能好、级配好或压实度大时取高值,反之取低值。

需要注意的是，在路面结构验算时，无机结合料稳定类材料弹性模量应乘以结构层模量调整系数 0.5。

(4) 沥青结合料类材料

沥青混合料采用动态压缩模量结构设计参数。水平一条件下，沥青混合料动态压缩模量的测定应符合现行《公路工程沥青及沥青混合料试验规程》(JTG E20—2011)的有关规定，取平均值，试验温度选用 20 ℃，面层沥青混合料加载频率采用 10 Hz，基层沥青混合料加载频率采用 5 Hz。水平二条件下，采用规范指定的预估模型计算确定沥青混合料动态压缩模量。水平三条件下，参照表 5.30 确定沥青混合料动态压缩模量。

表 5.30　常用沥青混合料 20 ℃条件下动态压缩模量取值范围　　单位：MPa

沥青混合料类型	沥青种类			
	70 号道路石油沥青	90 号道路石油沥青	110 号道路石油沥青	SBS 改性沥青
SMA-10、SMA-13、SMA-16	—	—	—	7500～12000
AC-10、AC-13	8000～12000	7500～11500	7000～10500	8500～12500
AC-16、AC-20、AC-25	9000～13500	8500～13000	7500～12000	9000～13500
ATB-25	7000～11000	—	—	—

注：(1) ATB-25 为 5 Hz 条件下动态压缩模量，其他沥青混合料为 10 Hz 条件下动态压缩模量。
(2) 沥青黏度大、级配好或空隙率小时取高值，反之取低值。

(5) 泊松比

各类材料的泊松比参照表 5.31 进行选取。

表 5.31　泊松比取值

材料类别	路基	粒料	无机结合料	密级配沥青混合料	开级配沥青混合料 半开级配沥青混合料
泊松比	0.40	0.35	0.25	0.25	0.40

5.2.5　沥青路面结构验算

沥青路面结构验算能够验证初拟路面结构方案是否合理，并根据验算结果调整路面结构方案。路面结构验算可根据规范计算式进行计算或采用沥青路面结构设计辅助软件进行电算，软件操作流程参见第 2 章。

(1) 温度调整系数和等效温度

为了考虑温度的影响，基于路面温度场的研究，我国现行《公路沥青路面设计规范》(JTG D50—2017)根据所在地区的气温条件、路面结构类型和结构层厚度，采用温度调整系数表征不同地区气候条件对路面结构层疲劳开裂和路基顶面竖向压应变的影响，根据所在地区的气候条件采用等效温度表征对沥青混合料层永久变形的影响。一般分两个步骤确定温度调整系数和等效温度，首先确定基准路面结构温度调整系数和等效温度，然后进行结构层厚度和模量修正，得到不同结构路面的温度调整系数和等效温度。

基准路面结构是指面层、基层与路基组成的三层路面结构，一般分为粒料基层沥青路面和无机结合料稳定类基层沥青路面两种结构形式，结构层的标准厚度和模量参数如下：沥青面层厚度 $h_a=180$ mm，粒料基层或无机结合料稳定类基层厚度 $h_b=400$ mm。沥青混合料动态模量 $E_a=8000$ MPa，粒料层回弹模量 $E_b=400$ MPa，无机结合料稳定层弹性模量 $E_b=7000$ MPa，路基回弹模量 $E_0=100$ MPa。

不同气温状况下基准路面结构的损坏，转换成标准温度(20 ℃)条件下基准路面结构的等效破坏，得到基准路面结构温度调整系数。部分地区各类路面结构设计指标的基准结构温度调整系数及沥青混合料层的等效温度，可参照《公路沥青路面设计规范》(JTG D50—2017)附录G中表G.1.2各地气温统计资料及相应的基准路面结构温度调整系数和等效温度。其他地区的基准结构温度调整系数和沥青混合料层的等效温度，可按气温条件相近地区的系数值取用，气温资料取连续10年的平均值。

当路面结构沥青面层或基层(含底基层)由两层或两层以上不同材料结构层组成时，可以按式(5-9)和式(5-10)分别换算成当量沥青面层和当量基层，从而简化为由当量沥青面层、当量基层和路基构成的三层路面结构。对采用沥青结合料类基层的路面，将基层换算至当量沥青面层，超过2层时，重复利用式(5-9)和式(5-10)自上而下逐层换算，简化为由当量沥青面层、当量基层和路基构成的三层路面结构。

$$h_i^*=h_{i1}+h_{i2} \tag{5-9}$$

$$E_i^*=\frac{E_{i1}h_{i1}^3+E_{i2}h_{i2}^3}{(h_{i1}+h_{i2})^3}+\frac{3}{h_{i1}+h_{i2}}\left(\frac{1}{E_{i1}h_{i1}}+\frac{1}{E_{i2}h_{i2}}\right)^{-1} \tag{5-10}$$

式中 h_i^*，E_i^*——当量层厚度(mm)和模量(MPa)，下标 $i=a$ 为沥青面层，$i=b$ 为基层。

路面结构的温度调整系数应根据式(5-11)计算：

$$K_{Ti}=A_hA_E\,\hat{k}_{Ti}^{1+B_h+B_E} \tag{5-11}$$

式中 K_{Ti}——温度调整系数，下标 $i=1$ 对应沥青混合料层疲劳开裂分析，$i=2$ 对应无机结合料稳定层疲劳开裂分析，$i=3$ 对应路基顶面竖向压应变分析；

$\hat{k}_{Ti}$——基准路面结构温度调整系数，按所在地参照《公路沥青路面设计规范》(JTG D50—2017)查附录G中表G.1.2取用；

A_h，B_h，A_E，B_E——面层、基层厚度和模量有关的函数，按式(5-12)至式(5-23)计算。

沥青混合料层疲劳开裂：

$$A_E=0.76\lambda_E^{0.09} \tag{5-12}$$

$$A_h=1.14\lambda_h^{0.17} \tag{5-13}$$

$$B_E=0.14\ln\frac{\lambda_E}{20} \tag{5-14}$$

$$B_h=0.23\ln\frac{\lambda_h}{0.45} \tag{5-15}$$

无机结合料稳定层疲劳开裂：

$$A_E=0.10\lambda_E+0.89 \tag{5-16}$$

$$A_h=0.73\lambda_h+0.67 \tag{5-17}$$

$$B_E=0.15\ln\frac{\lambda_E}{1.14} \tag{5-18}$$

$$B_h=0.44\ln\frac{\lambda_h}{0.45} \tag{5-19}$$

路基顶面竖向压应变：

$$A_E = 0.006\lambda_E + 0.89 \tag{5-20}$$

$$A_h = 0.67\lambda_h + 0.70 \tag{5-21}$$

$$B_E = 0.12\ln\frac{\lambda_E}{20} \tag{5-22}$$

$$B_h = 0.38\ln\frac{\lambda_h}{0.45} \tag{5-23}$$

式中　λ_E——面层与基层当量模量之比，按式(5-24)计算：

$$\lambda_E = \frac{E_a^*}{E_b^*} \tag{5-24}$$

λ_h——面层与基层当量厚度之比，按式(5-25)计算：

$$\lambda_h = \frac{h_a^*}{h_b^*} \tag{5-25}$$

分析沥青混合料层永久变形量时，沥青混合料层的等效温度应按式(5-26)计算：

$$T_{pef} = T_\xi + 0.016h_a \tag{5-26}$$

式中　T_{pef}——沥青混合料层等效温度(℃)；

h_a——沥青混合料层厚度(mm)；

T_ξ——基准等效温度，按所在地参照《公路沥青路面设计规范》(JTG D50—2017)查附录G中表G.1.2取用。

(2) 沥青混合料层疲劳开裂验算

现行《公路沥青路面设计规范》(JTG D50—2017)中沥青混合料层的疲劳开裂寿命应根据路面结构分析得到的沥青混合料层层底拉应变，按式(5-27)计算：

$$N_{f1} = 6.32\times10^{15.96-0.29\beta}k_a k_b k_{T1}^{-1}\left(\frac{1}{\varepsilon_a}\right)^{3.97}\left(\frac{1}{E_a}\right)^{1.58}(VFA)^{2.72} \tag{5-27}$$

式中　N_{f1}——沥青混合料疲劳层开裂寿命(轴次)；

β——目标可靠度指标，根据公路等级取值；

k_a——季节性冻土地区调整系数，按表5.32采用内插法确定；

k_b——疲劳加载模式系数，按式(5-28)计算：

$$k_b = \left[\frac{1+0.3E_a^{0.43}(VFA)^{-0.85}e^{0.024h_a-5.41}}{1+e^{0.024h_a-5.41}}\right]^{3.33} \tag{5-28}$$

式中　E_a——沥青混合料20℃时的动态压缩模量(MPa)；

VFA——沥青混合料的沥青饱和度(%)，根据混合料设计结果或按现行《公路沥青路面施工技术规范》(JTG F40—2004)的有关规定确定；

h_a——沥青混合料层厚度(mm)；

k_{T1}——温度调整系数；

ε_a——沥青混合料层层底拉应变(10^{-6})，根据弹性层状理论计算获取。

表5.32　季节性冻土地区调整系数 k_a

冻区	重冻区	中冻区	轻冻区	其他地区
冻结指数 F/(℃·d)	≥2000	2000～800	800～50	≤50
k_a	0.60～0.70	0.70～0.80	0.80～1.00	1.00

沥青混合料层的疲劳开裂寿命应大于基于沥青混合料层层底拉应变的设计使用年限内设计车道的当量设计轴载累计作用次数；否则，应调整路面结构方案，重新验算，直至满足要求。

(3) 无机结合料稳定层疲劳开裂验算

现行《公路沥青路面设计规范》(JTG D50—2017)中，无机结合料稳定层的疲劳开裂寿命应根据路面结构分析得到的无机结合料稳定层层底拉应变，按式(5-29)计算：

$$N_{f2}=k_a k_{T2}^{-1} 10^{a-b\frac{\sigma_t}{R_s}+k_c-0.57\beta} \tag{5-29}$$

式中 N_{f2}——无机结合料稳定层的疲劳开裂寿命(轴次)；

k_a——季节性冻土地区调整系数，按表 5.32 确定；

k_{T2}——温度调整系数；

R_s——无机结合料稳定类材料的弯拉强度(MPa)；

a,b——疲劳试验回归参数，按表 5.33 确定；

k_c——现场综合修正系数，按式(5-30)确定：

$$k_c=c_1 e^{c_2(h_a+h_b)}+c_3 \tag{5-30}$$

c_1,c_2,c_3——参数，按表 5.34 取值；

h_a,h_b——沥青混合料层和计算点以上无机结合料稳定层厚度；

β——目标可靠度指标，根据公路等级取值；

σ_t——无机结合料稳定层的层底拉应力(MPa)，根据弹性层状理论计算获取。

表 5.33 无机结合料稳定层疲劳破坏模型参数

材料类型	a	b
无机结合料稳定粒料	13.24	12.52
无机结合料稳定土	12.18	12.79

表 5.34 现场综合修正系数 k_c 相关参数

材料类型	新建路面结构层或改建工程既有路面结构层		改建工程加铺层	
	无机结合料稳定粒料	无机结合料稳定土	无机结合料稳定粒料	无机结合料稳定土
c_1	14.0	35.0	18.5	21.0
c_2	−0.0076	−0.0156	−0.01	−0.0125
c_3	−1.47	−0.83	−1.32	−0.82

无机结合料稳定层的疲劳开裂寿命应大于以无机结合料稳定层层底拉应力为指标进行轴载换算得到的设计使用年限内设计车道的当量设计轴载累计作用次数；否则，应调整路面结构组合或层厚，重新验算，直至满足要求。

(4) 沥青混合料层永久变形量验算

按照我国《公路沥青路面设计规范》(JTG D50—2017)规定，首先对路面结构中的各沥青混合料层进行分层：表面层，采用 10～20 mm 为一分层；第二层沥青混合料层，每一分层厚度应不大于 25 mm；第三层沥青混合料层，每分层厚度应不大于 100 mm；第四层及其以下沥青混合料层，作为一个分层。然后，根据标准条件下的车辙试验，得到各层沥青混合料的车辙试验永久变形量，按式(5-31)、式(5-32)计算各分层的永久变形量和沥青混合料层总的永久变形量：

$$R_{a}=\sum_{i=1}^{n}R_{ai} \tag{5-31}$$

$$R_{ai}=2.31\times10^{-8}k_{Ri}T_{pef}^{2.93}p_{i}^{1.80}N_{e3}^{0.48}\left(\frac{h_{i}}{h_{0}}\right)R_{0i} \tag{5-32}$$

式中 R_a—— 沥青混合料层永久变形量(mm)；

R_{ai}—— 第 i 层永久变形量(mm)；

n—— 分层数；

T_{pef}—— 沥青混合料层永久变形等效温度(℃)；

N_{e3}——设计使用年限内或通车至首次针对车辙维修的期限内，基于沥青混合料层永久变形量指标的设计车道上当量设计轴载累计作用次数；

h_i—— 第 i 分层厚度(mm)；

h_0—— 车辙试验试件的厚度(mm)；

R_{0i}—— 第 i 分层沥青混合料在试验温度为 60 ℃、压强为 0.7 MPa、加载次数为 2520 次时，车辙试验永久变形量(mm)；

k_{Ri}—— 综合修正系数，按式(5-33) 至式(5-35) 计算：

$$k_{Ri}=(d_{1}+d_{2}\cdot z_{i})\cdot0.9731^{z_{i}} \tag{5-33}$$

$$d_{1}=-1.35\times10^{-4}h_{a}^{2}+8.18\times10^{-2}h_{a}-14.50 \tag{5-34}$$

$$d_{2}=8.78\times10^{-7}h_{a}^{2}-1.50\times10^{-3}h_{a}+0.90 \tag{5-35}$$

z_i—— 沥青混合料第 i 分层厚度(mm)，第一分层取 15 mm，其他分层为路表距分层中点的深度；

h_a—— 沥青混合料层厚度(mm)，h_a 大于 200 mm 时，取 200 mm；

p_i—— 沥青混合料第 i 分层顶面竖向压应力(MPa)，根据弹性层状体系理论，计算获取。

验算得到的沥青混合料层永久变形量应满足设计要求；否则，应调整沥青混合料设计，直至满足要求。满足沥青混合料层容许永久变形量要求的沥青混合料，尚应满足施工技术规范要求的标准车辙试验的动稳定度要求，其永久变形量 R_0 的动稳定度可用作沥青混合料的质量要求和施工控制指标。标准车辙试验温度为 60 ℃、压强为 0.7 MPa、试件厚度为 50 mm、加载次数为 2520 次时沥青混合料的动稳定度 DS，可根据永久变形量 R 按式(5-36)计算：

$$DS=9365R_{0}^{-1.48} \tag{5-36}$$

式中 DS—— 沥青混合料动稳定度(次 /mm)。

(5) 路基顶面竖向压应变验算

现行《公路沥青路面设计规范》(JTG D50—2017) 中，路基顶面的容许竖向压应变可按式(5-37) 验算：

$$[\varepsilon_{z}]=1.25\times10^{4-0.1\beta}\,(k_{T3}N_{e4})^{-0.21} \tag{5-37}$$

式中 $[\varepsilon_z]$—— 路基顶面容许竖向压应变(10^{-6})；

β—— 目标可靠度指标，根据公路等级取值；

N_{e4}—— 基于路基顶面压应变指标的设计使用年限内设计车道上的当量设计轴载累计作用次数；

k_{T3}—— 温度调整系数。

对于选定的路面结构，根据弹性层状体系理论计算出的路基顶面竖向压应变应小于容许压应变值；否则，调整路面结构方案，重新验算，直至满足要求。

(6) 沥青面层低温开裂指数验算

季节性冻土地区沥青路面，低温开裂指数应按式(5-38)验算：

$$CI = 1.95 \times 10^{-3} S_t \lg b - 0.075(T + 0.07h_a)\lg S_t + 0.15 \tag{5-38}$$

式中 CI—— 沥青面层低温开裂指数；

T—— 路面开裂设计温度(℃)，为连续10年年最低气温平均值；

S_t—— 在路面低温设计温度加10 ℃试验温度条件下，表面层沥青弯曲梁流变试验加载180 s时蠕变劲度(MPa)；

h_a—— 沥青结合料类材料层厚度(mm)；

b—— 路基类型参数，砂 $b=5$，粉质黏土 $b=3$，黏土 $b=2$。

沥青面层低温开裂指数值，应满足表5.13的低温开裂指数要求，否则应改变所选用的沥青材料，直至满足要求。

(7) 防冻厚度验算

季节性冻土地区路基为中湿或潮湿状态时，应按照式(5-39)计算公路多年最大冻深：

$$Z_{max} = abcZ_d \tag{5-39}$$

式中 Z_{max}——公路多年最大冻深(mm)；

Z_d——大地多年最大冻深(mm)，根据调查资料确定；

a——大地冻深范围内路基、路面各层材料热物性系数，按表5.35确定；

b——路基湿度系数，按表5.36确定；

c——路基断面形式系数，根据表5.37按内插法确定。

表5.35 路基、路面材料热物性系数

路基材料	黏质土	粉质土	粉土质砂	细粒土质砂、黏土质砂	含细粒土质砂
热物性系数	1.05	1.10	1.20	1.30	1.35
路基材料	水泥混凝土	沥青结合料类	级配碎石	石灰粉煤灰稳定材料或水泥稳定粒料	石灰粉煤灰稳定材料土及水泥土
热物性系数	1.40	1.35	1.45	1.40	1.35

表5.36 路基湿度系数

干湿类型	干燥	中湿	潮湿
潮湿系数	1.0	0.95	0.90

表 5.37 路基断面形式系数

填挖形式和高(深)度	路基填土高度					路基挖方高度			
	零填	<2 m	2~4 m	4~6 m	>6 m	<2 m	2~4 m	4~6 m	>6 m
断面形式系数	1.0	1.02	1.05	1.08	1.10	0.98	0.95	0.92	0.90

① 根据公路多年最大冻深,按规定验算路面的防冻厚度,路面结构厚度小于规定最小防冻厚度时,应增设防冻层,使其满足最小防冻厚度的要求。

② 对Ⅱ区砂性土路基防冻厚度应相应减少 5%~10%。

③ 公路多年最大冻深大时,靠近上限取值,反之靠近下限取值。

④ 基层、底基层采用不同材料类型时,按厚度较大的材料类型确定。

5.3 沥青路面设计示例

5.3.1 工程概况

东北地区某二级公路,设计速度 60 km/h,拟修建沥青混凝土路面,设计使用年限 12 年,所在自然区划属于$Ⅱ_2$区,沥青路面气候分区为 2-2 区,年均降雨量 587 mm,年平均气温 4.7 ℃,月平均气温最低为-17.2 ℃,月平均气温最高为 23.8 ℃,多年最低气温为-29 ℃。其中,路基为低液限黏土,容重为 18.5 kN/m^3,地下水毛细润湿面距天然地面0.9 m,路基平均填土高度 1.1 m。公路沿线有砂砾、碎石、石灰、水泥、粉煤灰及沥青等材料供应。

5.3.2 交通参数

根据交通调查与分析可知,该公路大型客车与货车交通量为 1950 辆/d,设计使用年限内交通量的年平均增长率为 6.0%,方向系数取 0.55,车道系数为 1。设计以双轮组单载 100 kN为标准轴载,即 BZZ-100。

(1) 交通荷载等级的确定

① 设计车道的年平均日货车交通量:

$$Q_1 = AADTT \times DDF \times LDF = 1950 \times 0.55 \times 1 = 1072 \text{ 辆/d}$$

② 设计年限内设计车道累计交通量:

$$Q = \frac{[(1+\gamma)^t - 1] \times 365}{\gamma} \cdot Q_1 = \frac{[(1+0.06)^{12} - 1] \times 365}{0.06} \times 1072 = 6600871 \text{ 辆}$$

根据《公路沥青路面设计规范》(JTG D50—2017)可知,交通荷载等级为中等交通。

(2) 车辆类型分布系数

由整体式货车比例 43%,半挂式货车比例 26%,查《公路沥青路面设计规范》(JTG D50—2017)表 A2.6.1 确定公路 TTC 分类为 TTC3,再根据表 A2.6.2 确定车辆类型分布系数,如表 5.38 所示。

表 5.38 车辆类型分布系数

车辆类型	2类	3类	4类	5类	6类	7类	8类	9类	10类	11类
TTC3	0.178	0.331	0.034	0.0	0.125	0.044	0.091	0.106	0.085	0.007

非满载车和满载车的比例参照《公路沥青路面设计规范》(JTG D50—2017)中表 A3.1-2 选取,如表 5.39 所示。

表 5.39 2～11 类车辆非满载车与满载车比例

车型	非满载车比例	满载车比例
2类	0.85	0.15
3类	0.94	0.06
4类	0.65	0.35
5类	0.77	0.23
6类	0.55	0.45
7类	0.7	0.3
8类	0.45	0.55
9类	0.6	0.4
10类	0.58	0.42
11类	0.67	0.33

(3) 车辆当量设计轴载换算

沥青路面结构验算以沥青混合料层永久变形量、无机结合料稳定层层底拉应力及沥青面层低温开裂指数为指标。根据前两项指标可得到各车型对应的非满载车和满载车的当量设计轴载换算系数,如表 5.40 和表 5.41 所示。

表 5.40 非满载车和满载车的当量设计轴载换算系数(一)

车型	非满载车	满载车	当量设计轴载换算系数
2类	0.8	2.8	1.1
3类	0.4	4.1	0.622
4类	0.7	4.2	1.925
5类	0.6	6.3	1.911
6类	1.3	7.9	4.27
7类	1.4	6.0	2.78
8类	1.4	6.7	4.315
9类	1.5	5.1	2.94
10类	2.4	7.0	4.332
11类	1.5	12.1	4.998

注:表 5.40 是以沥青混合料层永久变形量为指标。

表 5.41 非满载车和满载车的当量设计轴载换算系数(二)

车型	非满载车	满载车	当量设计轴载换算系数
2 类	0.5	35.5	5.75
3 类	1.3	314.2	20.074
4 类	0.3	137.6	48.355
5 类	0.6	72.9	17.229
6 类	10.2	1505.7	683.175
7 类	7.8	553.0	171.36
8 类	16.4	713.5	399.805
9 类	0.7	204.3	82.14
10 类	37.8	426.8	201.18
11 类	2.5	985.4	326.857

注:表 5.41 是以无机结合料稳定层层底拉应力为指标。

① 确定以无机结合料稳定层层底拉应力为设计指标时,初始年设计车道日平均当量轴次 N_1 结果如表 5.42 所示。

表 5.42 初始年设计车道日平均当量轴次 N_1

车辆	交通量 $AADTT$/(辆/d)	非满载比例 PER_{ml}	满载比例 PER_{mh}	非满载车当量设计轴载换算系数 $EALF_{ml}$	满载车当量设计轴载换算系数 $EALF_{mh}$	当量设计轴载换算系数 $EALF_m$	车辆类型分布系数 $VCDF_m$	车道系数 LDF	方向系数 DDF	初始年设计车道日平均当量轴次 N_1/次
2 类	347	0.85	0.15	0.5	35.5	5.750	0.178	1.00	0.55	1097.704
3 类	645	0.94	0.06	1.3	314.2	20.074	0.331	1.00	0.55	7126.220
4 类	66	0.65	0.35	0.3	137.6	48.355	0.034	1.00	0.55	1763.23
5 类	0	0.77	0.23	0.6	72.9	17.229	0	1.00	0.55	0.000
6 类	244	0.55	0.45	10.2	1505.7	683.175	0.125	1.00	0.55	91588.148
7 类	86	0.70	0.30	7.8	553	171.360	0.044	1.00	0.55	8086.478
8 类	177	0.45	0.55	16.4	713.5	399.805	0.091	1.00	0.55	39019.968
9 类	207	0.60	0.40	0.7	204.3	82.140	0.106	1.00	0.55	9338.086
10 类	166	0.58	0.42	37.8	426.8	201.18	0.085	1.00	0.55	18340.072
11 类	14	0.67	0.33	2.5	985.4	326.857	0.007	1.00	0.55	2453.879
小计	$N_1 = AADTT \times DDF \times LDF \times \sum_{m=2}^{11}(VCDF_m \times EALF_m)$									178814.00

则设计车道当量设计轴载累计作用次数 N_{e2} 为：

$$N_{e2}=\frac{[(1+\gamma)^{t}-1]\times 365}{\gamma}\cdot N_1=\frac{[(1+0.06)^{12}-1]\times 365}{0.06}\times 178814=1101051203\text{ 次}$$

② 确定以沥青混合料层永久变形量为设计指标时，初始年设计车道日平均当量轴次 N_1（通车至首次针对车辙维修的期限为 12 年）结果如表 5.43 所示。

表 5.43 初始年设计车道日平均当量轴次 N_1

车辆	交通量 AADTT/（辆/d）	非满载比例 PER_{ml}	满载比例 PER_{mh}	非满载车当量设计轴载换算系数 $EALF_{ml}$	满载车当量设计轴载换算系数 $EALF_{mh}$	当量设计轴载换算系数 $EALF_m$	车辆类型分布系数 $VCDF_m$	车道系数 LDF	方向系数 DDF	初始年设计车道日平均当量轴次 N_1/次
2 类	347	0.85	0.15	0.8	2.8	1.100	0.178	1.00	0.55	209.996
3 类	645	0.94	0.06	0.4	4.1	0.622	0.331	1.00	0.55	220.808
4 类	66	0.65	0.35	0.7	4.2	1.925	0.034	1.00	0.55	70.195
5 类	0	0.77	0.23	0.6	6.3	1.911	0	1.00	0.55	0.000
6 类	244	0.55	0.45	1.3	7.9	4.270	0.125	1.00	0.55	572.447
7 类	86	0.70	0.30	1.4	6	2.780	0.044	1.00	0.55	131.188
8 类	177	0.45	0.55	1.4	6.7	4.315	0.091	1.00	0.55	421.133
9 类	207	0.60	0.40	1.5	5.1	2.940	0.106	1.00	0.55	334.234
10 类	166	0.58	0.42	2.4	7	4.332	0.085	1.00	0.55	394.916
11 类	14	0.67	0.33	1.5	12.1	4.998	0.007	1.00	0.55	37.522
小计	$N_1=AADTT\times DDF\times LDF\times\sum_{m=2}^{11}(VCDF_m\times EALF_m)$									2392.44

则设计车道当量设计轴载累计作用次数 N_{e3} 为：

$$N_{e3}=\frac{[(1+\gamma)^{t}-1]\times 365}{\gamma}\cdot N_1=\frac{[(1+0.06)^{12}-1]\times 365}{0.06}\times 2392.44=14731516\text{ 次}$$

5.3.3 初拟路面结构方案

根据设计交通荷载等级，结合当地工程经验，初拟沥青路面结构如表 5.44 所示。

表 5.44　初拟沥青路面结构

结构层	材料类型	厚度/mm
上面层	AC-13C 细粒式沥青混凝土	40
下面层	AC-16 中粒式沥青混凝土	60
基层	4.5%水泥稳定碎石	180
底基层	水泥稳定砂砾	180
功能层	级配碎石	200

5.3.4　路基和结构层材料参数

（1）路基顶面回弹模量

土质路基为低液限黏土，容重为 18.5 kN/m^3，路基工作区深度 Z_a 为：

$$Z_a=\left(\frac{KnP}{\gamma}\right)^{\frac{1}{3}}=\left(\frac{0.5\times10\times50}{18.5}\right)^{\frac{1}{3}}=2.38\ \text{m}$$

由“地下水毛细润湿面距天然地面 0.9 m，路基平均填土高度 1.1 m”可知，路基工作区被地下水毛细润湿面分为上、下两部分，下部（厚度 0.38 m）受地下水毛细润湿的影响，上部（厚度 2.0 m）则受气候因素影响，路基平衡湿度状况为中湿类路基。由《公路路基设计规范》（JTG D30—2015）可知，新建公路路基回弹模量设计值 E_0 按公式 $E_0=K_SK_\eta M_R$ 计算。查《公路路基设计规范》（JTG D30—2015）中表 B-1，选取低液限黏土路基标准状态下回弹模量为 $M_R=75$ MPa；再根据表 C.0.3-1 确定自然区划Ⅱ$_2$区的湿度指标 TMI 为-10，由表 D.0.1 及表 D.0.2 分别确定潮湿类路基回弹模量湿度调整系数为 0.7、干燥类路基回弹模量湿度调整系数为 0.9，最终采用以路基工作区上、下部厚度加权的方法计算中湿类路基回弹模量湿度调整系数 K_S 为 0.87；由《公路路基设计规范》（JTG D30—2015）第 3.2.5 条确定干湿循环冻融循环条件下路基土模量折减系数 K_η 为 0.80。则经湿度调整和干湿或冻融循环作用折减的路基顶面回弹模量为 $E_0=52$ MPa，大于 40 MPa，满足《公路沥青路面设计规范》（JTG D50—2017）第 5.2.2 条的规定。

（2）基层、底基层材料弯拉强度和弹性模量

4.5%水泥稳定碎石的弯拉强度和弹性模量参照《公路沥青路面设计规范》（JTG D50—2017）中表 5.4.5 推荐取值范围选用，根据《公路沥青路面设计规范》（JTG D50—2017）规定，结果验算时，无机结合料稳定类材料弹性模量应乘以结构层模量调整系数 0.5，具体计算结果如表 5.45 所示。

表 5.45　基层与底基层材料弯拉强度与弹性模量

材料名称	弯拉强度/MPa	弹性模量/MPa
4.5%水泥稳定碎石	2.0	12500
水泥稳定砂砾	1.5	7000

(3) 沥青面层模量

沥青面层的动态压缩模量参照《公路沥青路面设计规范》(JTG D50—2017)中表 5.5.11 推荐取值范围选用,试验温度为 20 ℃、加载频率为 10 Hz,具体取值如表 5.46 所示。

表 5.46 沥青混合料 20 ℃条件下动态压缩模量

沥青混合料类型	动态压缩模量/MPa
AC-13C 细粒式沥青混凝土	7500
AC-16 中粒式沥青混凝土	8500

注:沥青种类选用 90 号道路石油沥青。

(4) 泊松比

各类材料的泊松比参照《公路沥青路面设计规范》(JTG D50—2017)中表 5.6.1 选用,如表 5.47 所示。

表 5.47 泊松比取值

材料类别	路基	粒料	无机结合料	密级配沥青混合料	开级配沥青混合料 半开级配沥青混合料
泊松比	0.40	0.35	0.25	0.25	0.40

5.3.5 路面结构验算

根据《公路沥青路面设计规范》(JTG D50—2017)中表 6.2.1,本路面结构组合需要验算的设计指标为无机结合料稳定层层底拉应力和沥青混合料层永久变形量;由于项目处于季节性冻土地区,还应增加沥青面层低温开裂和防冻厚度验算。

(1) 4.5%水泥稳定碎石基层疲劳开裂验算

4.5%水泥稳定碎石基层的疲劳开裂寿命应根据路面结构分析得到的稳定层层底拉应力,按下式计算:

$$N_{f2}=k_a k_{T2}^{-1} 10^{a-b\frac{\sigma_t}{R_s}+k_c-0.57\beta}$$

根据气象资料,工程所在地区冻结指数 F 为 1799 ℃ · d,根据《公路沥青路面设计规范》(JTG D50—2017)中表 B.1.1 按内插法取值,季节性冻土地区调整系数 k_a 取 0.72。

根据工程所在地区,查《公路沥青路面设计规范》(JTG D50—2017)中表 G.1.2 得到基准路面结构温度调整系数 $\hat{k}_{T2}=0.97$。根据初拟路面结构和结构层材料参数,按公式 $K_{Ti}=A_h A_E \hat{k}_{Ti}^{1+B_h+B_E}$ 计算路面结构的温度调整系数 k_{T2},其中:

$$h_a^*=h_{a1}+h_{a2}=40+60=100\ \text{mm}$$

$$h_b^*=h_{b1}+h_{b2}=180+180=360\ \text{mm}$$

$$E_a^*=\frac{E_{a1}h_{a1}^3+E_{a2}h_{a2}^3}{(h_{a1}+h_{a2})^3}+\frac{3}{h_{a1}+h_{a2}}\left(\frac{1}{E_{a1}h_{a1}}+\frac{1}{E_{a2}h_{a2}}\right)^{-1}$$

$$=\frac{7500\times 40^3+8500\times 60^3}{(40+60)^3}+\frac{3}{40+60}\left(\frac{1}{7500\times 40}+\frac{1}{8500\times 60}\right)^{-1}$$

$$=7982.79\ \text{MPa}$$

$$E_b^*=\frac{E_{b1}h_{b1}^3+E_{b2}h_{b2}^3}{(h_{b1}+h_{b2})^3}+\frac{3}{h_{b1}+h_{b2}}\left(\frac{1}{E_{b1}h_{b1}}+\frac{1}{E_{b2}h_{b2}}\right)^{-1}$$

$$=\frac{12500\times 180^3+7000\times 180^3}{(180+180)^3}+\frac{3}{180+180}\left(\frac{1}{12500\times 180}+\frac{1}{7000\times 180}\right)^{-1}$$

$$=9168.27\ \text{MPa}$$

$$\lambda_h=\frac{h_a^*}{h_b^*}=\frac{100}{360}=0.278$$

$$\lambda_E=\frac{E_a^*}{E_b^*}=\frac{7982.79}{9168.27}=0.871$$

$$A_E=0.10\lambda_E+0.89=0.10\times 0.871+0.89=0.977$$

$$A_h=0.73\lambda_h+0.67=0.73\times 0.278+0.67=0.873$$

$$B_E=0.15\ln\frac{\lambda_E}{1.14}=0.15\times\ln\frac{0.871}{1.14}=-0.041$$

$$B_h=0.44\ln\frac{\lambda_h}{0.45}=0.44\times\ln\frac{0.278}{0.45}=-0.212$$

经计算得到路面结构的温度调整系数 $k_{T2}=0.834$。由《公路沥青路面设计规范》(JTG D50—2017)中表 B.2.1-1 可知，疲劳破坏模型参数 $a=13.24$，$b=12$。4.5%水泥稳定碎石的弯拉强度 $R_s=2.0$ MPa。

根据公式 $k_c=c_1 e^{c_2(h_a+h_b)}+c_3$ 计算现场综合修正系数 k_c，式中 c_1、c_2、c_3 根据《公路沥青路面设计规范》(JTG D50—2017)中表 B2.1-2 分别取 14.0、-0.0076 和 -1.47；h_a 取 100 mm，h_b 取 360 mm，计算得 $k_c=-1.046$。

根据《公路沥青路面设计规范》(JTG D50—2017)中表 3.0.1，二级公路目标可靠度指标 β 取 1.04。

根据结构层厚度和力学参数，采用弹性层状体系理论，计算得到 4.5%水泥稳定碎石基层层底拉应力，见表 5.48。

表 5.48　4.5%水泥稳定碎石基层层底拉应力计算结果

4.5%水泥稳定碎石厚度/mm	拉应力/MPa
180	0.358

根据以上参数，计算 4.5%水泥稳定碎石基层疲劳开裂寿命，见表 5.49。

表 5.49　4.5%水泥稳定碎石基层疲劳开裂寿命

4.5%水泥稳定碎石厚度/mm	4.5%水泥稳定碎石基层疲劳开裂寿命 N_{f2}/轴次	设计车道当量设计轴载累计作用次数 N_{e2}/次
180	2.45×10^9	1.10×10^9

4.5%水泥稳定碎石基层疲劳开裂寿命大于设计车道当量设计轴载累计作用次数，故4.5%水泥稳定碎石基层疲劳开裂验算满足设计要求。

(2) 水泥稳定砂砾底基层疲劳开裂验算

根据结构层厚度和力学参数，采用弹性层状体系理论，按照(1)中疲劳开裂验算的方法与步骤验算水泥稳定砂砾底基层疲劳开裂，水泥稳定砂砾底基层疲劳开裂寿命大于设计车道当量设计轴载累计作用次数，满足设计要求，见表5.50。

表 5.50 水泥稳定砂底基层疲劳开裂寿命

水泥稳定砂砾厚度/mm	水泥稳定砂砾基层疲劳开裂寿命 N_{f2}/轴次	设计车道当量设计轴载累计作用次数 N_{e2}/次
180	1.23×10^{9}	1.10×10^{9}

(3) 沥青混合料层永久变形量

在试验温度为60 ℃、压强为0.7 MPa、加载次数为2520次时，沥青混合料车辙试验永久变形量 R_0 见表5.51。

表 5.51 沥青混合料车辙试验永久变形量 R_0 取值

材料类型	车辙试验永久变形量 R_0/mm
AC-13C 细粒式沥青混凝土	4.5
AC-16 中粒式沥青混凝土	4.0

查《公路沥青路面设计规范》(JTG D50—2017)中表G.1.2可知，基准等效温度 $T_\xi=14.9$ ℃，代入公式 $T_{pef}=T_\xi+0.016h_a$，取沥青混合料层厚度 $h_a=100$ mm，计算得到沥青混合料层永久变形等效温度 $T_{pef}=16.50$ ℃。

根据《公路沥青路面设计规范》(JTG D50—2017)第B.3.1条规定的分层方法，将沥青混合料层分为四个分层：40 mm 细粒式沥青混凝土(AC-13C)上面层，分为20 mm+20 mm，共两层；60 mm 中粒式沥青混凝土(AC-16)下面层，分为20 mm+20 mm+20 mm，共三层。

按下式计算沥青混合料各分层永久变形量：

$$R_{ai}=2.31\times10^{-8}k_{Ri}T_{pef}^{2.93}p_i^{1.80}N_{e3}^{0.48}(h_i/h_0)R_{oi}$$

取通车至首次针对车辙维修的期限为12年，则经计算该期限内设计车道上当量设计轴载累计作用次数 $N_{e3}=1.073\times10^{7}$。

车辙试验试件的厚度 $h_0=50$ mm。根据公式 $d_1=-1.35\times10^{-4}h_a^2+8.18\times10^{-2}h_a-14.50$ 和公式 $d_2=8.78\times10^{-7}h_a^2-1.50\times10^{-3}h_a+0.90$，当 $h_a=100$ mm 时，计算得到 $d_1=-7.67$，$d_2=0.759$。根据以上分层方法和《公路沥青路面设计规范》(JTG D50—2017)中公式 $k_{Ri}=(d_1+d_2\cdot z_i)\cdot 0.9731^{z_i}$ 规定的取值规则，自上而下各分层的中点深度取值分别为15 mm、30 mm、50 mm、70 mm 和 90 mm，根据 d_1 和 d_2 的计算结果，代入上式可得到五个分层的沥青混合料永久变形综合修正系数取值，分别以 $k_{R1}\sim k_{R5}$ 表示，如表5.52所示。

表 5.52　各分层修正系数 k_{Ri} 计算结果

k_{R1}	k_{R2}	k_{R3}	k_{R4}	k_{R5}
2.47	6.66	7.75	6.74	5.21

根据以上参数，计算沥青混合料各分层永久变形量，分别以 R_{a1}～R_{a5} 表示，计算结果如表 5.53 所示。

表 5.53　沥青混合料各分层永久变形量 R_{ai}

R_{a1}	R_{a2}	R_{a3}	R_{a4}	R_{a5}
0.34	0.94	1.06	0.85	0.56

沥青混合料层总永久变形量为：

$$R_a=\sum_{i=1}^{n}R_{ai}=3.75\ \text{mm}$$

满足《公路沥青路面设计规范》(JTG D50—2017)中表 3.0.6-1 沥青混合料容许永久变形量 20 mm 的要求。

根据《公路沥青路面设计规范》(JTG D50—2017)公式 $DS=9365R_0^{-1.48}$ 和表 5.51 所列车辙试验永久变形量 R_0 计算沥青混合料的动稳定度，取整后列于表 5.54，满足《公路沥青路面设计规范》(JTG D50—2017)第 5.5.7 条的规定(注：高速公路和一级公路沥青混合料应在规定的试验条件下进行车辙试验，且动稳定度应符合 800 次/mm 的要求，二级公路可参照执行)。

表 5.54　沥青混合料动稳定度

材料类型	动稳定度/(次/mm)
AC-13C 细粒式沥青混凝土	1011
AC-16 中粒式沥青混凝土	1204

(4) 路面低温开裂指数

本项目位于季节性冻土地区，因此需按下式验算沥青面层低温开裂指数 CI：

$$CI=1.95\times10^{-3}S_t\lg b-0.075(T+0.07h_a)\lg S_t+0.15$$

根据气候条件，所在地区低温设计温度 T 为－29 ℃；路基填料为低液限黏土，路基类型参数 $b=2$；上面层 90 号道路石油沥青在－19 ℃条件下弯曲梁流变试验的劲度模量 S_t 为 120 MPa；沥青混合料层厚度 $h_a=100$ mm。将确定的参数代入上式，计算沥青面层低温开裂指数 $CI=3.65$，满足《公路沥青路面设计规范》(JTG D50—2017)表 3.0.6-2 对低温开裂指数的要求(注：二级公路不大于 5)。

5.3.6 防冻厚度验算

由于路基平衡湿度状况为中湿类，且项目位于季节性冻土地区，因此，需要对路面结构组合进行最小防冻厚度验算。按下式计算公路多年最大冻深：

$$Z_{max}=abcZ_d$$

根据调查资料，取大地多年最大冻深 $Z_d=1500$ mm；查《公路沥青路面设计规范》(JTG D50—2017)中表 B.6.1-1 按厚度加权平均值确定大地冻深范围内路基、路面各层材料热物性系数 $a=1.21$；查《公路沥青路面设计规范》(JTG D50—2017)中表 B.6.1-2 确定路基湿度系数 $b=0.95$；查《公路沥青路面设计规范》(JTG D50—2017)中表 B.6.1-3 按内插法确定路基断面形式系数 $c=1.01$；计算得 $Z_{max}=1741$ mm。查《公路沥青路面设计规范》(JTG D50—2017)中表B.6.2得沥青路面结构最小防冻厚度 $h=500$ mm。验算结果表明，路面结构总厚度满足防冻要求。

5.3.7 设计结论

综合以上分析，满足无机结合料层疲劳开裂、沥青混合料容许永久变形量和沥青面层低温开裂要求的路面结构设计结果见表 5.55。

表 5.55 沥青路面结构组合与结构层模量

结构层	材料类型	厚度/mm	结构层模量/MPa
面层	AC-13C 细粒式沥青混凝土	40	7500
	AC-16 中粒式沥青混凝土	60	8500
基层	4.5%水泥稳定碎石	180	12500
	水泥稳定砂砾	180	7000
功能层	级配碎石	200	200
路基	低液限黏土	—	52

6 桥梁设计

桥梁作为路线跨越障碍物的主要结构形式，是公路设计中不可或缺的一部分。装配式简支梁桥具有建桥速度快、工期短、模板支架少等优点，应用广泛。本章主要针对装配式简支梁桥的设计原理进行阐述，并采用算例的形式给出设计过程以供参考。

6.1 桥梁设计原理

6.1.1 结构布置

6.1.1.1 公路桥涵设计使用年限

公路桥涵应根据公路功能和技术等级，考虑因地制宜、就地取材、便于施工和养护等因素进行总体设计，在设计使用年限(表 6.1)内应满足规定的正常交通荷载通行的需求。

表 6.1 公路桥涵设计使用年限

公路等级	主体结构			可更换部件	
	特大桥、大桥	中桥	小桥、涵洞	斜拉索、吊索、系杆等	栏杆、伸缩装置、支座等
高速公路、一级公路	100	100	50	20	15
二级公路、三级公路	100	50	30		
四级公路	100	50	30		

6.1.1.2 桥梁的跨度

特大桥、大桥、中桥和小桥及涵洞按单孔或多孔跨径总长进行规定，见表 6.2。

表 6.2 桥涵涵洞分类

桥涵分类	多孔跨径总长 L/m	单孔跨径 L_k/m
特大桥	$L>1000$	$L_k>150$
大桥	$100\leqslant L\leqslant 1000$	$40\leqslant L_k\leqslant 150$
中桥	$30<L<100$	$20\leqslant L_k<40$
小桥	$8\leqslant L\leqslant 30$	$5\leqslant L_k<20$
涵洞	—	$L_k<5$

6.1.1.3 桥梁的全长

有桥台的桥梁其全长为两岸桥台侧墙或八字墙尾端间的距离;无桥台的桥梁其全长为桥面系的长度。

为避免桥梁设计的重复性,不建议采用标准跨径。

6.1.1.4 行车道宽度

行车道宽度为车道数乘以车道宽度,并应计入所设置的加(减)速车道、紧急车道、爬坡车道、慢车道或错车道的宽度。不同设计速度对应的车道宽度见表 6.3,各级公路设计速度见表 6.4。

表 6.3 不同设计速度对应的车道宽度

设计速度/(km/h)	120	100	80	60	40	30	20
车道宽度/m	3.75	3.75	3.75	3.5	3.5	3.25	3.0

表 6.4 各级公路设计速度

公路等级	高速公路			一级公路			二级公路		三级公路		四级公路
设计速度/(km/h)	120	100	80	100	80	60	80	60	40	30	20

6.1.1.5 人行道与自行车道

高速公路上的桥梁不宜设人行道。一至四级公路上桥梁的桥上人行道和自行车道设置,应根据需要而定,并应与前后路线布置协调。人行道、自行车道与行车道之间,应设护栏或路缘石等分隔设置。

一个自行车道的宽度应为 1.0 m;当单独设置自行车道时,不宜小于两个自行车道的宽度。人行道的宽度宜为 1.0 m;大于 1.0 m 时,应按 0.5 m 的级差增加。

当设路缘石时,路缘石高度可取用 0.25~0.35 m。

6.1.1.6 桥下净空要求

桥下净空应根据计算水位或最高流水水位加安全高度确定。

在不通航或无流放木筏河流及通航河流的不通航桥孔内,桥下净空不应小于表 6.5 的规定。

表 6.5 非通航河流桥下最小净空

桥梁的部位		高出计算水位/m	高出最高流水面/m
梁底	洪水期无大漂流物	0.50	0.75
	洪水期有大漂流物	1.50	—
	有泥石流	1.00	—
支承垫石顶面		0.25	0.50
有铰拱拱脚		0.25	0.25

6.1.2 桥梁的作用及作用效应组合

6.1.2.1 作用的分类及其代表值

《公路桥涵设计通用规范》(JTG D60—2015)中采用的作用包括永久作用、可变作用、偶然作用和地震作用四类。

1) 永久作用

永久作用是指在结构使用期间,其量值不随时间而变化,或其变化值与平均值比较可忽略不计的作用。永久作用应采用标准值作为代表值。

永久作用主要包括结构重力(包括结构附加重力)、预加力、土的重力、土侧压力、混凝土收缩及徐变作用、水的浮力及基础变位作用。

① 结构重力。结构自身重力及桥面铺装、附属设施等外加重力均属于结构重力,可按照结构物的实际体积或设计拟定的体积乘以材料的重力密度(表 6.6)计算。

表 6.6 常用材料的重力密度

材料种类	重力密度/(kN/m^3)	材料种类	重力密度/(kN/m^3)
钢、铸钢	78.5	沥青混凝土	23.0～24.0
铸铁	72.5	沥青碎石	22.0
钢筋混凝土或预应力混凝土	25.0～26.0	碎(砾)石	21.0
混凝土或片石混凝土	24.0	填土	17.0～18.0
浆砌块石或料石	24.0～25.0	填石	19.0～20.0
浆砌片石	23.0	石灰三合土、石灰土	17.5
干砌块石或片石	21.0	—	—

② 土的重力。静土压力标准值可按式(6-1)、式(6-2)计算:

$$e_j = \xi \gamma h \tag{6-1}$$

$$E_j = \frac{1}{2} \xi \gamma H^2 \tag{6-2}$$

式中 e_j——任一高度 h 处的静力压力强度(kN/m^2);

ξ——压实土的静力压力系数,$\xi = 1 - \sin\varphi$,其中 φ 为土的内摩擦角(°);

γ——土的重力密度(kN/m^3);

h——填土顶面至任一点的高度(m);

H——填土顶面至基底高度(m);

E_j——高度 H 范围内单位宽度的静土压力标准值。

③ 其他永久作用均可按《公路桥涵设计通用规范》(JTG D60—2015)相关条文计算。

2) 可变作用

可变作用是指在结构使用期间,其量值随时间变化,且其变化值与平均值比较不可忽略的作用。《公路桥涵设计通用规范》(JTG D60—2015)规定的可变作用包括汽车荷载、汽车冲击力、人群荷载、汽车离心力、汽车荷载引起的土侧压力、汽车制动力、疲劳荷载、风荷载、支座摩阻力、流水压力、冰压力、波浪力、温度作用等。

可变作用的代表值包括标准值、组合值、频遇值和准永久值。承载力极限状态设计及按弹性阶段计算结构强度时,应采用标准值作为可变作用的代表值。正常使用极限状态按短期效应(频遇)组合设计时,应采用频遇值作为可变作用的代表值;按长期效应(准永久)组合设计时,应采用准永久值作为可变荷载的代表值。

可变作用的频遇值=可变作用标准值×频遇值系数

可变作用的准永久值=可变作用标准值×准永久值系数

(1) 汽车荷载。公路桥涵设计时,汽车荷载的计算图式、荷载等级及其标准值、加载方法和纵横向折减等应符合下列规定:

① 汽车荷载等级分为公路-Ⅰ级和公路-Ⅱ级。

② 汽车荷载由车道荷载和车辆荷载组成。车道荷载由均布荷载和集中荷载组成。桥梁结构的整体计算采用车道荷载;桥梁结构的局部加载及涵洞、桥台和挡土墙土压力等的计算采用车辆荷载。车辆荷载与车道荷载的作用不得叠加。

③ 各级公路桥涵设计的汽车荷载等级应符合表 6.7 的规定。二级公路为干线公路且重型车辆较多时,其桥涵的设计可采用公路-Ⅰ级汽车荷载。二级公路作为集散公路且交通量小、重型车辆少时,其桥涵的设计可采用公路-Ⅱ级汽车荷载。四级公路重型车辆较少,其桥涵设计所采用的公路-Ⅱ级车道荷载的效应可乘以 0.8 的折减系数,车辆荷载的效应可乘以 0.7 的折减系数。

表 6.7 各级公路桥涵设计的汽车荷载等级

公路等级	高速公路	一级公路	二级公路	三级公路	四级公路
汽车荷载等级	公路-I 级	公路-I 级	公路-I 级	公路-Ⅱ级	公路-Ⅱ级

④ 车道荷载的计算图式如图 6.1 所示。

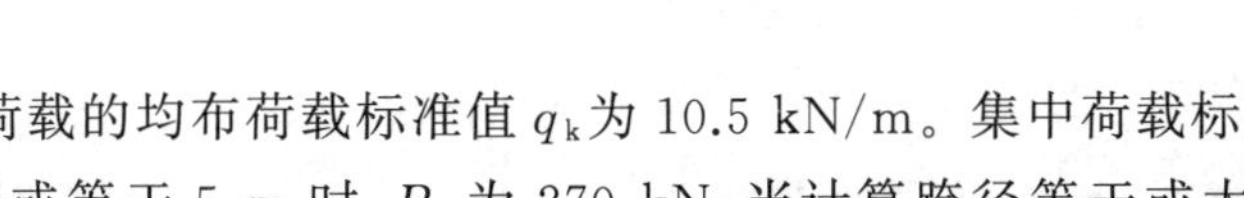

图 6.1 车道荷载

公路-I 级车道荷载的均布荷载标准值 q_k为 10.5 kN/m。集中荷载标准值随计算跨径而变,当计算跨径小于或等于 5 m 时,P_k为 270 kN;当计算跨径等于或大于 50 m 时,P_k为 360 kN;当计算跨径为 5～50 m 时,P_k值采用直线内插法求得。当计算剪力效应时,集中荷载标准值 P_k应乘以 1.2 的系数,其主要用于验算下部结构或上部结构的腹板。

公路-Ⅱ级车道荷载的均布荷载标准值 q_k和集中荷载标准值 P_k按公路-I 级车道荷载的 75%采用。

车道荷载的均布荷载标准值应满布于使结构产生最不利效应的同号影响线上；集中荷载标准值只作用于相应影响线中一个最大影响线峰值处。

⑤ 车辆荷载的立面、平面尺寸如图 6.2 所示，主要技术指标规定见表 6.8。公路-I 级和公路-Ⅱ级汽车荷载采用相同的车辆荷载标准值。

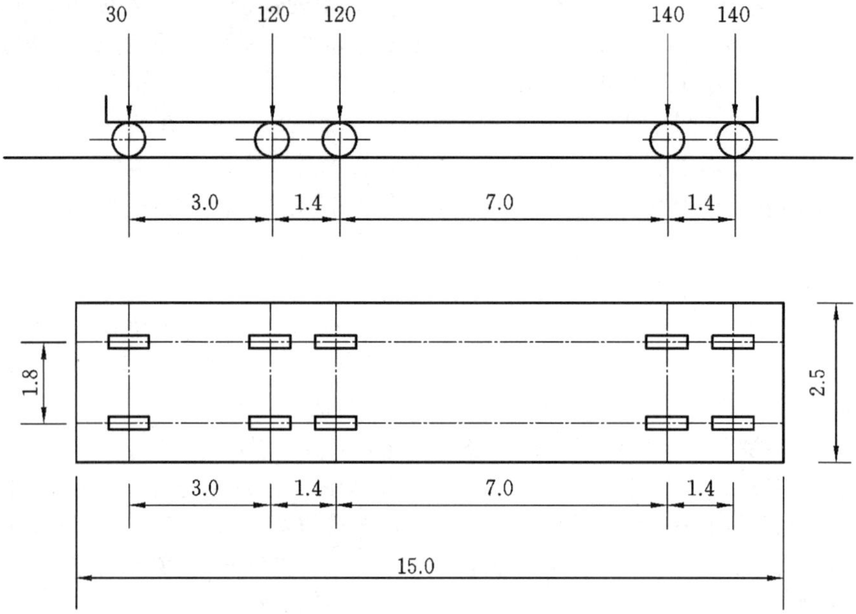

图 6.2　车辆荷载的立面、平面尺寸

表 6.8　车辆荷载的主要技术指标

项目	单位	技术指标
车辆重力标准值	kN	550
前轴重力标准值	kN	30
中轴重力标准值	kN	2×120
后轴重力标准值	kN	2×140
轴距	m	3+1.4+7+1.4
轮距	m	1.8
前轮着地宽度及长度	m	0.3×0.2
中、后轮着地宽度及长度	m	0.6×0.2
车辆外形尺寸(长×宽)	m	15×2.5

⑥ 车辆荷载的横向分布系数应按设计车道数(图 6.3)的布置方式进行计算。

⑦ 桥涵设计车道数应符合表 6.9 的规定。横向布置多车道汽车荷载时，应考虑汽车荷载的折减；布置一条车道汽车荷载时，应考虑汽车荷载的提高。横向车道布载系数应符合表 6.10 的规定。多车道布载的荷载效应不得小于两条车道布载的荷载效应。

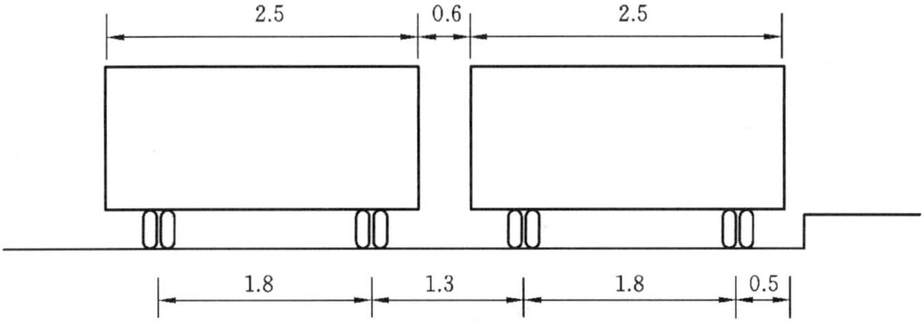

图 6.3 车辆荷载横向布置

表 6.9 桥涵设计车道数

桥面宽度 W/m		桥涵设计车道数
车辆单向行驶时	车辆双向行驶时	
$W<7.0$		1
$7.0\leqslant W<10.5$	$6.0\leqslant W<14.0$	2
$10.5\leqslant W<14.0$		3
$14.0\leqslant W<17.5$	$14.0\leqslant W<21.0$	4
$17.5\leqslant W<21.0$		5
$21.0\leqslant W<24.5$	$21.0\leqslant W<28.0$	6
$24.5\leqslant W<28.0$		7
$28.0\leqslant W<31.5$	$28.0\leqslant W<35.0$	8

表 6.10 横向车道布载系数

横向布载车道数/条	1	2	3	4	5	6	7	8
横向车道布载系数	1.20	1.00	0.78	0.67	0.60	0.55	0.52	0.50

⑧ 大跨径桥梁上的汽车荷载应考虑纵向折减。当桥梁计算跨径大于 150 m 时，应按照表 6.11 规定的纵向折减系数进行折减。当为多跨连续结构时，整个结构应按最大的计算跨径考虑汽车荷载效应的纵向折减。

表 6.11 纵向折减系数

计算跨径 L_0/m	纵向折减系数	计算跨径 L_0/m	纵向折减系数
$150<L_0<400$	0.97	$800\leqslant L_0<1000$	0.94
$400\leqslant L_0<600$	0.96	$L_0\geqslant 1000$	0.93
$600\leqslant L_0<800$	0.95		

(2) 汽车冲击力。汽车的冲击系数是汽车过桥时对桥梁结构产生的竖向动力效应的增

大系数。钢桥、钢筋混凝土桥及预应力混凝土桥、混凝土拱桥等上部构造和钢支座、板式橡胶支座及钢筋混凝土柱式墩台，应计算汽车的冲击力。填料厚度(包括路面厚度)大于或等于 0.5 m 的拱桥、涵洞及重力式墩台不计冲击力。

汽车荷载的冲击力标准值＝汽车荷载标准值×冲击系数 μ

其中

$$\mu=0.05(\text{当 } f<1.5\ \text{Hz 时})$$

$$\mu=0.1767\ln f-0.0157(\text{当 } 1.5\ \text{Hz}\leqslant f\leqslant 14\ \text{Hz 时})$$

$$\mu=0.45(\text{当 } f>14\ \text{Hz 时})$$

式中 f——结构基频(Hz)，宜采用有限元方法计算。对常规结构，当无更精确方法计算时，可以按下列规定进行估算：

汽车荷载的局部加载及在 T 形梁、箱形梁悬臂板上的冲击系数 μ 采用 0.3。

① 简支梁桥：

$$f=\frac{\pi}{2l^2}\sqrt{\frac{EI_c}{m_c}}=\frac{\pi}{2l^2}\sqrt{\frac{EI_c}{G/g}} \tag{6-3}$$

式中 l——结构的计算跨径(m)；

E——结构材料的弹性模量(N/m^2)；

I_c——结构跨中截面的惯性矩(m^4)；

m_c——结构跨中处的单位长度质量(kg/m)，$m_c=G/g$；

G——结构跨中处每延米结构重力(N/m)；

g——重力加速度，$g=9.81\ m/g^2$。

② 连续梁桥：

$$f_1=\frac{13.616}{2\pi l^2}\sqrt{\frac{EI_c}{m_c}} \tag{6-4}$$

$$f_2=\frac{23.651}{2\pi l^2}\sqrt{\frac{EI_c}{m_c}} \tag{6-5}$$

当计算连续梁桥的冲击力引起的正弯矩效应和剪力效应时，采用基频 f_1；当计算连续梁桥的冲击力引起的负弯矩效应时，采用基频 f_2。

(3) 人群荷载。人群荷载标准值按下列规定计算：

① 当桥梁计算跨径小于或等于 50 m 时，人群荷载标准值为 3.0 kN/m^2；当桥梁计算跨径等于或大于150 m 时，人群荷载标准值为 2.5 kN/m^2；当桥梁计算跨径为 50～150 m 时，人群荷载标准值可由线性内插法得到。

对跨径不等的连续结构，以最大计算跨径为准。

城镇郊区人群密集地区的公路桥梁，人群荷载标准值取上述规定值的 1.15 倍。

专用人行桥梁，人群荷载标准值为 3.5 kN/m^2。

② 人群荷载在横向应布置在人行道的净宽度内，在纵向施加于使结构产生最不利荷载效应的区段内。

③ 人行道板(局部构件)可以一块板为单元，按标准值 4.0 kN/m^2 的均布荷载计算。

④ 计算人行道栏杆时，作用在栏杆立柱顶上的水平推力标准值取 0.75 kN/m；作用于栏

杆扶手上的竖向力标准值取 1.0 kN/m。

(4) 汽车离心力。汽车离心力是一种伴随着车辆在弯道行驶时所产生的惯性力,其以水平力的形式作用于桥梁结构。曲线桥应计算汽车荷载引起的离心力。汽车离心力的标准值为车辆荷载(不计冲击力)标准值乘以离心系数 C,即:

汽车离心力的标准值=车辆荷载标准值(不计冲击力)×离心系数 C

$$C=\frac{V^2}{127R} \tag{6-6}$$

式中 V——设计速度(km/h),应按桥梁所在路线设计速度计算;

R——曲率半径(m)。

计算多车道桥梁的汽车离心力时,车辆荷载标准值应乘以表 6.10 规定的横向车道布载系数。离心力的着力点在桥面以上 1.2 m 处;为计算简便可移至桥面,不计由此引起的作用效应。

(5) 汽车荷载引起的土侧压力。车辆荷载在桥台或挡土墙后填土的破坏棱体上引起的土侧压力,可按下式换算成等代均布土层厚度 h:

$$h=\frac{\sum G}{Bl_0\gamma} \tag{6-7}$$

式中 γ—— 土的重力密度(kN/m³);

$\sum G$—— 布置在 $B\times l_0$ 面积内的车轮的总重力(kN),计算挡土墙的土压力时,车辆荷载应按图 6.3 规定的横向布置,车辆外侧车轮中线距路面边缘 0.5 m,计算中涉及多车道加载时,车轮总重力应按表 6.11 的规定进行折减;

l_0—— 桥台或挡土墙后填土的破坏棱体长度(m),对于墙顶以上有填土的路堤式挡土墙,l_0 为破坏棱体范围内的路堤宽度部分;

B—— 桥台横向全宽或挡土墙的计算长度(m),挡土墙的计算长度 B(m) 可按下式计算,但不应超过挡土墙分段长度:

$$B=13+H\tan 30^\circ \tag{6-8}$$

式中 H—— 挡土墙的高度(m),对墙顶以上有填土的挡土墙,为两倍墙顶填土厚度加墙高。

当挡土墙分段长度小于 13 m 时,B 取分段长度,并在该长度内按不利情况布置轮重。

计算涵洞顶上汽车荷载引起的竖向土压力时,车轮按其着地面积的边缘向下作 30° 分布。当几个车轮的压力扩散角线相重叠时,扩散面积以最外边的扩散线为准。

(6) 汽车制动力。汽车制动力可按下列规定计算和分配:

① 汽车制动力按同向行驶的汽车荷载(不计冲击力)计算,并应根据表 6.11 的规定,按以使桥梁墩台产生最不利纵向力的加载长度进行纵向折减。一个设计车道上,由汽车荷载产生的制动力标准值按车道荷载的标准值在加载长度上计算的总重力的 10%计算,但公路-Ⅰ级汽车荷载的制动力标准值不得小于同向行驶双车道的汽车制动力标准值,应为一个设计车道汽车制动力标准值的两倍;同向行驶三车道应为一个设计车道的 2.34 倍;同向行驶四车道应为一个设计车道的 2.68 倍。

② 制动力的着力点在桥面以上 1.2 m 处，计算墩台时，可移至支座铰中心或支座底座面上。计算钢构架、拱桥时，制动力的着力点可移至桥面上，但不计因此而产生的竖向力和力矩。

③ 设有板式橡胶支座的简支梁、连续桥面简支梁或连续梁排架式柔性墩台，应根据支座与墩台的抗推刚度的刚度集成情况分配和传递制动力。设有板式橡胶支座的简支梁刚性墩台，应按单跨两端的板式橡胶支座的抗推刚度分配制动力。

④ 设有固定支座、活动支座（滚动或摆动支座、聚四氟乙烯板支座）的刚性墩台传递的制动力，按表 6.12 的规定采用。每个活动支座传递的制动力，其值不应大于其摩阻力，当大于摩阻力时，按摩阻力计算。

表 6.12　刚性墩台各种支座传递的制动力

<table>
<tr><th colspan="2">桥梁墩台及支座类型</th><th>应计的制动力</th><th>符号说明</th></tr>
<tr><td rowspan="3">简支梁墩台</td><td>固定支座</td><td>T_1</td><td rowspan="10">T_1 为加载长度为计算跨径时的制动力；
T_2 为加载长度为相连两跨计算跨径之和时的制动力；
T_3 为加载长度为一联长度的制动力；
T_4 和 T_5 分别为与固定支座、活动支座相应的单跨跨径的制动力，桥墩承受的制动力为上述固定支座与活动支座传递的制动力之和</td></tr>
<tr><td>聚四氟乙烯板支座</td><td>$0.30T_1$</td></tr>
<tr><td>滚动（或摆动）支座</td><td>$0.25T_1$</td></tr>
<tr><td rowspan="4">简支梁桥墩</td><td>两个固定支座</td><td>T_2</td></tr>
<tr><td>一个固定支座、一个活动支座</td><td>固定支座按 T_4 计算，活动支座按 $0.30T_5$（聚四氟乙烯板支座）或 $0.25T_5$（滚动或摆动支座）计算</td></tr>
<tr><td>两个聚四氟乙烯板支座</td><td>$0.30T_2$</td></tr>
<tr><td>两个滚动（或摆动）支座</td><td>$0.25T_2$</td></tr>
<tr><td rowspan="3">连续梁桥墩</td><td>固定支座</td><td>T_3</td></tr>
<tr><td>聚四氟乙烯板支座</td><td>$0.30T_3$</td></tr>
<tr><td>滚动（或摆动）支座</td><td>$0.25T_3$</td></tr>
</table>

（7）支座摩阻力。支座摩阻力标准值可按式（6-9）计算：

$$F=\mu W \tag{6-9}$$

式中　W —— 作用于活动支座上由上部结构重力产生的效应；

μ —— 支座的摩擦系数，无实测数据时可按表 6.13 取用。

表 6.13 支座摩擦系数

支座种类		支座摩擦系数 μ
滚动支座或摆动支座		0.05
板式橡胶支座	支座与混凝土面接触	0.30
	支座与钢板接触	0.20
	聚四氟乙烯板与不锈钢板接触	0.06(加 5201 硅脂润滑后;温度低于 −25 ℃ 时为 0.078)
		0.12(不加 5201 硅脂润滑时;温度低于 −25 ℃ 时为 0.156)
盆式支座		加 5201 硅脂润滑后,常温型活动支座摩擦系数不大于 0.03(支座适用温度为 −25 ～ 60 ℃)
		加 5201 硅脂润滑后,耐寒型活动支座摩擦系数不大于 0.06(支座适用温度为 −40 ～ 60 ℃)
球形支座		加 5201 硅脂润滑后,活动支座摩擦系数不大于 0.03(支座适用温度为 −25 ～ 60 ℃)
		加 5201 硅脂润滑后,活动支座摩擦系数不大于 0.05(支座适用温度为 −40 ～ 60 ℃)

(8) 风荷载。当风以一定的速度向前运动遇到结构物阻碍时,结构就会承受风压。在顺风向,风压常分成平均风压和脉动风压;在横风向,风流经过结构而产生旋涡,因旋涡的特性,横风向还会产生周期风压。一般来说,风对结构作用的计算有三个不同的方面,对于顺风的平均风压,采用静力计算方法;对于顺风的脉动风或横风向的脉动风,则应按随机振动理论计算;对于横风向的周期性风力,由于其产生了横风向振动,偏心时还产生扭转振动,通常作为确定荷载对结构进行动力计算。后两种计算理论属于研究结构风压和风振理论的一门新学科。风荷载标准值应按现行《公路桥梁抗风设计规范》(JTG/T 3360-01—2018) 的规定计算。

(9) 流水压力和冰压力。位于河流中的桥墩会受到流水压力和冰压力,规范给出的流水压力以水流速度为基准,并考虑桥墩迎水面形状的影响得到,当流速大于 10 m/s 时,还应考虑水流的动力作用因素;规范给出的冰压力计算公式适用于通常的河流流冰情况,它是以冰体破碎极限强度作基准建立起来的。流水压力和冰压力的大小均与桥墩的形状相关,桥墩的迎水(冰) 面宜做成圆弧形或尖端形,以减小流水压力和冰压力。

(10) 温度作用。温度作用包括均匀温度和梯度温度两种影响,均匀温度为常年气温变化,这种温变将导致桥梁纵向长度的变化,当这种变化受到约束时就会引起温度次内力;梯度温度主要因太阳辐射而来,它使结构沿高度方向形成非线性的温度变化,导致构件截面产生自应力,当这种变化受到约束时同样会引起次内力。计算结构的均匀温度效应,应自结构物合龙时的温度算起,考虑最高和最低有效温度的作用效应。气温变化范围应根据桥梁所在地区的气温条件而定。《公路桥涵设计通用规范》(JTG D60—2015) 按照全国气温分区,即严寒、寒冷和温热三类分区,规定了公路桥梁结构的最高和最低有效温度标准值(表 6.14),若缺乏桥址处实际气温调查资料,即可按照其规定取用。

表 6.14　公路桥梁结构的最高和最低有效温度标准值

气温分区	钢桥面板钢桥		混凝土桥面板钢桥		混凝土桥、石桥	
	最高有效温度标准值 /℃	最低有效温度标准值 /℃	最高有效温度标准值 /℃	最低有效温度标准值 /℃	最高有效温度标准值 /℃	最低有效温度标准值 /℃
严寒地区	46	－43	39	－32	34	－23
寒冷地区	46	－21	39	－15	34	－10
温热地区	46	－9(－3)	39	－6(－1)	34	－3(0)

注:表中括号内数值适用于昆明、南宁、广州、福州地区。

计算梯度温度效应时,采取图 6.4 所示的竖向温度梯度曲线,其相关温度基数见表 6.15。

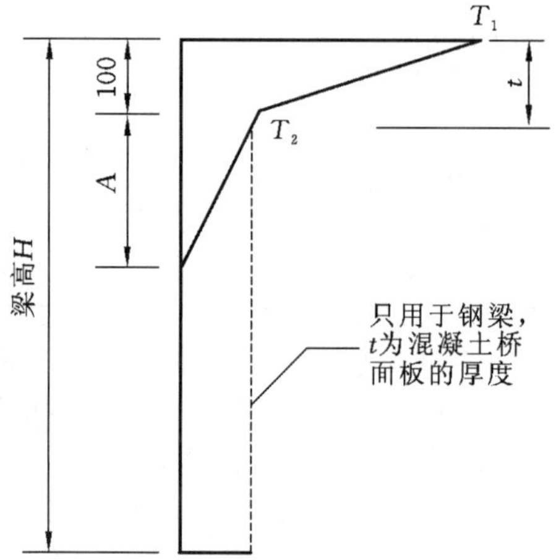

图 6.4　梯度温度

表 6.15　正温差梯度温度基数

结构类型	T_1/℃	T_2/℃
混凝土铺装	25	6.7
50 mm 沥青混凝土铺装	20	6.7
100 mm 沥青混凝土铺装	14	5.5

混凝土结构和带混凝土桥面板的钢结构的竖向反温差为正温差的－50%。对于钢桥面板的钢结构,可以不考虑其梯度温差效应。同时,基于公路桥梁都带有较长的悬臂,两侧腹板很少受到阳光直接照射,因而公路桥涵设计时未考虑横桥向温度梯度的影响。

3) 偶然作用

偶然作用是指在设计基准期内不一定出现,而一旦出现其量值很大且持续时间很短的作用,包括船舶的撞击作用、漂流物的撞击作用和汽车撞击作用。偶然作用取其设计值作为代表值,可根据历史记载、现场观测和试验,并结合工程经验综合分析确定。

① 船舶的撞击作用。通航水域中的桥梁墩台,设计时应考虑船舶的撞击作用,其撞击作用设计值可按下列规定采用:船舶的撞击作用设计值宜按专题研究确定;四至七级内河航道当缺乏实际调查资料时,船舶撞击作用的设计值可按表 6.16 取值,航道内的钢筋混凝土桩墩、顺桥向撞击作用可按表 6.16 所列数值的 50% 取值。内河船舶的撞击作用点,假定为计算通航水位线以上 2 m 的桥墩宽度或长度的中点。

表 6.16　内河航道船舶撞击作用设计值

内河航道等级	船舶等级 DWT/t	横桥向撞击作用 /kN	顺桥向撞击作用 /kN
四	500	550	450
五	300	400	350
六	100	250	200
七	50	150	125

② 漂流物的撞击作用。有漂流物的水域中的桥梁墩台,设计时应考虑漂流物的撞击作用,其横桥向撞击力设计值可按式(6-10) 计算,漂流物的撞击作用点假定在计算通航水位线上桥墩宽度的中点。

$$F = \frac{Wv}{gT} \tag{6-10}$$

式中　W—— 漂流物重力(kN),应根据河流中漂流物情况,按实际调查资料确定;

v—— 水流速度(m/s);

T—— 撞击时间(s),应根据实际资料估算,在无实际资料时,可用 1 s;

g—— 重力加速度,$g = 9.81\ \mathrm{m/s^2}$。

③ 汽车撞击作用。桥梁结构必要时可考虑汽车的撞击作用,汽车撞击力标准值在车辆行驶方向应取 1000 kN,在车辆行驶垂直方向应取 500 kN,两个方向的撞击力不同时考虑。撞击力作用于行车道以上 1.2 m 处,直接分布于撞击涉及的构件上。

对于设有防撞设施的结构构件,可视防撞设施的防撞能力,对汽车撞击力设计值予以折减,但折减后的汽车撞击力设计值不应低于上述规定值的 1/6。

4) 地震作用

地震作用主要是指地震时强烈的地面运动所引起的结构惯性力,它是随机变化的动力荷载,其值大小取决于地震强烈程度和结构的动力特性(频率与阻尼等) 及结构或杆件的质量。地震作用分竖直方向地震作用与水平方向地震作用,但经验表明,地震的水平运动是导致结构破坏的主要因素,结构抗震验算时,一般主要考虑水平地震作用。因此,在工程设计中,凡计算作用在结构上的地震作用都是指水平地震作用(简称地震作用)。

抗震设防要求以地震时地面最大水平力加速度的统计值 —— 地震动峰值加速度确定。地震动峰值加速度为 $0.05g$ 以上地区的公路桥涵,应进行抗震设计;大于或等于 $0.30g$ 地区的公路桥涵,应进行专门的抗震研究和设计;小于或等于 $0.05g$ 地区的公路桥涵,除有特殊要求外，可采用简易设防。公路桥梁地震作用应符合现行《公路工程抗震规范》(JTG B02—2013) 和《公路桥梁抗震设计规范》(JTG/T 2231-01—2020) 的规定。

6.1.2.2 作用效应组合

公路桥涵结构设计应考虑结构上可能同时出现的作用，按承载能力极限状态和正常使用极限状态进行作用效应组合，取其最不利效应组合进行设计。

作用效应组合应注意的事项：

① 只有在结构上可能同时出现的作用，才进行组合。当结构或结构构件需做不同受力方向的验算时，则应以不同方向的最不利作用组合效应进行计算。

② 当可变作用的出现对结构或结构构件产生有利影响时，该作用不应参与组合。实际不可能同时出现的作用或同时参与组合概率很小的作用，按表 6.17 的规定不考虑其作用效应的组合。

表 6.17 可变作用不同时组合表

作用名称	不与该作用同时参与组合的作用名称
汽车制动力	流水压力、冰压力、波浪力、支座摩阻力
流水压力	汽车制动力、冰压力、波浪力
波浪力	汽车制动力、流水压力、冰压力
冰压力	汽车制动力、流水压力、波浪力
支座摩阻力	汽车制动力

③ 施工阶段的作用组合，应按计算需要及结构所处条件确定，结构上的施工人员和施工机具设备均应作为可变作用加以考虑。组合式桥梁，当把底梁作为施工支撑时，作用组合效应宜分两个阶段计算，底梁受荷为第一个阶段，组合梁受荷为第二个阶段。

④ 多个偶然作用不同时参与组合。

⑤ 地震作用不与偶然作用同时参与组合。

(1) 按承载能力极限状态设计时的作用效应组合

公路桥涵结构按承载能力极限状态设计时，有三种作用效应组合：基本组合、偶然组合和地震组合。其中对持久设计状况和短暂设计状况应采用作用的基本组合，对偶然设计状况应采用作用的偶然组合，对地震设计状况应采用作用的地震组合。

① 基本组合。永久作用设计值与可变作用设计值相组合，其效应组合设计值表达式：

$$S_{ud}=\gamma_0 S\left(\sum_{i=1}^{m}\gamma_{G_i}G_{ik},\gamma_{Q1}\gamma_L Q_{1k},\psi_c\sum_{j=2}^{n}\gamma_{Lj}\gamma_{Qj}Q_{jk}\right) \tag{6-11}$$

或：

$$S_{ud}=\gamma_0 S\left(\sum_{i=1}^{m}G_{id},Q_{1d},\sum_{j=2}^{n}Q_{jd}\right) \tag{6-12}$$

式中 S_{ud}—— 承载力极限状态下作用基本组合的效应组合设计值。

$S(\cdot)$—— 作用组合的效应函数。

γ_0—— 结构重要性系数，按表6.18规定的结构设计安全等级采用，设计安全等级一级、二级和三级分别取1.1、1.0和0.9。

γ_{Gi}—— 第 i 个永久作用效应的分项系数，按表6.19的规定采用。

G_{ik},G_{id}—— 第 i 个永久作用的标准值和设计值。

γ_{Q1}—— 汽车荷载(含汽车冲击力、离心力)的分项系数，采用车道荷载计算时，取 $\gamma_{Q1}=1.4$；采用车辆荷载计算时，其分项系数取 $\gamma_{Q1}=1.8$；当某个可变作用在组合中其效应值超过汽车荷载效应时，则该作用取代汽车荷载，其分项系数 $\gamma_{Q1}=1.4$；对专门为承受某作用而设置的结构或装置，设计时该作用的分项系数 $\gamma_{Q1}=1.4$；计算人行道板和人行道栏杆的局部荷载，其分项系数也取 $\gamma_{Q1}=1.4$。

Q_{1k},Q_{1d}—— 汽车荷载(含汽车冲击力、离心力)的标准值和设计值。

γ_{Qj}—— 在作用组合中除汽车荷载(含汽车冲击力、离心力)、风荷载外的其他第 j 个可变作用的分项系数，取 $\gamma_{Qj}=1.4$，但风荷载的分项系数取 $\gamma_{Qj}=1.1$。

Q_{jk},Q_{jd}—— 在作用组合中除汽车荷载(含汽车冲击力、离心力)外的其他第 j 个可变作用的标准值和设计值。

ψ_c—— 在作用组合中除汽车荷载(含汽车冲击力、离心力)外的其他可变作用的组合系数，取 $\psi_c=0.75$。

$\psi_c Q_{jk}$—— 在作用组合中除汽车荷载(含汽车冲击力、离心力)外的第 j 个可变作用的组合值。

γ_{Lj}—— 第 j 个可变作用的结构设计使用年限荷载调整系数，公路桥涵结构的设计使用年限按《公路工程技术标准》(JTG B01—2014)取值时，可变作用的设计使用年限荷载调整系数取 $\gamma_{Lj}=1.0$；否则，γ_{Lj} 取值应按专题研究确定。

表6.18 公路桥涵结构设计安全等级

设计安全等级	破坏后果	适用对象
一级	很严重	(1) 各等级公路上的特大桥、大桥、中桥； (2) 高速公路、一级公路、二级公路、国防公路及城市附近交通繁忙公路上的小桥
二级	严重	(1) 三、四级公路上的小桥； (2) 高速公路、一级公路、二级公路、国防公路及城市附近交通繁忙公路上的涵洞
三级	不严重	三、四级公路上的涵洞

表 6.19　永久作用的分项系数

编号	作用类别		永久作用分项系数	
			对结构的承载能力不利时	对结构的承载能力有利时
1	混凝土和圬工结构重力（包括结构附加重力）		1.2	1.0
	钢结构重力(包括结构附加重力)		1.1 或 1.2	
2	预加力		1.2	1.0
3	土的重力		1.2	1.0
4	混凝土的收缩及徐变作用		1.0	1.0
5	土侧压力		1.4	1.0
6	水的浮力		1.0	1.0
7	基础变位作用	混凝土和圬工结构	0.5	0.5
		钢结构	1.0	1.0

注:编号 1 中,当钢桥采用钢桥面板时,永久作用分项系数取 1.1;当采用混凝土桥面板时,永久作用分项系数取 1.2。

当作用和作用效应可按线性关系考虑时,作用基本组合的效应设计值 S_{ud} 可通过作用效应代数和计算。

设计弯桥时,当离心力与制动力同时参与组合时,考虑到车辆行驶速度较直线桥上小一些,因此制动力标准值或设计值按 70% 取用。

基本组合用于结构的常规设计,所有桥涵结构都需考虑。基本组合中各类作用效应可以归结为三个部分:第一部分为永久作用效应;第二部分为主导的可变作用效应,在通常情况下其为汽车荷载效应(含汽车冲击力、离心力),在某些特殊情况下某种其他可变荷载可能取代汽车效应成为控制设计的主导因素,则其归入第二部分;第三部分为可变作用效应的补充部分,故而以组合系数 ψ_c 予以折减。

② 偶然组合。永久作用标准值与可变作用某种代表值、一种偶然作用标准值相组合,与偶然作用同时出现的可变作用,可根据观测资料和工程经验取用频遇值或准永久值。作用偶然组合的效应设计值可按式(6-13)计算:

$$S_{ud}=S\left[\sum_{i=1}^{n}G_{ik},A_{d},(\psi_{f1}\text{ 或 }\psi_{q1})Q_{1k},\sum_{j=2}^{n}\psi_{qj}Q_{jk}\right] \tag{6-13}$$

式中　S_{ud}—— 承载力极限状态下作用偶然组合的效应设计值;

A_d—— 偶然作用的设计值;

ψ_{f1}—— 汽车荷载(含汽车冲击力、离心力)的频遇值系数,取 $\psi_{f1}=0.7$,当某个可变作用在组合中其效应值超过汽车荷载效应时,则该作用取代汽车荷载,人群荷载 $\psi_f=1.0$,风荷载 $\psi_f=0.75$,温度梯度作用 $\psi_f=0.8$,其他作用 $\psi_f=1.0$;

$\psi_{f1}Q_{ik}$—— 车荷载的频遇值;

ψ_{q1},ψ_{qj}—— 第 1 个和第 j 个可变作用的准永久值系数,汽车荷载(含汽车冲击力、离心力）$\psi_q = 0.4$，人群荷载 $\psi_q = 0.4$，风荷载 $\psi_q = 0.75$，温度梯度作用 $\psi_q = 0.80$，其他作用 $\psi_q = 1.0$；

$\psi_{q1} Q_{1k}, \psi_{qj} Q_{jk}$—— 第 1 个和第 j 个可变作用的准永久值。

当作用和作用效应可按线性关系考虑时，作用偶然组合的效应设计值 S_{ud} 可通过作用效应代数和计算。

③ 地震组合。地震组合的效应设计值应按现行《公路工程抗震规定》(JTG B20—2013)以及《公路桥梁抗震设计规范》(JTG/T 2231-01—2020)的有关规定计算。

因为作用偶然组合和地震组合用于结构在特殊情况下的设计，所以不是所有公路桥涵都要采用，一些结构也可采取构造或其他预防措施来解决。

(2) 按正常使用极限状态设计时的作用效应组合

正常使用极限状态设计是以弹性理论或弹塑性理论为基础，涉及构件的抗裂、裂缝宽度和挠度三个方面的验算。其作用效应组合有两种：频遇组合和准永久作用。

① 频遇组合。永久作用标准值与汽车荷载频遇值、其他可变作用的准永久值相组合。作用频遇组合的效应设计值可按式(6-14)计算：

$$S_{fd} = S\left(\sum_{i=1}^{m} G_{ik}, \psi_{f1} Q_{1k}, \sum_{j=2}^{n} \psi_{qj} Q_{jk}\right) \tag{6-14}$$

式中 S_{fd}—— 作用频遇组合的效应设计值；

ψ_{f1}—— 汽车荷载(不计汽车冲击力)频遇值系数，取 0.7。

当作用和作用效应可按线性关系考虑时，作用频遇组合的效应设计值 S_{fd} 可通过作用效应代数和计算。

② 准永久组合。永久作用标准值与可变作用准永久值相组合。作用准永久组合的效应设计值可按式(6-15)计算：

$$S_{qd} = S\left(\sum_{i=1}^{m} G_{ik}, \sum_{j=1}^{n} \psi_{qj} Q_{jk}\right) \tag{6-15}$$

式中 S_{qd}—— 作用准永久组合的效应设计值；

ψ_{qj}—— 汽车荷载(不计汽车冲击力)准永久值系数，取 0.4。

当作用和作用效应可按线性关系考虑时，作用准永久组合的效应设计值 S_{qd} 可通过作用效应代数和计算。

钢结构构件抗疲劳设计时，除特别指明外，各作用应采用标准值，作用分项系数应取 1.0。

结构构件当需进行弹性阶段截面应力计算时，除特别注明外，各作用应采用标准值，作用分项系数应取为 1.0，各项应力限值按各设计规范规定采用。

验算结构的抗倾覆、滑动稳定时，稳定系数、各作用的分项系数及摩擦系数，应根据不同结构按各有关桥涵设计规范的规定确定，支座的摩擦系数可按表 6.13 规定采用。

构件在吊装、运输时，构件重力应乘以动力系数 1.2(对结构不利时)或 0.85(对结构有利时)，并可视构件具体情况作适当增减。

6.1.3 荷载横向分布计算

桥梁的桥跨结构一般由主梁、横隔梁和桥面板构成,多榀主梁通过横隔梁和桥面板连接组成空间结构。主梁的内力计算应采用空间分析法。

为了简化计算,在主梁内力计算时引入荷载横向分布系数,把空间问题转化为平面问题,进而求出单榀主梁的内力。

荷载横向分布系数的实质是单榀主梁所分担车辆荷载的比例,作用于单榀主梁上的荷载为车道荷载乘以横向分布系数。最常用的荷载横向分布系数计算方法有:杠杆原理法、偏心压力法、修正偏心压力法、比拟正交异形板法(G-M 法)、铰接板(梁) 法、刚接板(梁) 法等。

6.1.3.1 荷载横向分布系数计算方法

1) 杠杆原理法

(1) 基本假定

忽略主梁之间横向结构的联系作用,假定桥面板在主梁梁肋处断开并与主梁铰接,桥面板视为横向支撑在主梁上的简支板或带悬臂的简支板,如图 6.5 所示。

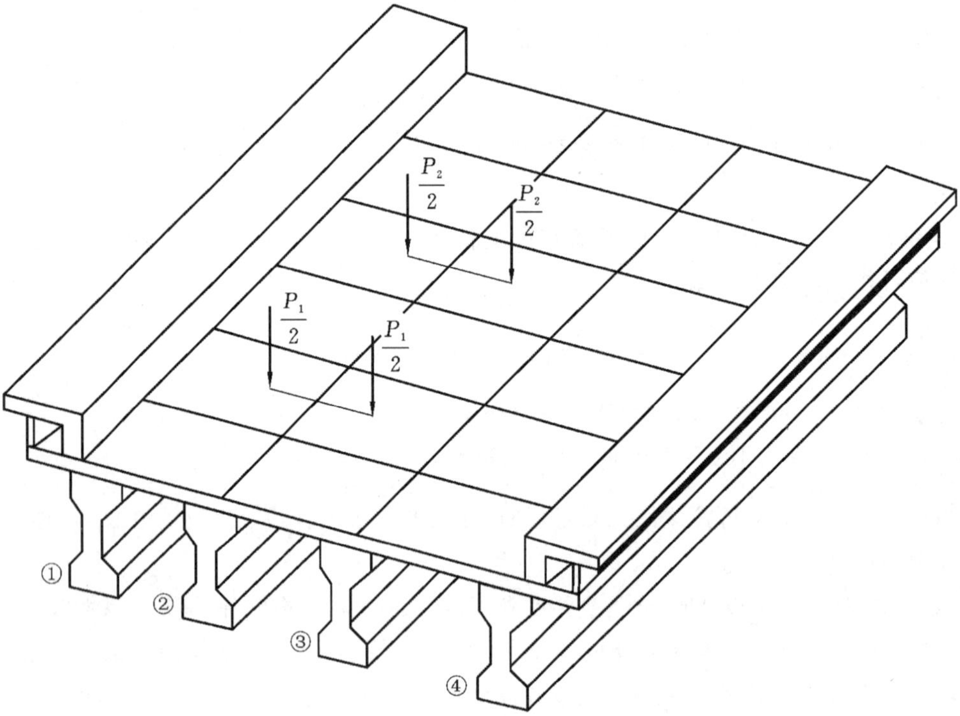

图 6.5 杠杆原理法受力图

(2) 适用条件

杠杆原理法适用于计算荷载位于靠近主梁支点时桥梁的荷载横向分布系数,也适用于双主梁桥和横向联系很弱的无中间横隔梁的桥梁。

(3) 计算方法

① 根据杠杆原理法确定各主梁的荷载分布影响线(图 6.6)。

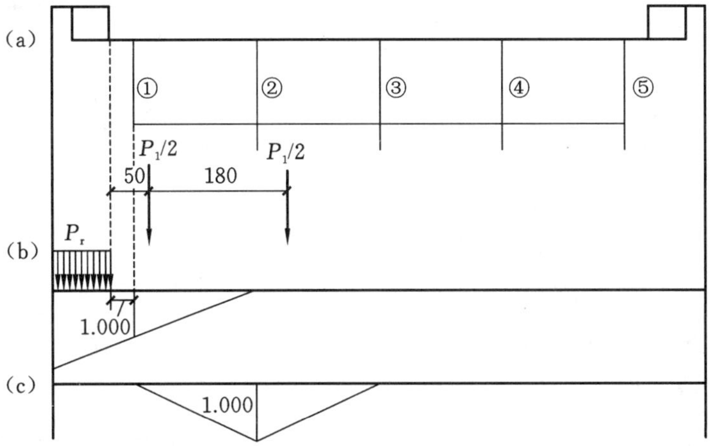

图 6.6 按杠杆原理法计算横向分布系数

② 按最不利原则布置车辆荷载和人群荷载等各种可变荷载,并求得相应汽车车轮的影响线坐标 η_{qi} 和相应人群荷载集度的影响线坐标 η_r。

③ 计算荷载的横向分布影响系数 m_{0q} 和 m_{0r}:

$$m_{0q}=\frac{1}{2}\sum_i \eta_{qi} \tag{6-16}$$

$$m_{0r}=\eta_r \tag{6-17}$$

鉴于每根梁的荷载横向分布系数均不同,故需要确定受载最大的主梁的最大内力作为设计的依据。因此,采用杠杆原理法计算时,应当计算几根主梁的荷载横向分布系数。

对于双主梁,采用杠杆原理法计算的荷载横向分布系数相当精确,但对于多梁式桥是近似的,当荷载位于主梁支点时,一般采用杠杆原理法求解偏于安全。对于无中间横隔梁的桥梁,应用杠杆原理法计算的荷载横向分布系数对中间主梁将偏大,对边梁则偏小。

2) 偏心压力法

(1) 基本假定

① 横隔梁刚度无穷大,在车辆荷载作用下,横隔梁全长呈直线变形[图 6.7(a)]。

② 忽略主梁的抗扭刚度,即不考虑主梁对横隔梁抵抗扭矩的作用。

(2) 适用条件

适用于计算具有可靠的横向连接(如设有多道横隔梁)且宽度与跨度的比值小于或等于 0.5 的窄桥跨中区域的荷载横向分布。

(3) 计算原理

当作用于桥上的荷载相对于桥梁中线存在偏心时,可将其简化为作用于桥梁中心的集中荷载(P)和偏心矩($M=P\times e$)。为了便于求各梁的荷载横向分布影响线,偏心荷载设为 $P=1$,偏心矩 $M=1\times e$,如图 6.7(b) 所示。

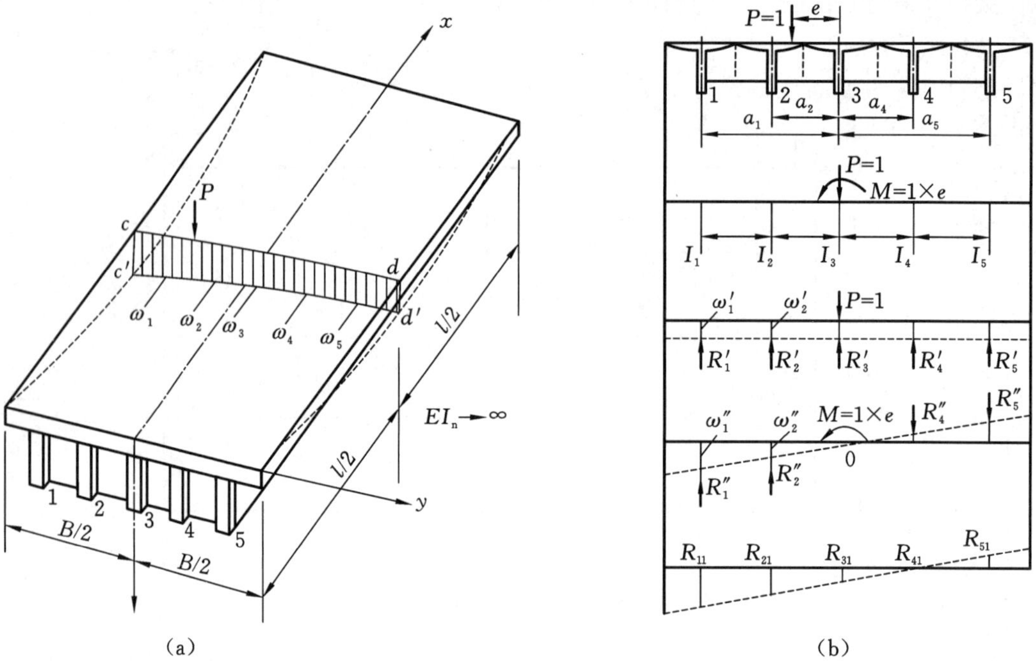

图 6.7　偏心压力法计算原理图

在集中荷载 $P=1$ 作用下，各主梁的反力 R'_i：

由 $\sum Y=0$ 可得：

$$\sum_{i=1}^{n} R'_i = 1 \tag{6-18}$$

各主梁的跨中挠度 $\omega'_i = \dfrac{R'_i l^3}{48EI_i}(i=1,\cdots,n)$，由 $\omega'_1 = \omega'_2 = \cdots = \omega'_n$ 可得 $\dfrac{R'_1}{I_1} = \dfrac{R'_2}{I_2} = \cdots = \dfrac{R'_n}{I_n} = k$，代入式(6-18) 可得 $k = \dfrac{1}{\sum\limits_{i=1}^{n} I_i}$，因此可得：

$$R'_i = \frac{I_i}{\sum\limits_{i=1}^{n} I_i} \tag{6-19}$$

在偏心矩 $M=1\times e$ 作用下，各主梁的反力 R''_i：

由 $\sum M=0$ 可得：

$$\sum_{i=1}^{n} R''_i a_i = 1\times e \tag{6-20}$$

各主梁的跨中挠度 $\omega''_i = \dfrac{R''_i l^3}{48EI_i}(i=1,\cdots,n)$，由 $\dfrac{\omega''_1}{a_1} = \dfrac{\omega''_2}{a_2} = \cdots = \dfrac{\omega''_n}{a_n} = k$ 可得 $\dfrac{a_i R''_i}{a_i^2 I_i} = k(i=1,\cdots,n)$，代入式(6-20) 整理得 $k = \dfrac{e}{\sum\limits_{i=1}^{n} a_i^2 I_i}$，由此可得：

$$R''_i=\frac{ea_iI_i}{\sum_{i=1}^{n}a_i^2I_i} \tag{6-21}$$

将式(6-19)和式(6-21)叠加，即得到集中荷载 $P=1$ 和偏心矩 $M=1\times e$ 作用下主梁的总反力 R_{ie}：

$$R_{ie}=\frac{I_i}{\sum_{i=1}^{n}I_i}+\frac{ea_iI_i}{\sum_{i=1}^{n}a_i^2I_i} \tag{6-22}$$

式中 e——荷载的偏心距(m)；

I_i——各主梁的惯性矩(m^4)；

a_i——主梁中心与桥梁中心的距离(m)。

式(6-22)的值即为 i 号梁的荷载横向分布影响线在荷载 P 位置处的反力影响线坐标 η_{ie}。

同理，当 $P=1$ 作用于 k 号梁中心($e=a_k$)时，对 i 号主梁总作用为：

$$\eta_{ik}=R_{ik}=\frac{I_i}{\sum_{i=1}^{n}I_i}+\frac{a_ka_iI_i}{\sum_{i=1}^{n}a_i^2I_i} \tag{6-23}$$

其中，荷载偏心距 e 和主梁中心与桥梁中心的距离 a_i 位于同一侧时取正号，反之则取负号。

由式(6-23)可见，当主梁的截面尺寸确定后，i 号主梁的荷载横向分布影响线在各处的坐标 η_{ie} 只与荷载偏心距有关，且呈直线变化。因此，只要计算荷载 P 作用在两根主梁上的纵坐标就可得到 i 号主梁的荷载横向分布影响线。

3）修正偏心压力法

(1) 基本假定

① 横隔梁刚度无穷大，在车辆荷载作用下，横隔梁全长呈直线变形。

② 考虑主梁的抗扭刚度，即考虑主梁对横隔梁抵抗扭矩的作用。

(2) 适用条件

适用于计算桥的宽跨比不大于 0.5 且主梁间具有可靠连接时，跨中区域的荷载横向分布。

(3) 计算原理

在集中荷载 $P=1$ 作用下，各主梁的反力 R'_i 的计算同偏心压力法，即：

$$R'_i=\frac{I_i}{\sum_{i=1}^{n}I_i} \tag{6-24}$$

在偏心矩 $M=1\times e$ 作用下，各主梁的反力 R''_i：

由 $\sum M=0$ 可得：

$$\sum_{i=1}^{n}R''_ia_i+\sum_{i=1}^{n}M''_{Ti}=1\times e \tag{6-25}$$

由材料力学知识可知，$\varphi_i=\dfrac{lM_{T_i}}{4GI_{T_i}}$，$\omega''_i=\dfrac{R''_i l^3}{48EI_i}(i=1,\cdots,n)$。

因为 $\varphi_i=\tan\varphi_i=\dfrac{\omega''_i}{a_i}$，所以 $\varphi_i=\dfrac{R''_i l^3}{48a_iEI_i}$，则 $M''_{T_i}=\dfrac{4GI_{T_i}\varphi_i}{l}=\dfrac{l^2GI_{T_i}}{12a_iEI_i}R''_i$。

由几何关系$\dfrac{\omega''_i}{\omega''_k}=\dfrac{a_i}{a_k}$ 可得 $R''_i=R''_k\dfrac{a_iI_i}{a_kI_k}$。

将 R''_i、M''_{T_i} 代入式(6-25) 整理可得：

$$R''_k=\frac{ea_kI_k}{\sum\limits_{i=1}^{n}a_i^2I_i+\dfrac{Gl^2}{12E}\sum\limits_{i=1}^{n}I_{T_i}}=\frac{ea_kI_k}{\sum\limits_{i=1}^{n}a_i^2I_i}\cdot\frac{1}{1+\dfrac{Gl^2}{12E}\dfrac{\sum\limits_{i=1}^{n}I_{T_i}}{\sum\limits_{i=1}^{n}a_i^2I_i}}$$

令 $\beta=\dfrac{1}{1+\dfrac{Gl^2}{12E}\dfrac{\sum\limits_{i=1}^{n}I_{T_i}}{\sum\limits_{i=1}^{n}a_i^2I_i}}$，则上式可表示为：

$$R''_k=\beta\frac{ea_kI_k}{\sum\limits_{i=1}^{n}a_i^2I_i}\tag{6-26}$$

式中 e—— 荷载的偏心距(m)；

I_i—— 各主梁的惯性矩(m^4)；

β—— 抗扭修正系数，且 $\beta<1$；

l—— 简支梁的跨度(m)；

I_{T_i}—— 主梁的抗扭惯性矩(m^4)；

G—— 材料的剪切模量(N/m^2)；

E—— 材料的弹性模量(N/m^2)；

a_i—— 主梁中心与桥梁中心的距离(m)。

将式(6-24) 和式(6-25) 叠加，即得在集中荷载 $P=1$ 和偏心矩 $M=1\times e$ 作用下主梁的总反力 R_{ie}：

$$R_{ie}=\frac{I_i}{\sum\limits_{i=1}^{n}I_i}+\beta\frac{ea_iI_i}{\sum\limits_{i=1}^{n}a_i^2I_i}\tag{6-27}$$

式(6-27) 的值即为 i 号梁的荷载横向分布影响线在荷载 P 位置处的反力影响线坐标 η_{ie}。

同理，当 $P=1$ 作用于 k 号梁中心($e=a_k$) 时，对 i 号主梁总作用为：

$$\eta_{ik}=R_{ik}=\frac{I_i}{\sum\limits_{i=1}^{n}I_i}+\beta\frac{a_ka_iI_i}{\sum\limits_{i=1}^{n}a_i^2I_i}\tag{6-28}$$

其中，荷载的偏心距 e 和主梁中心与桥梁中心的距离 a_i 位于同一侧时取正号，反之则取负号。

1号主梁的荷载横向分布影响线即可通过求 η_{11} 和 η_{1n} 得到，即：

$$\eta_{11}=R_{11}=\frac{I_1}{\sum_{i=1}^{n}I_i}+\beta\frac{a_1^2I_1}{\sum_{i=1}^{n}a_i^2I_i} \tag{6-29}$$

$$\eta_{1n}=R_{1n}=\frac{I_1}{\sum_{i=1}^{n}I_i}-\beta\frac{a_n^2I_1}{\sum_{i=1}^{n}a_i^2I_i} \tag{6-30}$$

如果各主梁的截面均相同，即 $I_i=I,I_{Ti}=I_T$，则集中荷载 $P=1$ 作用于1号梁时($e=a_1$)，1号梁荷载横向分布影响线的两个坐标，当各主梁的截面尺寸均相等，上式可简化为：

$$\eta_{11}=R_{11}=\frac{1}{n}+\beta\frac{a_1^2}{\sum_{i=1}^{n}a_i^2}$$

$$\eta_{1n}=R_{1n}=\frac{1}{n}+\beta\frac{a_n^2}{\sum_{i=1}^{n}a_i^2}$$

此时 $\beta=\dfrac{1}{1+\dfrac{Gl^2}{12E}\dfrac{\sum_{i=1}^{n}I_{Ti}}{\sum_{i=1}^{n}a_i^2I_i}}=\dfrac{1}{1+\dfrac{nGI_Tl^2}{12EI\sum a_i^2}}$，当主梁间距相等时：

$$\frac{n}{12\sum a_i^2}=\frac{\xi}{B^2} \tag{6-31}$$

式中 n——主梁根数；

B——桥宽(m)；

ξ——与主梁根数有关的系数，见表6.20。

表6.20 系数 ξ 取值

n	4	5	6	7
ξ	1.067	1.042	1.028	1.021

由式(6-31)可见，l/B 越大，β 值越小，反映其抗扭刚度对荷载横向分布系数的影响越大。计算中，$G=0.4E$。对于由矩形组合而成的T形或I形梁，其抗扭惯性矩 I_T 可近似等于各个矩形截面的抗扭惯性矩之和(图6.8)，即：

$$I_T=\sum_{i=1}^{n}c_ib_it_i^3 \tag{6-32}$$

式中 b_i,t_i——单个矩形截面的宽度和高度；

c_i——矩形截面的抗扭刚度系数，根据比值 t_i/b_i 按表6.21确定；

n——梁截面划分的单个矩形截面个数。

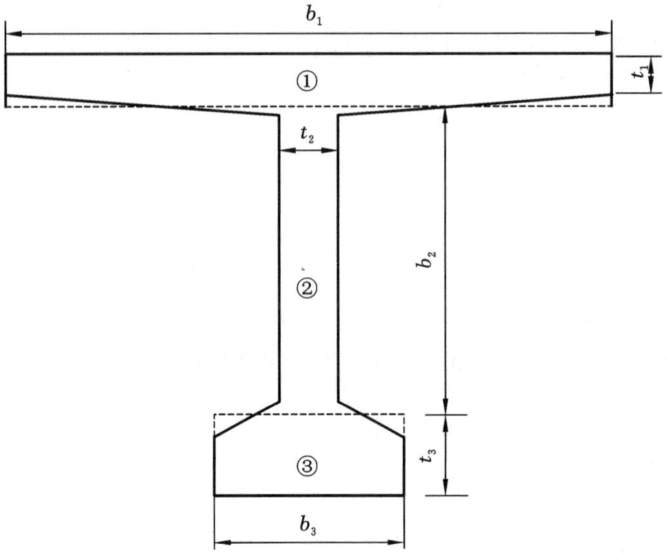

图 6.8　主梁抗扭惯性矩计算

表 6.21　系数 c 取值

t/b	1.0	0.9	0.8	0.7	0.6	0.5	0.4	0.3	0.2	0.1	<0.1
c	0.141	0.155	0.171	0.180	0.209	0.229	0.250	0.270	0.291	0.312	1/3

4）比拟正交异形板法（G-M 法）

（1）基本概念

将主梁的抗弯惯性矩和抗扭惯性矩分摊于主梁间距内，将横隔梁的抗弯惯性矩和抗扭惯性矩分摊于横隔梁之间，将桥梁视为等效的两向刚度不同的比拟正交平板（图 6.9），然后按照古典弹性理论进行分析，利用实用的图表计算主梁跨中的荷载横向分布系数，称为"比拟正交异形板法"，也称为"G-M 法"。

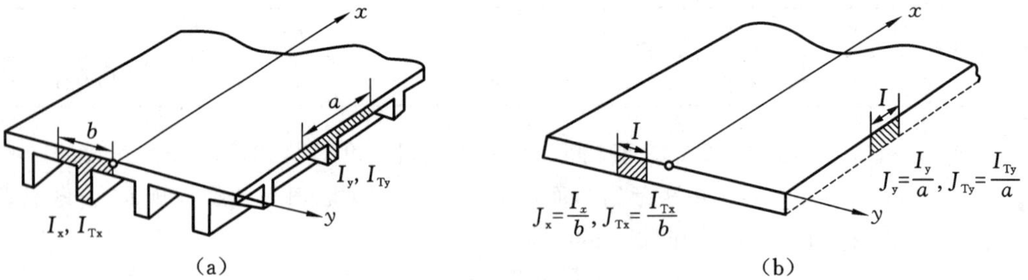

图 6.9　实际结构换算成比拟正交异形板

（a）实际结构；（b）换算后的比拟异形板

（2）适用条件

适用于计算宽度与其跨度的比值大于 0.5，且桥面板连续并设有多道横隔梁的桥梁的跨中截面荷载横向分布系数。

(3) 计算方法

① 截面抗弯和抗扭刚度计算。

a. 抗弯惯性矩。主梁的抗弯惯性矩 I_x 按翼缘宽度(取主梁间距 b) 的 T 形截面计算，比拟单位宽度抗弯惯性矩 $J_x=\dfrac{I_x}{b}$。

横隔梁的抗弯惯性矩 I_y 按翼缘的有效工作宽度 $b_e=2\lambda+\delta$ 的 T 形截面计算，比拟单位宽度抗弯惯性矩 $J_y=\dfrac{I_y}{a}$(a 为横隔梁的间距)。翼板内的压应力沿宽度 a 的分布很不均匀，为了考虑这一因素的影响，引入受压翼板有效宽度的概念。每侧翼板有效宽度就相当于把实际应力图形换算成以最大应力 σ_{max} 为基准的矩形图形的长度 λ。λ 值可按 c/l 值由表 6.22 确定，其中 l 为横隔梁的长度，可取两根边主梁的中心距离计算。

表 6.22　依据 c/l 确定的 λ 值表

c/l	0.05	0.10	0.15	0.20	0.25	0.30	0.35	0.40	0.45	0.50
λ	0.983	0.936	0.867	0.789	0.710	0.635	0.568	0.509	0.459	0.416

b. 抗扭抵抗矩。抗扭抵抗矩可分成梁肋和翼板两部分计算，梁肋部分的抗扭抵抗矩可按图 6.8 来计算。翼板部分的抗扭抵抗矩的计算，应考虑图 6.10 所示的两种情况。

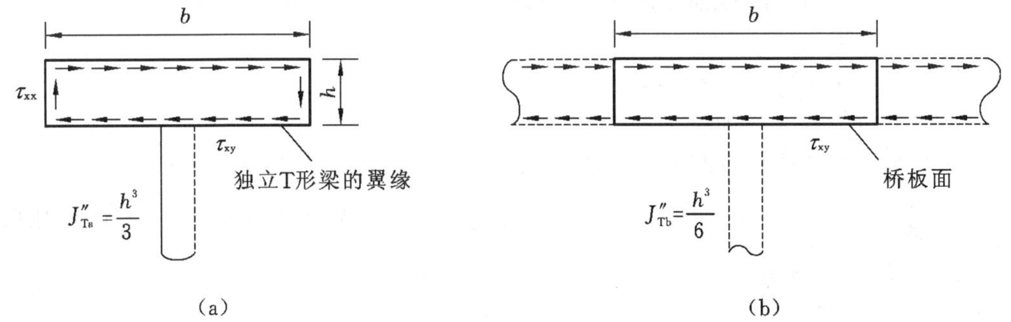

图 6.10　翼板抗扭惯性矩计算图式

图 6.10(a) 所示独立的宽扁矩形截面(b/h 较大)，其单位宽度的抗扭抵抗矩：

$$J''_{Ta}=\frac{I''_{Ta}}{b}=\frac{1}{b}\times\frac{bh^3}{3}=\frac{h^3}{3} \tag{6-33}$$

图 6.10(b) 所示连续桥面板单位宽度的抗扭抵抗矩：

$$J''_{Tb}=(1-\upsilon)\frac{D}{G}=\frac{h^3}{6} \tag{6-34}$$

其中，$G=\dfrac{E}{2(1-\upsilon)}$，$D=\dfrac{Eh^3}{12(1-\upsilon^2)}$。

因此，对于连续桥面板的整体式桥梁及翼板刚性连接的装配式桥梁，纵横向截面单位宽度抗扭惯性矩之和可按式(6-35) 计算：

$$J_{Tx}+J_{Ty}=\left(\frac{I_{Tx}}{b}+\frac{h^3}{6}\right)+\left(\frac{I_{Ty}}{a}+\frac{h^3}{6}\right)=\frac{I_{Tx}}{b}+\frac{I_{Ty}}{a}+\frac{h^3}{3} \tag{6-35}$$

式中　h—— 桥面板的厚度；

I_{Tx}，I_{Ty}—— 主梁梁肋和内横隔梁梁肋的截面抗扭抵抗矩。

② 计算参数 θ 和 α。θ 表示桥梁纵横方向的抗弯刚度比例，可利用式(6-36) 计算。

$$\theta = \frac{B}{l}\sqrt[4]{\frac{J_x}{J_y}} \tag{6-36}$$

式中 B—— 桥面板宽度的一半(m)，若单梁翼缘宽度为 b，梁片数为 n，则 $B = bn/2$；

l—— 梁的计算跨度(m)；

J_x，J_y——x、y 方向的比拟单位宽度抗弯惯性矩(m^4)。

α 表示抗扭参数，表示比拟板两个方向的单位宽度抗扭刚度代数平均值与单位宽度抗弯刚度几何平均值之比，可按式(6-37) 计算：

$$\alpha = \frac{\dfrac{G(J_{Tx} + J_{Ty})}{2}}{E\sqrt{J_x J_y}} = \frac{G(J_{Tx} + J_{Ty})}{2E\sqrt{J_x J_y}} \tag{6-37}$$

式中 G—— 材料的切变模量(N/m^2)，一般取 $0.425E$；

E—— 材料的弹性模量(N/m^2)；

J_x，J_y——x、y 方向的比拟单位宽度抗弯惯性矩(m^4)；

J_{Tx}，J_{Ty}——x、y 方向的比拟单位宽度抗扭惯性矩(m^4)。

注意：当 $\alpha < 0.3$ 时，横断面的挠曲线接近于直线，即可以认为同“偏心压力法”中横向刚度无穷大假定一致，故可认为 $\alpha < 0.3$ 为窄桥，$\alpha > 0.3$ 为宽桥。

③ 各主梁横向影响线坐标计算。

a. 根据 θ 值从 G-M 法计算图表上查影响系数 K_0 和 K_1。这里应说明，系数 K_0 和 K_1 的计算图表是按将桥宽八等分共九个点的位置来计算的。以桥宽中间为 0，向左(或向右) 依次为正的(或负的) $\frac{1}{4}B$、$\frac{1}{2}B$、$\frac{3}{4}B$ 和 B，若主梁位置不是正好在这九个点上，可根据其相邻两个点的 K 值按内插法求得。

对于如图 6.11 所示的桥梁，各主梁的 K 值：

1 号梁($f = \xi B$) 介于 $\frac{3}{4}B \sim B$ 之间，其 $K_{\xi B}$ 值按 $K_{\frac{3}{4}B_i}$、K_{B_i} 内插求得，即：

$$K_{\xi B} = K_{\frac{3}{4}B_i} + (K_{B_i} - K_{\frac{3}{4}B_i}) \times \frac{\xi B - \frac{3}{4}B}{\frac{1}{4}B} = K_{\frac{3}{4}B_i} + (K_{B_i} - K_{\frac{3}{4}B_i}) \times (4\xi - 3) \tag{6-38}$$

2 号梁($f = \xi B$) 介于 $\frac{1}{4}B \sim \frac{1}{2}B$ 之间，其 $K_{\xi B}$ 值按 $K_{\frac{1}{4}B_i}$、$K_{\frac{1}{2}B_i}$ 内插求得，即：

$$K_{\xi B} = K_{\frac{1}{4}B_i} + (K_{\frac{1}{2}B_i} - K_{\frac{1}{4}B_i}) \times \frac{\xi B - \frac{1}{4}B}{\frac{1}{4}B} = K_{\frac{1}{4}B_i} + (K_{\frac{1}{2}B_i} - K_{\frac{1}{4}B_i}) \times (4\xi - 1) \tag{6-39}$$

3 号梁($f = \xi B$) 位于 0 点，即：

$$K_{\xi B} = K_0 \tag{6-40}$$

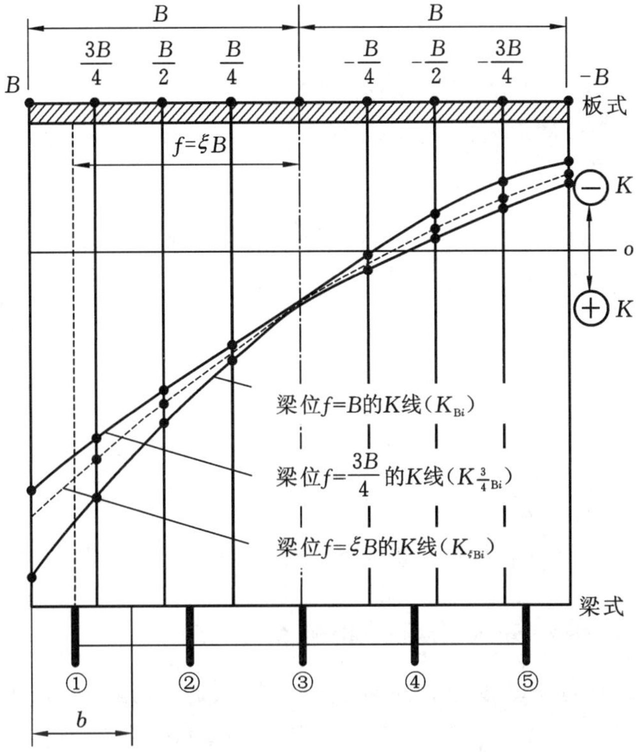

图 6.11　梁位 $f=\xi B$ 的 K 值计算

b. 依据上述求得的虚线 $K_{\xi B}$，用内插法求得实际梁位处的 K_0' 和 K_1' 值。在算出九个点的 K 值后，可按下列方法进行校核：

由功的互等定理可知：

$$P\times\overline{w}=\frac{1}{8}\sum_{i=1}^{8}w_i+\frac{1}{16}(w_1+w_2) \tag{6-41}$$

式中　P—— 单位集中荷载，$P=1$[图 6.12(a)]；

$\overline{w}$—— 平均位移[图 6.12(b)]。

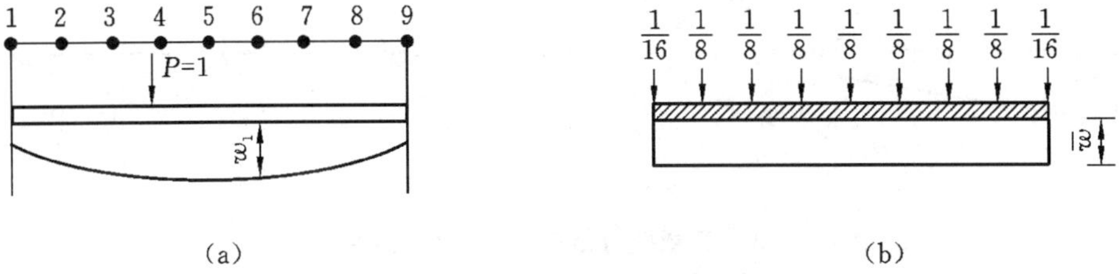

图 6.12　跨中截面的挠曲图式

$$\sum_{i=1}^{n}\frac{w_i}{\overline{w}}+\frac{1}{2}\left(\frac{w_1}{\overline{w}}+\frac{w_2}{\overline{w}}\right)=8$$

即：

$$\sum_{i=1}^{n} K_i + \frac{1}{2}(K_1 + K_9) = 8 \tag{6-42}$$

c. 依据 α 值($0 < \alpha < 1$) 和 $K_\alpha = K_0 + (K_1 - K_0)\sqrt{\alpha}$ 求出 K_α。

d. 用公式 $\eta_{ki} = \dfrac{K_\alpha}{n}$ 求出影响线坐标,其中 n 为梁片数,k 为梁号,i 为荷载作用点位置编号。

e. 计算各主梁横向影响线坐标。在影响线上沿桥宽按最不利位置布置车辆荷载,从而算出桥梁跨中的荷载横向分布系数。

对于汽车荷载:

$$m_{oq} = \frac{1}{2}\sum_i \eta_{qi} \tag{6-43}$$

对于人群荷载:

$$m_{or} = \eta_r \tag{6-44}$$

式中 η_{qi}—— 对应于汽车车轮的影响线坐标;

η_r—— 对应于人群荷载集度的影响线坐标。

6.1.3.2 荷载横向分布系数沿桥跨的变化

用杠杆原理法可计算桥梁支点处的荷载横向分布系数,用偏心压力法、修正偏心压力法、比拟正交异形板法(G-M 法) 等可计算桥梁跨中的荷载横向分布系数。对于桥梁纵向其他位置的横向分布系数的计算,可采用如图 6.13 所示的方法来处理。

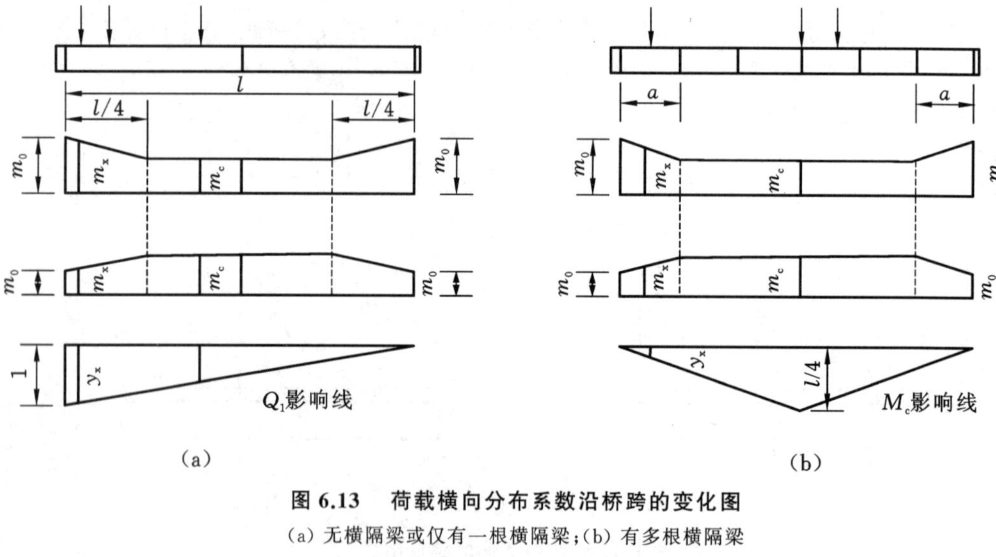

图 6.13 荷载横向分布系数沿桥跨的变化图

(a) 无横隔梁或仅有一根横隔梁;(b) 有多根横隔梁

对于图 6.13(a) 所示的无横隔梁或仅有一根横隔梁的情况,跨中部分可采用不变的横向分布系数 m_c,在离支点 $l/4$ 起至支点的区段内按线性关系从 m_c 过渡到 m_0。

对于图 6.13(b) 所示的有多根横隔梁的情况,跨中部分可采用不变的横向分布系数 m_c,在第一根横隔梁起至支点的区段内按线性关系从 m_c 过渡到 m_0。

6.1.4 主梁内力计算

在确定了主梁荷载横向分布系数及其沿桥跨方向的分布值后，即可进行主梁内力计算。在进行主梁内力计算时，对于跨度较小(跨度在 10 m 以内) 的简支梁桥，只需计算跨中截面的最大弯矩及支座截面和跨中截面的剪力，跨中和支座之间各截面的剪力可近似看作呈直线规律变化，弯矩可假定按照二次抛物线规律进行变化。对于跨度较大(跨度在 10 m 以上) 的简支梁桥，一般还需要计算桥梁总长 1/4 处、1/8 处和 3/8 处截面及主梁截面变化处的内力。

在截面内力确定后，即可根据钢筋混凝土和预应力混凝土结构计算原理进行主梁的截面配筋设计，以及对结构的强度、刚度、抗裂度等进行验算。

6.1.4.1 恒载内力计算

混凝土桥梁的恒载一般占全部设计荷载的比重较大(60% ～ 90%)，为了简化计算，在设计中通常将横隔梁、铺装层、人行道、栏杆及灯柱等重力平均分配给各个主梁承担。

主梁自重标准值 g_{1k} 根据主梁截面设计尺寸和材料标准重度计算。横隔梁自重标准值 g_{2k} 根据横隔梁截面设计尺寸和材料标准重度计算。桥面铺板自重标准值 g_{3k} 根据桥面铺板的构造和材料重度计算。人行道、栏杆自重标准值 g_{4k} 按人行道板横向分布系数分配给各梁。主梁荷载设计值 $g = \sum_{i=1}^{n} \gamma_{Gi} g_{ik}$。

按材料力学公式计算主梁各截面的弯矩 M_x 和剪力 V_x：

$$M_x = \frac{1}{2} g x (l - x) \tag{6-45}$$

$$V_x = \frac{1}{2} g (l - 2x) \tag{6-46}$$

6.1.4.2 活荷载内力计算

公路桥梁活荷载主要包括汽车荷载(包括车辆荷载和车道荷载) 和人群荷载等部分，在确定了主梁的荷载横向分布系数后，即可确定各榀主梁所承担的活荷载，采用结构力学方法计算各榀主梁的活荷载内力。

(1) 车辆荷载

公路桥梁设计中，车辆荷载的图式如图 6.1 和图 6.2 所示，主梁截面由车辆荷载产生的内力计算一般公式为：

$$S = (1 + \mu) \xi \max \left\{ \sum_i m_i P_i y_i \right\} \tag{6-47}$$

式中 S—— 所求截面的弯矩或剪力；

$1 + \mu$—— 汽车荷载的冲击系数；

ξ—— 多车道横向折减系数；

m_i—— 沿桥跨纵向与荷载位置对应的横向分布系数；

P_i—— 车辆荷载的轴重；

y_i—— 沿桥跨纵向与荷载位置对应的内力影响线坐标值。

(2) 车道荷载

公路桥梁车道荷载图式如图 6.1 所示，当计算简支梁各个截面最大弯矩时，可近似取跨中截面的荷载横向分布系数，然后即可利用车道荷载进行主梁内力计算。

车道荷载由均布荷载和集中荷载组成，对于均布荷载 q_k，其内力计算公式为：

$$S=(1+\mu)\xi m_c q_k \Omega \tag{6-48}$$

式中 Ω—— 弯矩、剪力影响线的面积。

当进行人群荷载的内力计算时，只需将式(6-48) 中的 q_k 用每延米的荷载集度代替即可。

对于车道荷载中的集中荷载 P_k，计算内力时应将其布置在最不利的位置：当计算跨中弯矩时，应将其布置在跨中截面处，按式(6-46) 计算剪力；当计算端部最大剪力时，应将其布置在两端部，并考虑荷载横向分布系数在梁端处的变化；对布置在荷载横向分布系数过渡段内的车轮集中荷载，按式(6-46) 计算剪力。若端部荷载横向分布系数 m_0 明显小于跨中荷载横向分布系数 m_c，按照剪力影响线的最不利位置布置荷载，其剪力值不一定是最大值，此时需要经试算确定。

6.1.4.3 内力组合

在仅考虑简支梁自重效应 S_G、汽车荷载效应 S_Q 及人群荷载效应 S_r 的情况下，各种组合计算公式为：

① 按承载力极限状态设计时：

$$\gamma_0 S_{ud}=\gamma_0(1.2S_G+1.4S_Q+0.75\times1.4S_r) \tag{6-49}$$

② 按正常使用极限状态设计时：

频遇效应组合：

$$S_{sd}=1.0S_G+0.7S_Q+1.0S_r \tag{6-50}$$

准永久效应组合：

$$S_{ld}=1.0S_G+0.4S_Q+0.4S_r \tag{6-51}$$

6.2 桥梁设计算例

6.2.1 设计资料

(1) 结构尺寸

桥面宽度：9 m + 2 × 1.5 m。

(2) 主梁跨径和全长

标准跨径：$l=20$ m(墩中心距离)；

计算跨径：$l=19.5$ m（支座中心距离）；

桥梁全长：$L=19.96$ m（主梁预制长度）。

（3）设计荷载

根据规范确定该桥梁汽车荷载等级为公路-Ⅰ级，因此可确定车道荷载的均布荷载标准值 $q_k=10.5$ kN/m，集中荷载标准值 $P_k=299$ kN，人群荷载标准值为 3.0 kN/m^2。

（4）材料

钢筋：主梁采用 HRB400 钢筋。

混凝土：C40。

（5）结构尺寸

如图 6.14、图 6.15 所示，该桥由 5 片梁高为 1.6 m、宽 1.9 m 的 T 形梁组成；桥上横坡为双向 2% 坡度，由钢筋混凝土桥面铺装控制，横隔梁 5 根。

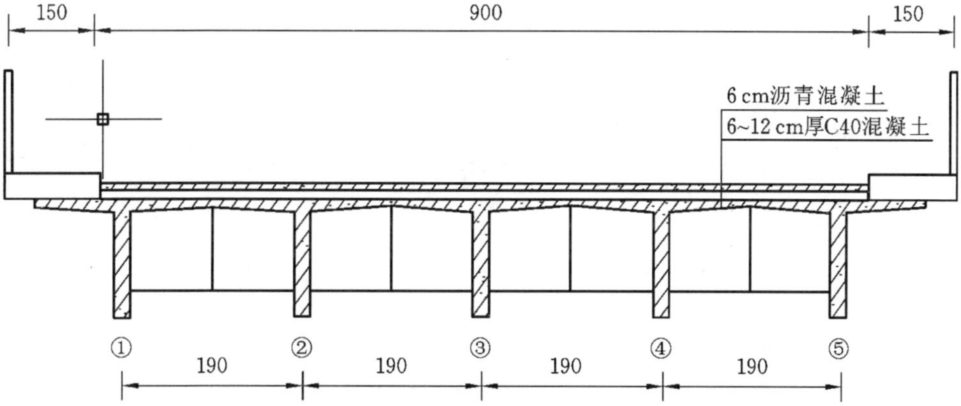

图 6.14 简支 T 梁主梁（尺寸单位：cm）

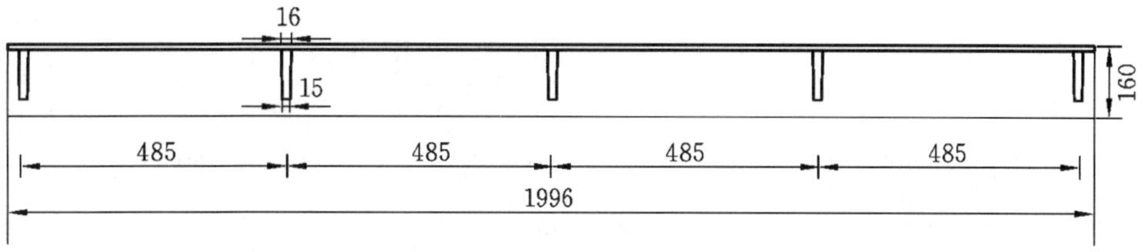

图 6..15 简支 T 梁横隔梁简图（尺寸单位：cm）

6.2.2 主梁的荷载横向分布系数和内力计算

本设计中设有 5 道横隔梁，具有可靠的横向联系，且承重结构的宽跨比 $\frac{B}{l}=\frac{9.0}{19.5}=0.462\leqslant 0.5$，故可按修正的偏心压力法来绘制荷载横向影响线和计算荷载横向分布系数。

6.2.2.1 主梁的抗弯及抗扭惯性矩 I_c 和 I_T

计算主梁截面的重心位置 x_c。翼缘板厚为变截面，其板厚取平均板厚，即：

$$h'_f=\frac{1}{2}\times(10+18)=14$$

求主梁截面的重心位置：

$$I_0=\frac{1}{12}bh_0+bh\left(\frac{h}{2}-x\right)^2+\frac{1}{12}(b'_{f1}-b)h'^3_f+(b'_{f1}-b)h'_f\left(x-\frac{h'_f}{2}\right)^2+(\alpha_{ES}-1)A_s(h_0-x)^2$$

$$=\frac{1}{12}\times200\times1400^3+200\times1400\times\left(\frac{1400}{2}-490\right)^2+\frac{1}{12}\times(1760-200)\times130^3+$$

$$(1760-200)\times130\times\left(490-\frac{130}{2}\right)^2+(6.667-1)\times6058\times(1297-490)^2$$

$$=1.17\times10^{11}\ \text{mm}^4$$

主梁 T 形截面(图 6.16) 的面积：

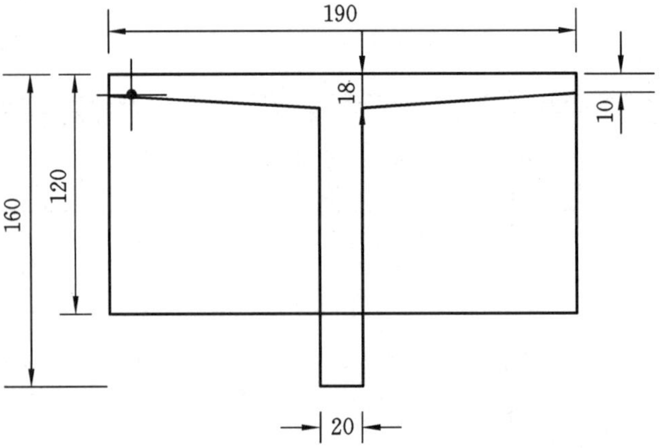

图 6.16 T 梁构造结构图(尺寸单位:cm)

$$A=b\times h+(b'_f-b)h'_f=20\times160+(190-20)\times14=5580\ \text{cm}^2$$

由 $Ax_c=(b\times h)\times\frac{h}{2}+(b'_f-b)h'_f\times\frac{h'_f}{2}$ 可得：

$$x_c=\frac{(b\times h)\times\frac{h}{2}+(b'_f-b)h'_f\times\frac{h'_f}{2}}{A}=\frac{(20\times160)\times\frac{160}{2}+(190-20)\times14\times\frac{14}{2}}{5580}$$

$$=48.86\ \text{cm}$$

计算主梁的抗弯惯性矩 I_c：

$$I_c=\frac{1}{12}bh^3+(b\times h)\times\left(\frac{h}{2}-x_c\right)^2+\frac{1}{12}(b'_f-b)h'^3_f+(b'_f-b)h'_f\times\left(x_c-\frac{h'_f}{2}\right)^2$$

$$=\frac{1}{12}\times20\times160^3+(20\times160)\times\left(\frac{160}{2}-48.86\right)^2+\frac{1}{12}\times(190-20)\times14^3+$$

$$(190-20)\times 14\times\left(48.86-\frac{14}{2}\right)^2$$
$$=14138956.57\ \text{cm}^4$$

计算抗扭惯性矩 I_T，T 形截面的抗扭惯性矩近似等于各个矩形截面的抗扭惯性矩之和，即：

$$I_T=\sum c_i b_i t_i^3$$

翼缘板：$\dfrac{b_1}{t_1}=\dfrac{1.90}{0.14}=13.57$，查表可知 $c_1=0.333$。

腹板：$\dfrac{b_2}{t_2}=\dfrac{1.6-0.14}{0.20}=7.30$，查表可知 $c_2=0.305$。

综上可得：

$$I_T=\frac{1}{3}\times 190\times 14^3+0.305\times 146\times 20^3=530026.65\ \text{cm}^4$$

计算抗扭修正系数 β。本设计实例中，主梁的间距相等，将主梁近似看成等截面，按下式计算：

$$\beta=\frac{1}{1+\xi\dfrac{GI_T}{EI_c}\left(\dfrac{l}{B}\right)^2}$$

根据《公路钢筋混凝土及预应力混凝土桥涵设计规范》(JTG 3362—2018) 中的规定，$n=5$ 时，与主梁根数有关的系数 $\xi=1.042$；剪切模量 $G=\dfrac{E}{2(1+\mu)}=0.425E$，$l=19.5\ \text{m}=1950\ \text{cm}$，$B=5\times190\ \text{cm}=950\ \text{cm}$，$I_c=14138956.57\ \text{cm}^4$，$I_T=530026.65\ \text{cm}^4$，将上述参数代入上式可得：

$$\beta=\frac{1}{1+1.042\times\dfrac{0.425E\times 530026.65}{E\times 14138956.57}\times\left(\dfrac{1950}{950}\right)^2}=0.934$$

6.2.2.2 恒载作用内力计算

(1) 结构自重集度计算(表 6.23)

表 6.23 结构自重集度计算表

主梁		$g_1=\left[0.20\times1.6+\left(\dfrac{0.10+0.18}{2}\right)\times(1.9-0.20)\right]\times 25=13.95\ \text{kN/m}$
横隔梁	边主梁	$g_2=\left\{\left[1.2-\left(\dfrac{0.10+0.18}{2}\right)\right]\times\left(\dfrac{1.9-0.20}{2}\right)\right\}\times\dfrac{0.15+0.16}{2}\times5\times\dfrac{25}{19.5}=0.895\ \text{kN/m}$
	中主梁	$g'_2=2\times0.895=1.79\ \text{kN/m}$

续表 6.23

桥面铺板		$g_3=\dfrac{0.06\times9.0\times23+(0.06+0.12)\times\dfrac{1}{2}\times9.0\times25}{5}=6.534\ \text{kN/m}$
栏杆和人行道		$g_4=5\times\dfrac{2}{5}=2\ \text{kN/m}$
合计	边主梁	$g=\sum g_i=13.95+0.895+6.534+2=23.38\ \text{kN/m}$
	中主梁	$g'=13.95+1.79+6.534+2=24.27\ \text{kN/m}$

(2) 结构自重内力计算

边、中主梁自重产生的内力计算公式：

$$M_x=\frac{gx}{2}(l-x)$$

$$Q_x=\frac{g}{2}(l-2x)$$

结构自重内力计算见表 6.24。

表 6.24　结构自重内力计算表

内力截面	剪力 Q/kN	弯矩 M/(kN·m)
$x=0$	$Q=\dfrac{1}{2}\times23.38\times19.5=227.96(236.63)$	$M=0(0)$
$x=\dfrac{l}{4}$	$Q=\dfrac{1}{2}\times23.28\times\left(19.5-2\times\dfrac{1}{4}\times19.5\right)$ $=113.98(118.32)$	$M=\dfrac{1}{2}\times23.38\times\dfrac{1}{4}\times19.5\times\left(19.5-\dfrac{19.5}{4}\right)$ $=833.46(865.19)$
$x=\dfrac{l}{2}$	$Q=0(0)$	$M=\dfrac{1}{8}\times23.38\times19.5^2$ $=1111.28(1153.58)$

6.2.2.3　活载作用内力计算

(1) 支点处荷载横向分布系数(杠杆原理法)

根据《公路桥涵设计通用规范》(JTG D60—2015)中第4.3.1条和第4.3.5条规定：汽车荷载距人行道边缘不小于0.5 m，人群荷载取3 kN/m^2。在横向影响线上确定荷载横向最不利的布置，见图 6.17 和表 6.25。

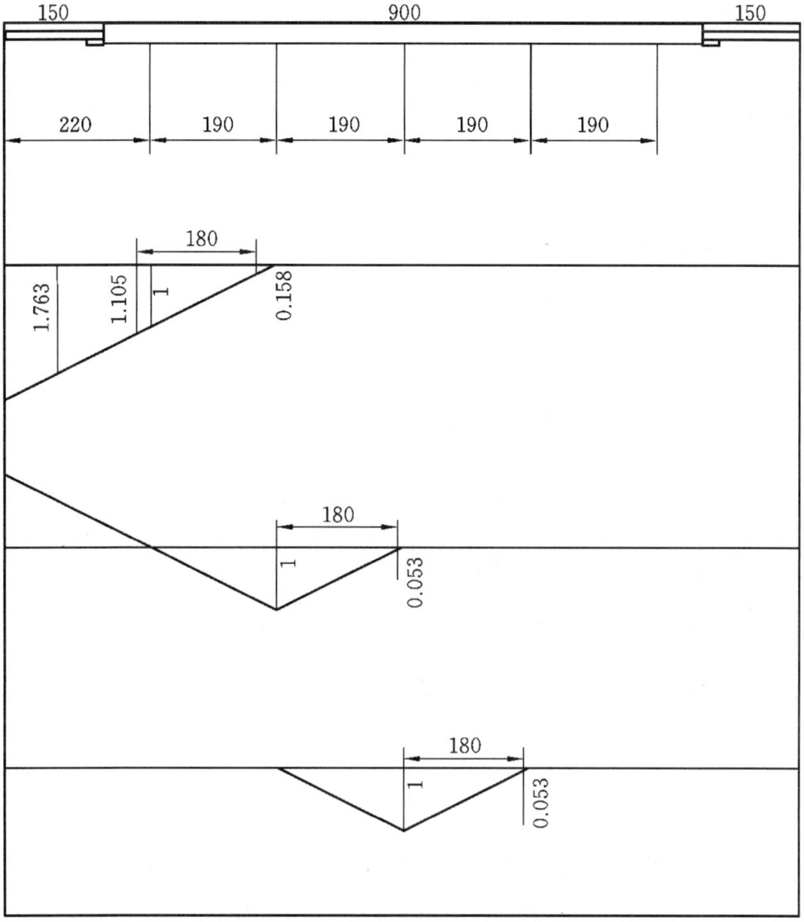

图 6.17　杠杆原理法支点荷载横向分布系数(尺寸单位:cm)

表 6.25　各支点处相应于公路-Ⅰ级和人群荷载的横向分布系数

梁号	公路-Ⅰ级	人群荷载
1 号梁	$m_{oq1}=\sum\frac{\eta_q}{2}=\frac{1.105+0.158}{2}=0.632$	$m_{or1}=\eta_r=1.763$
2 号梁	$m_{oq2}=\sum\frac{\eta_q}{2}=\frac{1+0.053}{2}=0.527$	$m_{or2}=\eta_r=0$
3 号梁	$m_{oq3}=\sum\frac{\eta_q}{2}=\frac{1+0.053}{2}=0.527$	$m_{or3}=\eta_r=0$
4 号梁	$m_{oq4}=\sum\frac{\eta_q}{2}=\frac{1+0.053}{2}=0.527$	$m_{or4}=\eta_r=0$
5 号梁	$m_{oq5}=\sum\frac{\eta_q}{2}=\frac{1.105+0.158}{2}=0.632$	$m_{or5}=\eta_r=1.763$

(2) 跨中荷载横向分布系数(修正偏心压力法)

$$\frac{B}{l}=\frac{190\times 5}{1950}\approx 0.487<0.5$$

此桥设有刚度强大的横隔梁,且承重结构的宽跨比小于0.5,故可按修正偏心压力法来计算横向分布系数 m_c,其步骤如下:

① 求荷载横向分布影响线竖标值

本桥各根主梁的横截面均相等,梁数 $n=5$,梁间距1.90 m,则:

$$\sum_{i=1}^{5}a_i^2=a_1^2+a_2^2+a_3^2+a_4^2+a_5^2$$

$$=(2\times 1.90)^2+1.90^2+0+(-1.90)^2+(-2\times 1.90)^2=36.10\ \text{m}$$

则当 $P=1$ 位于第 k 号梁轴时,第 i 号梁上的总作用为:

$$\eta_{ik}=\frac{1}{n}\pm\beta\frac{a_1a_k}{\sum_{i=1}^{n}a_i^2}$$

1号(5号)主梁在两个边主梁处的横向影响线的竖标值为:

$$\eta_{11}=\frac{1}{5}+0.93\times\frac{(2\times 1.90)\times(2\times 1.90)}{36.10}=0.572$$

$$\eta_{12}=\frac{1}{5}+0.93\times\frac{(2\times 1.90)\times 1.90}{36.10}=0.386$$

$$\eta_{13}=\frac{1}{5}+0.93\times\frac{(2\times 1.90)\times 0}{36.10}=0.2$$

$$\eta_{14}=\frac{1}{5}-0.93\times\frac{(2\times 1.90)\times 1.90}{36.10}=0.014$$

$$\eta_{15}=\frac{1}{5}-0.93\times\frac{(2\times 1.90)\times(2\times 1.90)}{36.10}=-0.172$$

2号(4号)梁在两个边主梁处的横向影响线的竖标值为:

$$\eta_{21}=\frac{1}{5}+0.93\times\frac{1.90\times(2\times 1.90)}{36.10}=0.386$$

$$\eta_{22}=\frac{1}{5}+0.93\times\frac{1.90\times 1.90}{36.10}=0.293$$

$$\eta_{23}=\frac{1}{5}+0.93\times\frac{1.9\times 0}{36.10}=0.2$$

$$\eta_{24}=\frac{1}{5}-0.93\times\frac{1.90\times 1.90}{36.10}=0.107$$

$$\eta_{25}=\frac{1}{5}-0.93\times\frac{1.90\times(2\times 1.90)}{36.10}=0.014$$

3号梁在两个边主梁处的横向影响线的竖标值为:

$$\eta_{31}=\frac{1}{5}=0.2;\ \eta_{32}=\frac{1}{5}=0.2;\ \eta_{33}=\frac{1}{5}=0.2;\ \eta_{34}=\frac{1}{5}=0.2;\ \eta_{35}=\frac{1}{5}=0.2$$

② 画出各主梁的荷载横向分布影响线,并按最不利位置布置荷载(图 6.18)。

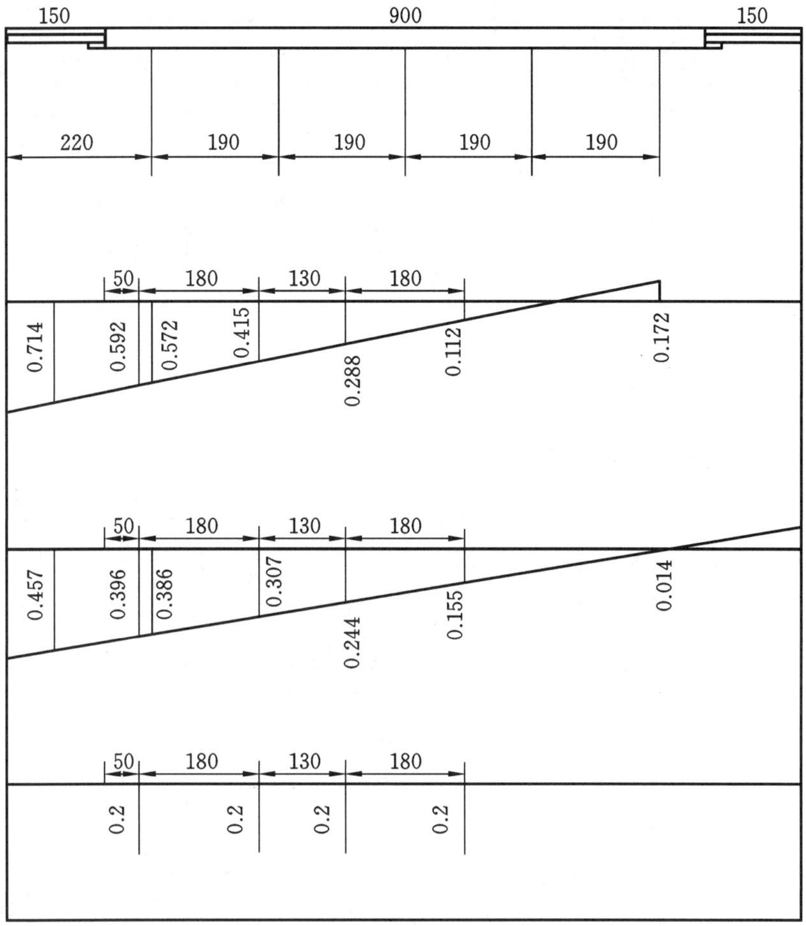

图 6.18 偏心压力法跨中荷载横向分布系数(尺寸单位:cm)

③ 计算荷载横向分布系数 m_c,见表 6.26。

表 6.26 荷载横向分布系数计算表

梁号	汽车荷载	人群荷载
1(5) 号梁	$m_{cq}=\frac{1}{2}\sum\eta_q=\frac{1}{2}\times(0.592+0.415+0.288+0.112)=0.704$	$m_{cr}=0.714$
2(4) 号梁	$m_{cq}=\frac{1}{2}\times(0.396+0.307+0.244+0.155)=0.551$	$m_{cr}=0.457$
3 号梁	$m_{cq}=\frac{1}{2}\times(0.2+0.2+0.2+0.2)=0.4$	$m_{cr}=0.2$

(3) 荷载横向分布系数汇总

荷载横向分布系数汇总见表 6.27。

表 6.27　荷载横向分布系数汇总表

梁号	荷载位置	公路-Ⅰ级	人群荷载	备注
1 号梁	跨中 m_c	0.704	0.714	按修正偏心压力法
	支点 m_o	0.632	1.763	按杠杆原理法
2 号梁	跨中 m_c	0.551	0.457	按修正偏心压力法
	支点 m_o	0.527	0	按杠杆原理法
3 号梁	跨中 m_c	0.4	0.2	按修正偏心压力法
	支点 m_o	0.527	0	按杠杆原理法
4 号梁	跨中 m_c	0.551	0.457	按修正偏心压力法
	支点 m_o	0.527	0	按杠杆原理法
5 号梁	跨中 m_c	0.704	0.714	按修正偏心压力法
	支点 m_o	0.632	1.763	按杠杆原理法

(4) 均布荷载和内力影响线面积计算

均布荷载和内力影响线面积计算见表 6.28。

表 6.28　均布荷载和内力影响线面积计算表

截面类型	公路-Ⅰ级均布荷载/(kN/m)	人群荷载/(kN/m)	影响线面积/(m^2 或 m)	影响线图示
$M_{\frac{l}{2}}$	10.5	$3.0 \times 1.5 = 4.5$	$\Omega = \frac{1}{8}l^2 = \frac{1}{8} \times 19.5^2 = 47.53$	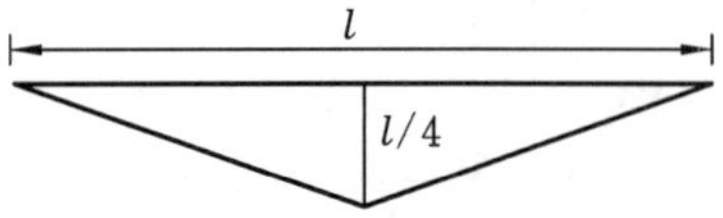
$Q_{\frac{l}{2}}$	10.5	4.5	$\Omega = \frac{1}{2} \times \frac{1}{2} \times 19.5 \times 0.5 = 2.44$	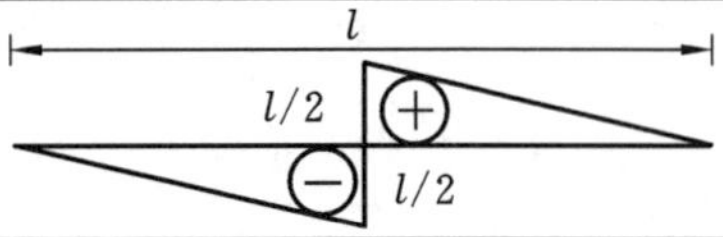
Q_0	10.5	4.5	$\Omega = \frac{1}{2} \times 1 \times 19.5 = 9.75$	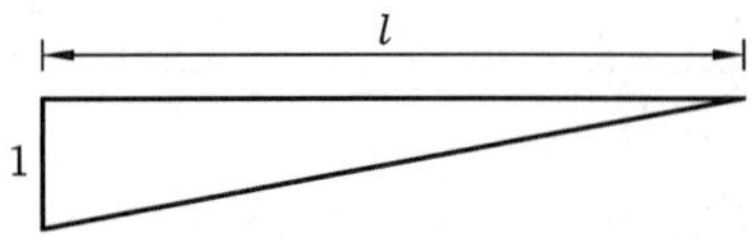
$M_{\frac{l}{4}}$	10.5	4.5	$\Omega = \frac{3}{32}l^2 = \frac{3}{32} \times 19.5^2 = 35.65$	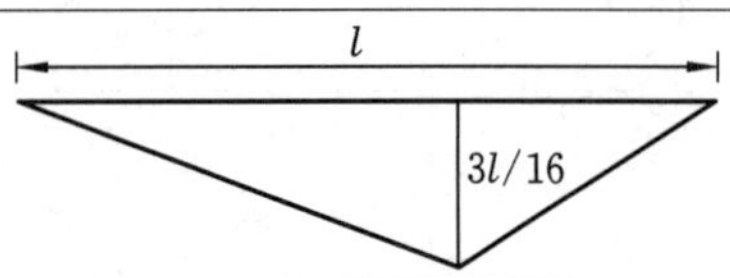
$Q_{\frac{l}{4}}$	10.5	4.5	$\Omega = \frac{3}{4} \times \frac{1}{2} \times \frac{3}{4}l = \frac{9}{32} \times 19.5 = 5.48$	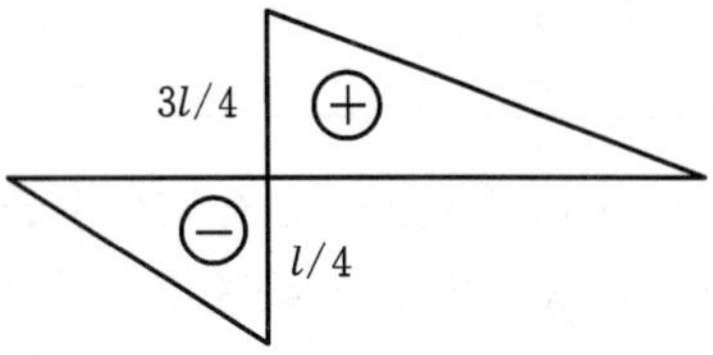

(5) 公路-Ⅰ级集中荷载计算

计算弯矩效应时：

$$P_k = 270 + \frac{360 - 270}{50 - 5} \times (19.5 - 5) = 299.0 \text{ kN}$$

计算剪力效应时：

$$P_k = 1.2 \times 299.0 = 358.8 \text{ kN}$$

(6) 计算冲击系数 μ 和车道折减系数 ξ

主梁横截面面积：

$$A = 5580 \text{ cm}^2 = 0.56 \text{ m}^2$$

结构跨中截面的截面惯性矩：

$$I_c = 14138956.57 \text{ cm}^4 = 0.1414 \text{ m}^4$$

结构跨中处每延米结构重力：

$$G = 0.56 \times 25 = 14 \text{ kN/m}$$

结构跨中处的单位长度质量：

$$m_c = \frac{G}{g} = \frac{14}{9.81} = 1.43 \text{ kN} \cdot \text{s}^2/\text{m}^2$$

C40 混凝土 E 取 3.25×10^{10} N/m²，则：

$$f = \frac{\pi}{2l^2}\sqrt{\frac{EI_c}{m_c}} = \frac{3.14}{2 \times 19.5^2} \times \sqrt{\frac{3.25 \times 10^{10} \times 0.1414}{1.43 \times 10^3}} = 7.401 \text{ Hz}$$

由于 7.401 Hz 介于 1.5 Hz 和 14 Hz 之间，按《公路桥涵设计通用规范》(JTG D60—2015)第 4.3.2 条的规定，冲击系数按下列公式计算：

$$\mu = 0.1767\ln f - 0.0157 = 0.338$$

故 $1 + \mu = 1.338$。

双车道不折减，则 $\xi = 1$ 。

(7) 各梁的弯矩 $M_{\frac{1}{2}}$、$M_{\frac{1}{4}}$ 和剪力 $Q_{\frac{1}{2}}$ 计算

各梁的弯矩 $M_{\frac{1}{2}}$、$M_{\frac{1}{4}}$ 和剪力 $Q_{\frac{1}{2}}$ 计算见表 6.29。

表 6.29　各梁各个截面处弯矩、剪力的计算

<table>
<tr><th rowspan="2">梁号</th><th rowspan="2">截面</th><th rowspan="2">荷载类型</th><th rowspan="2">q_k 或 q_r/(kN/m)</th><th rowspan="2">P_k/kN</th><th rowspan="2">$1+\mu$</th><th rowspan="2">m_c</th><th rowspan="2">Ω 或 y</th><th colspan="2">S/(kN/m 或 kN)</th></tr>
<tr><th>S_i</th><th>S</th></tr>
<tr><td rowspan="9">1、5 号梁</td><td rowspan="3">$M_{\frac{l}{2}}$</td><td rowspan="2">公路-Ⅰ级</td><td rowspan="2">10.5</td><td rowspan="2">299.0</td><td rowspan="2">1.338</td><td rowspan="2">0.704</td><td>47.53</td><td>469.43</td><td rowspan="2">1840.49</td></tr>
<tr><td>$y=l/4=4.875$</td><td>1371.06</td></tr>
<tr><td>人群</td><td>4.5</td><td></td><td></td><td>0.714</td><td>47.53</td><td colspan="2">152.71</td></tr>
<tr><td rowspan="3">$Q_{\frac{l}{2}}$</td><td rowspan="2">公路-Ⅰ级</td><td rowspan="2">10.5</td><td rowspan="2">358.8</td><td rowspan="2">1.338</td><td rowspan="2">0.704</td><td>2.44</td><td>24.10</td><td rowspan="2">192.85</td></tr>
<tr><td>0.5</td><td>168.75</td></tr>
<tr><td>人群</td><td>4.5</td><td></td><td></td><td>0.714</td><td>2.44</td><td colspan="2">7.84</td></tr>
<tr><td rowspan="3">$M_{\frac{l}{4}}$</td><td rowspan="2">公路-Ⅰ级</td><td rowspan="2">10.5</td><td rowspan="2">299.0</td><td rowspan="2">1.338</td><td rowspan="2">0.704</td><td>35.65</td><td>352.10</td><td rowspan="2">1380.33</td></tr>
<tr><td>$y=3l/16=3.656$</td><td>1028.23</td></tr>
<tr><td>人群</td><td>4.5</td><td></td><td></td><td>0.714</td><td>35.65</td><td colspan="2">114.54</td></tr>
</table>

续表 6.29

梁号	截面	荷载类型	q_k 或 q_r/(kN/m)	P_k/kN	$1+\mu$	m_c	Ω 或 y	S/(kN/m 或 kN)	
								S_i	S
2、4号梁	$M_{\frac{l}{2}}$	公路-Ⅰ级	10.5	299.0	1.338	0.551	47.53	367.93	1442.55
							$y=l/4=4.875$	1074.62	
		人群	4.5			0.457	47.53	97.75	
	$Q_{\frac{l}{2}}$	公路-Ⅰ级	10.5	358.8	1.338	0.551	2.44	18.89	151.15
							0.5	132.26	
		人群	4.5			0.457	2.44	5.02	
	$M_{\frac{l}{4}}$	公路-Ⅰ级	10.5	299.0	1.338	0.551	35.65	275.97	1081.88
							$y=3l/16=3.656$	805.91	
		人群	4.5			0.457	35.65	73.31	
3号梁	$M_{\frac{l}{2}}$	公路-Ⅰ级	10.5	299.0	1.338	0.4	47.53	267.10	1047.22
							$y=l/4=4.875$	780.12	
		人群	4.5			0.2	47.53	42.78	
	$Q_{\frac{l}{2}}$	公路-Ⅰ级	10.5	358.8	1.338	0.4	2.44	13.71	109.72
							0.5	96.01	
		人群	4.5			0.2	2.44	2.20	
	$M_{\frac{l}{4}}$	公路-Ⅰ级	10.5	299.0	1.338	0.4	35.65	200.34	785.39
							$y=3l/16=3.656$	585.05	
		人群	4.5			0.2	35.65	32.09	

(8) 计算支点截面汽车荷载最大剪力

支点剪力计算图如图 6.19 所示。

m 变化区荷载重心处的内力影响线坐标为：

$$\overline{y}=1.0\times\frac{19.5-\frac{1}{3}\times 4.9}{19.5}=0.916$$

① 1、5 号梁

$$Q_{o均}=(1+\mu)\xi q_k\left[m_c\Omega+\frac{a}{2}(m_{oq}-m_{cq})\overline{y}\right]$$
$$=(1+0.338)\times 1.0\times 10.5\times\left[0.704\times 9.75+\frac{1}{2}\times 4.9\times(0.632-0.703)\times 0.916\right]$$
$$=94.06\ \text{kN}$$

$$Q_{o集}=(1+\mu)\xi m_i P_k y_i=1.338\times 1\times 0.632\times 358.8\times 1.0=303.41\ \text{kN}$$

则在公路-Ⅰ级作用下，1 号和 5 号梁支点的汽车荷载最大剪力为：

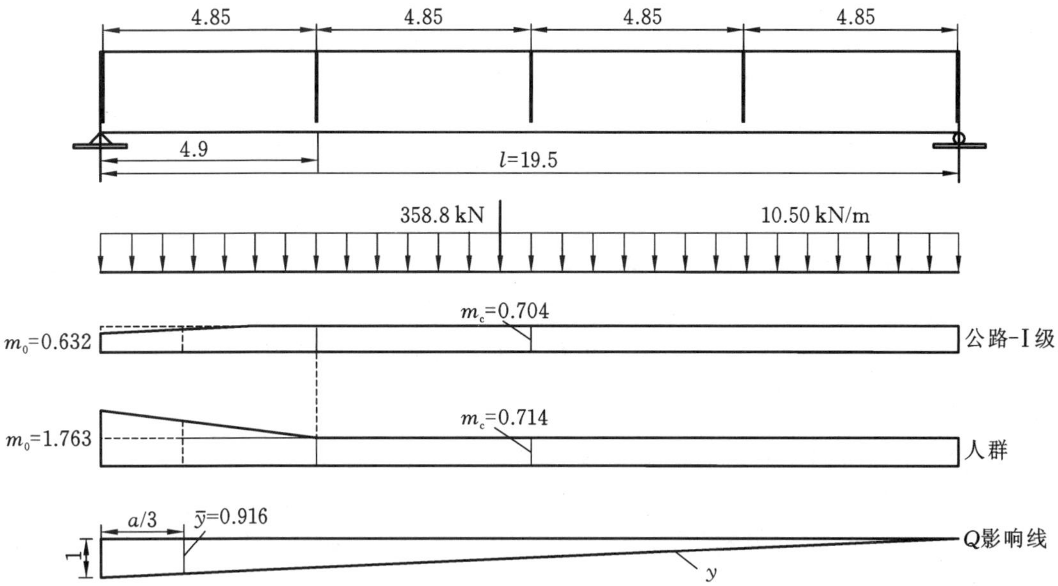

图 6.19　支点剪力计算图

$$Q_o = Q_{o均} + Q_{o集} = 94.06 + 303.41 = 397.47\ \text{kN}$$

则支点截面人群荷载最大剪力为：

$$Q_{or} = m_c q_r \Omega + \frac{a}{2}(m_0 - m_c) q_r \overline{y}$$

$$= 0.714 \times 4.5 \times 9.75 + \frac{4.9}{2} \times (1.763 - 0.714) \times 4.5 \times 0.916$$

$$= 41.92\ \text{kN}$$

② 2、4 号梁

$$Q_{o均} = (1+\mu)\xi q_k \left[m_c \Omega + \frac{a}{2}(m_{oq} - m_{cq})\overline{y}\right]$$

$$= (1+0.338) \times 1.0 \times 10.5 \times \left[0.551 \times 9.75 + \frac{1}{2} \times 4.9 \times (0.527 - 0.551) \times 0.916\right]$$

$$= 74.72\ \text{kN}$$

$$Q_{o集} = (1+\mu)\xi m_i P_k y_i = 1.338 \times 1 \times 0.527 \times 358.8 \times 1.0 = 253.00\ \text{kN}$$

则在公路-Ⅰ级作用下，2 号和 4 号梁支点的汽车荷载最大剪力为：

$$Q_o = Q_{o均} + Q_{o集} = 74.72 + 253.00 = 327.72\ \text{kN}$$

则支点截面人群荷载最大剪力为：

$$Q_{or} = m_c q_r \Omega + \frac{a}{2}(m_0 - m_c) q_r \overline{y}$$

$$= 0.457 \times 4.5 \times 9.75 + \frac{4.9}{2} \times (0 - 0.457) \times 4.5 \times 0.916$$

$$= 15.44\ \text{kN}$$

③ 3 号梁

$$Q_{o均}=(1+\mu)\xi q_k[m_c\Omega+\frac{a}{2}(m_{oq}-m_{cq})\overline{y}]$$

$$=(1+0.338)\times1.0\times10.5\times\left[0.400\times9.75+\frac{1}{2}\times4.9\times(0.527-0.400)\times0.916\right]$$

$$=58.80\ \text{kN}$$

$$Q_{o集}=(1+\mu)\xi m_i P_k\ y_i=1.338\times1\times0.527\times358.8\times1.0=253.00\ \text{kN}$$

则在公路-Ⅰ级作用下,3 号梁支点的汽车荷载最大剪力为:

$$Q_o=Q_{o均}+Q_{o集}=58.80+253.00=311.80\ \text{kN}$$

则支点截面人群荷载最大剪力为:

$$Q_{or}=m_c q_r\Omega+\frac{a}{2}(m_0-m_c)q_r\overline{y}$$

$$=0.400\times4.5\times9.75+\frac{4.9}{2}\times(0.572-0.400)\times4.5\times0.916$$

$$=19.29\ \text{kN}$$

(9) 主梁的内力组合

钢筋混凝土梁式桥,当按承载能力极限状态设计时,进行作用效应组合计算。

通过对各主梁进行内力计算,可知实例的装配式钢筋混凝土简支梁中 1、5 号边梁的内力值最大,列表确定控制设计的计算内力,见表 6.30。

表 6.30　主梁内力组合计算

序号	荷载类别	弯矩 M/(kN·m)			剪力 Q/kN	
		梁端	四分点	跨中	梁端	跨中
1	结构自重	0	833.46	1111.28	227.96	0
2	汽车荷载	0	1380.33	1840.49	303.41	192.85
3	人群荷载	0	114.54	152.71	41.92	7.84
4	1.2×(1)	0	1000.15	1333.54	273.55	0
5	1.4×(2)	0	1932.46	2576.69	424.77	269.99
6	0.75×1.4×(3)	0	120.27	160.35	44.02	8.23
7	S_{ud} = (4)+(5)+(6)	0	3052.88	4070.58	742.34	278.22

7 隧道设计

隧道设计应综合分析项目所在区域的工程地质、水文地质等条件，完成隧道位置选择、隧道围岩分级、围岩压力计算、隧道断面开挖方法和支护方法的确定及隧道施工方案的选择等内容。

7.1 工程概况

7.1.1 一般规定

(1) 应根据隧道不同设计阶段的任务、目的和要求，针对公路等级、隧道特点和规模，确定搜集调查资料的内容和范围，进行收集、调查、测绘、勘探和试验。调查资料应齐全、准确，满足设计要求。

(2) 应根据隧址区地形、地质条件并综合考虑调查阶段、方法、范围等，编制相应的调查计划。在调查过程中，发现实际情况与预计情况不符时，应及时修正调查计划。

(3) 围岩分级应采用定性分析和定量计算相结合的综合方法。

7.1.2 资料搜集

全面搜集隧址区下列资料：

(1) 地形地貌资料，以及有关的遥感与遥测资料；

(2) 工程地质、水文地质、地表水，特别是自然地质灾害的种类、性质、规模、危害程度等资料；

(3) 地质测绘、勘探资料；

(4) 气温、降水、风速和风向等气象资料；

(5) 地震历史、地震动参数等资料；

(6) 沿线交通情况、施工条件等；

(7) 沿线矿产资源、周边既有工程等资料。

7.1.3 地形与地质调查

(1) 隧道工程测绘应符合下列规定：

① 应按设计阶段的要求，搜集或测绘地形图、纵断面图、横断面图等。

② 测绘资料的图纸内容、精度应满足现行《公路工程地质勘察规范》(JTG C20—2011)和《公路勘测规范》(JTG C10—2007)的要求。

③ 在隧道和辅助通道洞口附近，应按规定设置平面和高程控制点。

(2) 施工前各阶段的地形与地质调查应包括自然地理概况、工程地质和水文地质等内容，并按阶段要求重点调查和分析下列内容：

① 地层岩性及地质构造的性质、类型和规模。

② 断层、节理、软弱结构面特征及其与隧道的组合关系，围岩的基本物理力学性质。

③ 崩塌、错落、岩堆、滑坡、岩溶、自然或人工坑洞、采空区、泥石流、流沙、湿陷性黄土、盐渍土、盐岩、地热、多年冻土、冰川等不良地质和特殊岩土，及其发生和发展的原因、类型、规模和发展趋势，分析其对隧道洞口和洞身稳定的影响程度。

④ 查明有害气体或有害矿体地层、分布范围、有害成分和含量，并预测和评价其对施工、运营的影响。

(3) 施工中的地质调查应包括下列内容：

① 应根据施工中开挖揭露的围岩情况，核定地层岩性、地质构造、地下水等，分析判定实际围岩级别。

② 探测和预报隧道开挖前方可能出现的围岩条件，不良地质条件及其位置、性质、规模等。

7.1.4 气象调查

(1) 气象调查的内容应包括隧址区的气温、气压、风速、风向、降雨量、积雪量、雪线、冰川特征、冻结深度、降雾的程度和天数等，其中气温、风速、降雨量、积雪量应调查其极端值，以及历史上气象灾害情况等。

(2) 必要时在隧址处设立气象观测点(站)进行观测，持续搜集当地气象资料。

7.1.5 工程环境调查

(1) 应对隧址区及邻近地区相关地表水系、地下水露头、涌泉、温泉、沼泽、湖泊、植被、矿产资源及动植物生态等自然环境状况进行调查。

(2) 应对场区内土地使用情况，以及农田、水利设施、建筑物、地下管线等情况进行调查。对场区内公园、保护林、文化遗址、纪念性建筑等重要地物应调查其现状，并应评估隧道建设可能造成的影响。

(3) 应对生产生活用水、交通状况、施工和运营噪声、振动、污水和废气排放等对生态环境的影响进行调查;应对施工和运营中地下水流失可能造成地表沉降、塌陷、地面建筑物破坏、居民生产生活用水枯竭等环境问题的影响程度进行调查和预测。

7.2 围岩分级

7.2.1 围岩分级的原则

(1) 岩体是分级的主要研究对象。不同级别围岩强度差异较大,而影响围岩强度这一因素的是裂隙发育程度及节理分布情况等方面的差别。在岩石分级的过程中,单一的岩石只是其中一个要素,而岩体则由岩块和它们之间的软弱结构面所组成。因此,对于岩体的研究,应该将分级的重心放在深入探究其内在机理和特征上。

(2) 将地质勘探手段与分级有机结合,方可获得一种方便而又可靠的判断方式。随着地质勘探技术的不断进步,分级指标将逐渐趋向于定量化,从而实现更加精准的评估和分析。

(3) 确立明确的工程目标和对象,以实现分级的有效性。在确定具体施工方案前,首先应该对该工程施工环境进行充分调查分析,确定适合本工程条件下支护形式及相应的参数。

7.2.2 隧道围岩分级

首先,根据岩石的坚硬程度和岩体完整程度两个基本因素的定性特征和定量的岩体基本质量指标 BQ 进行初步分级,然后在岩体基本质量分级基础上考虑修正因素的影响,修正岩体基本质量指标值,得出基本质量指标修正值 $[BQ]$,再结合岩体的定性特征进行综合评判,确定围岩的详细分级。

(1) 岩质围岩基本质量指标 BQ 应根据分级因素的定量指标 R_c 值和 K_v 值,按下式计算:

$$BQ=100+3R_c+250K_v$$

当 $K_v>0.04R_c+0.4$ 时,应以 $K_v=0.04R_c+0.4$ 和 R_c 代入计算 BQ 值;

当 $R_c>90K_v+30$ 时,应以 $R_c=90K_v+30$ 和 K_v 代入计算 BQ 值。

岩质围岩详细定级时,应根据地下水、主要软弱结构面、初始应力状态的影响程度,对岩体基本质量指标 BQ 进行修正,按下式计算:

$$[BQ]=BQ-100(K_1+K_2+K_3)$$

式中 $[BQ]$——岩体修正质量指标;

K_1——地下水影响修正系数;

K_2——主要软弱结构面产状影响修正系数;

K_3——初始应力状态影响修正系数。

上述的三个影响修正系数可分别按表 7.1、表 7.2、表 7.3 确定。

表 7.1 地下水影响修正系数 K_1

地下水出水状态	*BQ*			
	>550	550～451	350～251	<250
潮湿或点滴状出水，$p \leqslant 0.1$ 或 $Q \leqslant 25$	0	0	0.2～0.3	0.4～0.6
淋雨状或涌流状出水，$0.1 < p \leqslant 0.5$ 或 $25 < Q \leqslant 125$	0～0.1	0.1～0.2	0.4～0.6	0.7～0.9
淋雨状或涌流状出水，$p > 0.5$ 或 $Q > 125$	0.1～0.2	0.2～0.3	0.7～0.9	1.0

注：在同一地下水状态下，岩体基本质量指标 *BQ* 越小，修正系数 K_1 取值越大；同一岩体，地下水量、水压越大，修正系数 K_1 取值越大。

表 7.2 主要软弱结构面产状影响修正系数 K_2

结构面产状及其与洞轴线的组合关系	结构面走向与洞轴线夹角小于 30° 结构面倾角 30°～ 75°	结构面走向与洞轴线夹角大于 60° 结构面倾角大于 75°	其他组合
K_2	0.4～0.6	0～0.2	0.2～0.4

注：① 一般情况下，结构面走向与洞轴线夹角越大，结构面倾角越大，修正系数 K_2 取值越小；结构面走向与洞轴线夹角越小，结构面倾角越小，修正系数 K_2 取值越大。

② 本表特指存在一组起控制作用结构面的情况，不适用有两组或两组以上起控制作用结构面的情况。

表 7.3 初始应力状态影响修正系数 K_3

初始应力状态	*BQ*				
	>550	550～451	450～351	350～251	≤250
极高应力区	1.0	1.0	1.0～1.5	1.0～1.5	1.0
高应力区	0.5	0.5	0.5	0.5～1.0	0.5～1.0

注：*BQ* 值越小，修正系数 K_3 取值越大。

（2）根据调查、勘探、试验等数据，结合岩石的定性特征、基本质量指标 *BQ* 和修订后的质量指标[*BQ*]及土壤的种类和密实程度，可以准确地评估出围岩的等级，参见表 7.4。

表 7.4 公路隧道围岩级别划分

围岩级别	围岩岩体或土体主要定性特征	岩体基本质量指标 *BQ* 或岩体修正质量指标[*BQ*]
Ⅰ	坚硬岩，岩体完整	>550
Ⅱ	坚硬岩，岩体较完整； 较坚硬岩，岩体完整	550～451

续表7.4

围岩级别	围岩岩体或土体主要定性特征	岩体基本质量指标 BQ 或岩体修正质量指标[BQ]
Ⅲ	坚硬岩,岩体较破碎; 较坚硬岩,岩体较完整; 较软层,岩体完整,整体状或巨厚层状结构	450~351
Ⅳ	坚硬岩,岩体破碎; 较坚硬岩,岩体较破碎至破碎; 较软岩,岩体较完整至较破碎; 软岩,岩体完整至较完整	350~251
	土体:1.压密或成岩作用的黏性土及砂性土; 2.黄土; 3.一般钙质、铁质胶结的碎石土、卵石土、大块石土	
Ⅴ	较软岩,岩体破碎;软岩,岩体较破碎至破碎;全部极软岩和全部极破碎岩	≤250
	土体:1.压密或成岩作用的黏性土及砂性土; 2.黄土; 3.一般钙质、铁质胶结的碎石土、卵石土、大块石土	

(3)各级围岩的自稳能力,可根据围岩变形量测和理论计算分析评定,或按表7.5判定。

表7.5 隧道各级围岩自稳能力判断

围岩级别	自稳能力
Ⅰ	跨度不小于20 m,可长期稳定,偶有掉块,无塌方
Ⅱ	跨度10~20 m,可基本稳定,局部可发生掉块或小塌方; 跨度小于10 m,可长期稳定,偶有掉块
Ⅲ	跨度10~20 m,可稳定数日至一个月,可发生小中塌方; 跨度5~10 m,可稳定数月,可发生局部块体位移及小中塌方; 跨度小于5 m,可基本稳定
Ⅳ	跨度大于5 m,一般无自稳能力,数日至数月内可发生松动变形、小塌方,进而发展为中大塌方;埋深小时,以拱部松动破坏为主;埋深大时,有明显塑性流动变形和挤压破坏;跨度不小于5 m,可稳定数日至一个月
Ⅴ	无自稳能力,跨度5 m或更小时,可稳定数Ⅱ
Ⅵ	无自稳能力

注:① 小塌方是指塌方高度小于3 m,或塌方体积小于30 m^3;
② 中塌方是指塌方高度3~6 m,或塌方体积30~100 m^3;
③ 大塌方是指塌方高度大于6 m,或塌方体积大于100 m^3。

7.3 围岩压力的计算

7.3.1 隧道荷载分类

隧道结构上的荷载应按表 7.6 的规定分类。

表 7.6 隧道结构上的荷载分类

<table>
<tr><th>编号</th><th colspan="2">荷载分类</th><th>荷载名称</th></tr>
<tr><td>1</td><td colspan="2" rowspan="6">永久荷载</td><td>围岩压力</td></tr>
<tr><td>2</td><td>土压力</td></tr>
<tr><td>3</td><td>结构自重</td></tr>
<tr><td>4</td><td>结构附加恒载</td></tr>
<tr><td>5</td><td>混凝土收缩和徐变的影响力</td></tr>
<tr><td>6</td><td>水压力</td></tr>
<tr><td>7</td><td rowspan="7">可变荷载</td><td rowspan="4">基本可变荷载</td><td>公路车辆荷载、人群荷载</td></tr>
<tr><td>8</td><td>立交公路车辆荷载及其所产生的冲击力、土压力</td></tr>
<tr><td>9</td><td>立交铁路列车活载及其所产生的冲击力、土压力</td></tr>
<tr><td>10</td><td>立交渡槽流水压力</td></tr>
<tr><td>11</td><td rowspan="3">其他可变荷载</td><td>温度变化的影响力</td></tr>
<tr><td>12</td><td>冻胀力</td></tr>
<tr><td>13</td><td>施工荷载</td></tr>
<tr><td>14</td><td colspan="2" rowspan="2">偶然荷载</td><td>落石冲击力</td></tr>
<tr><td>15</td><td>地震力</td></tr>
</table>

7.3.2 围岩压力计算

根据荷载等效高度值、施工方案、地形地质、水文条件等多种因素，可以准确地划分出超浅埋隧道、浅埋隧道与深埋隧道的界限，并根据不同深度隧道的性质计算围岩垂直及侧向的压力，以更好地对断面设计及衬砌类型的选择做出准确的判断。

隧道深度的判断如表 7.7 所示。

表 7.7 隧道分类表

<table>
<tr><th colspan="2">隧道分类</th><th>判别条件</th><th>荷载等效高度值</th></tr>
<tr><td rowspan="2">浅埋隧道</td><td>超浅埋隧道</td><td>$H \leqslant h_q$</td><td rowspan="2">隧道深、浅埋分界深度H_p：
$$H_p=(2\sim2.5)\times h_q$$
注：在钻爆法或浅埋暗挖法的施工条件下，Ⅰ～Ⅲ级围岩取 2.0，Ⅳ～Ⅵ级围岩取 2.5</td></tr>
<tr><td>浅埋隧道</td><td>$h_q < H \leqslant H_p$</td></tr>
<tr><td>深埋隧道</td><td>$H > H_p$</td><td>参数含义</td><td>h_q——荷载等效高度(m)，按下式计算：
$$h_q=0.45\times 2^{S-1}\times[1+i\cdot(B-5)]$$
H——隧道埋深(m)，指隧道顶至地面的距离；
B—隧道宽度(m)；
S——围岩级别，按 1、2、3、4、5、6 整数取值。
若有围岩 BQ 或$[BQ]$值时，采用下式计算$[S]$代替 S 参与计算：
$$[S]=S+\frac{\frac{[BQ]_上+[BQ]_下}{2}-[BQ]}{[BQ]_上-[BQ]_下} \text{ 或 } [S]=S+\frac{\frac{BQ_上+BQ_下}{2}-BQ}{BQ_上-BQ_下}$$
$[S]$——围岩级别修正值，当围岩级别为Ⅵ时，直接取$[S]=6$。
当公式内的 BQ 或$[BQ]$值大于 800 时取 800 计算。

岩体基本质量指标和岩体修正质量指标的上、下限值
<table><tr><th>围岩级别</th><th>Ⅰ</th><th>Ⅱ</th><th>Ⅲ</th><th>Ⅳ</th><th>Ⅴ</th></tr><tr><td>$BQ_上[BQ]_上$</td><td>800</td><td>550</td><td>450</td><td>350</td><td>250</td></tr><tr><td>$BQ_下[BQ]_下$</td><td>550</td><td>450</td><td>350</td><td>250</td><td>0</td></tr></table>
围岩压力增减率 i 取值表
<table><tr><th>隧道宽度</th><th>$B<5$ m</th><th>5 m$\leqslant B<14$ m</th><th colspan="2">14 m$\leqslant B<25$ m</th></tr><tr><td rowspan="2">围岩压力增减率 i</td><td rowspan="2">0.2</td><td rowspan="2">0.1</td><td>考虑施工过程分导洞开挖</td><td>0.07</td></tr><tr><td>上下台阶法或一次性开挖法</td><td>0.12</td></tr></table></td></tr>
</table>

围岩压力的计算方法如表 7.8 所示。

表 7.8 隧道围岩压力计算

<table>
<tr><td colspan="2" rowspan="2">隧道类型</td><td colspan="3">隧道围岩压力计算</td></tr>
<tr><td colspan="2">垂直围岩压力</td><td>水平侧压力</td></tr>
<tr><td rowspan="4"></td><td rowspan="4">超浅埋隧道</td><td colspan="2">单位面积垂直均布压力 q：
$q=\gamma \cdot H$ （kPa）
隧道顶部总垂直围岩压力 Q：
$Q=q \cdot B_t$(kN/m)</td><td>单位面积水平均布侧压力 e：
$e=\gamma \cdot \left(H+\frac{H_t}{2}\right) \cdot \tan^2\left(45-\frac{\varphi_c}{2}\right)$ （kPa）
隧道侧边总水平侧压力 E：
$E=e \cdot H_t$(kN/m)</td></tr>
<tr><td rowspan="3">参数含义</td><td>γ——隧道上覆围岩重度(kN/m³)</td><td>H——隧道埋深(m)，指隧道顶至地面的距离</td></tr>
<tr><td>B_t——隧道宽度(m)</td><td>H_t——隧道高度(m)</td></tr>
<tr><td colspan="2">φ_c——围岩计算内摩擦角(°)</td></tr>
<tr><td rowspan="8">浅埋隧道</td><td rowspan="8">浅埋隧道</td><td colspan="2" rowspan="2">作用于支护结构上垂直均布压力 q：
$q=\gamma \cdot H \cdot \left(1-\frac{H}{B_t} \cdot \lambda \cdot \tan\theta\right)$ （kPa）
隧道顶部总垂直围岩压力 Q 如下：
$Q=\gamma \cdot H \cdot (B_t-H \cdot \lambda \cdot \tan\theta)$ （kN/m）</td><td>作用于支护结构上两侧的水平侧压力 e：
① 梯形分布考虑时：
$\begin{cases} e_1=\gamma \cdot H \cdot \lambda \\ e_2=\gamma \cdot h \cdot \lambda \end{cases}$
② 视为均布压力时：
$e=\frac{e_1+e_2}{2}$</td></tr>
<tr><td>隧道侧边总水平侧压力 E：
$E=e \cdot H_t=\frac{1}{2} \cdot (e_1+e_2) \cdot H_t$(kN/m)</td></tr>
<tr><td rowspan="4">参数含义</td><td>γ——隧道上覆围岩重度(kN/m)</td><td>H——隧道埋深(m)，指隧道顶至地面的距离</td></tr>
<tr><td>B_t——隧道宽度(m)</td><td>H_t——隧道高度(m)</td></tr>
<tr><td colspan="2">h——隧道底部至地面的距离(m)</td></tr>
<tr><td colspan="2">λ——侧压力系数，计算式如下：
$\lambda=\frac{\tan\beta-\tan\varphi_c}{\tan\beta \cdot [1+\tan\beta \cdot (\tan\varphi_c-\tan\theta)+\tan\varphi_c \cdot \tan\theta]}$
围岩破裂面与水平面的夹角 β：
$\tan\beta=\tan\varphi_c+\sqrt{\frac{(\tan^2\varphi_c+1) \cdot \tan\varphi_c}{\tan\varphi_c-\tan\theta}}$</td></tr>
<tr><td colspan="3">θ——各级围岩破裂面的内摩擦角(°)，无实测资料时，可按下表确定：
<table><tr><td>围岩级别</td><td>Ⅰ、Ⅱ、Ⅲ</td><td>Ⅳ</td></tr><tr><td>θ 值</td><td>$0.9 \cdot \varphi_c$</td><td>$(0.7\sim0.9) \cdot \varphi_c$</td></tr></table>$\varphi_c$——围岩计算内摩擦角(°)，查表 7.9</td></tr>
</table>

续表 7.8

隧道类型	隧道围岩压力计算	
	垂直围岩压力	水平侧压力
深埋隧道	单位面积垂直均布压力 q： $q=\gamma\times0.45\times2^{S-1}\times\omega$ (kPa) 隧道顶部总垂直围岩压力 Q： $Q=q\cdot B_t$(kN/m)	围岩水平均布压力 e ：（见下表） 隧道侧边总水平侧压力 E： $E=e\cdot H_t$(kN/m)

围岩水平均布压力 e ：

围岩级别	e
Ⅰ、Ⅱ	0
Ⅲ	$<0.15q$
Ⅳ	$(0.15\sim0.3)\cdot q$
Ⅴ	$(0.3\sim0.5)\cdot q$
Ⅵ	$(0.5\sim1.0)\cdot q$

参数含义：

γ——隧道上覆围岩重度(kN/m^3)	
B_t——隧道宽度(m)	H_t——隧道高度(m)

S——围岩级别，按 1、2、3、4、5、6 整数取值。

若有围岩 BQ 或[BQ]值时，采用下式计算[S]代替 S 参与计算：

$$[S]=S+\frac{\frac{[BQ]_{上}+[BQ]_{下}}{2}-[BQ]}{[BQ]_{上}-[BQ]_{下}} \quad 或 \quad [S]=S+\frac{\frac{BQ_{上}+BQ_{下}}{2}-BQ}{BQ_{上}-BQ_{下}}$$

[S]——围岩级别修正值，当围岩级别为Ⅵ时，直接取 [S]=6。

当公式内的 BQ 或[BQ]值大于 800 时取 800 计算。

岩体基本质量指标和岩体修正质量指标的上、下限值

围岩级别	Ⅰ	Ⅱ	Ⅲ	Ⅳ	Ⅴ
$BQ_{上}$[BQ]$_{上}$	800	550	450	350	250
$BQ_{下}$[BQ]$_{下}$	550	450	350	250	0

ω——隧道宽度影响系数，计算如下：$\omega=1+i\cdot(B_t-5)$

隧道宽度	$B<5$ m	5 m$\leqslant B<$14 m	14 m$\leqslant B<$25 m
围岩压力增减率 i	0.2	0.1	考虑施工过程分导洞开挖

各级围岩的物理力学参数如表 7.9 所示。

表 7.9 各级围岩物理力学参数

围岩级别	重度 γ/(kN/m³)	弹性抗力系数 k/(MPa/m)	变形模量 E/GPa	泊松比 μ	内摩擦角 φ/°	黏聚力 c/MPa	计算摩擦角 φ_c/°
Ⅰ	>26.5	1800～2800	>33	<0.2	>60	>2.1	>78
Ⅱ		1200～1800	20～33	0.2～0.25	50～60	1.5～2.1	70～78
Ⅲ	26.5～24.5	500～1200	6～20	0.25～0.3	39～50	0.7～1.5	60～70
Ⅳ	24.5～22.5	200～500	1.3～6	0.3～0.35	27～39	0.2～0.7	50～60
Ⅴ	22.5～17	100～200	<1.3	0.35～0.45	20～27	0.05～0.2	40～50
Ⅵ	17～15	<100	<1	0.45～0.5	<20	<0.05	30～40

7.4 隧道断面设计

7.4.1 隧道横断面设计

在设计隧道时，必须遵守各级铁路和公路的交通规划要求，包括建筑物的边界、断面净空、隧道的结构及洞内的通风和照明设施等。对于目前交通量不是很大且投资有限的隧道工程，可以采用分阶段修建的方式进行设计。

地层中修建的隧道通过足够的净空来确保隧道的安全运营，不同用途的隧道所需的净空大小也不一样。隧道断面大小的标准如表 7.10 所示。

表 7.10 国际隧道协会建议的隧道断面划分标准

断面划分	净空断面积/m²
超小断面	<3.0
小断面	3.0～10.0
中等断面	10.0～50.0
大断面	50.0～100.0
超大断面	>100.0

在设计隧道时，最主要的是考虑建筑限界，在最经济的情况下确定断面形状和尺寸。根据《公路隧道设计规范 第二册 交通工程与附属设施》(JTG D70/2—2014)的规定，根据等级的不同，公路隧道建筑的限界高度也会有所差异，其基本宽度应当符合表 7.11 的规定，以确保安全性和可靠性。

表 7.11 公路隧道建筑界限横断面组成最小宽度 单位：m

公路等级	设计速度/(km/h)	车道宽度 W	侧向宽度 L		余宽 C	人行道 R	检修道 J		隧道建筑界限净宽		
			左侧 L_L	右侧 L_R			左侧	右侧	设检修道	设人行道	不设检修道、人行道
高速公路 一级公路	120	3.75×2	0.75	1.25			0.75	0.75	11.00		
	100	3.75×2	0.50	1.00			0.75	0.75	10.50		
	80	3.75×2	0.50	0.75			0.75	0.75	10.25		
	60	3.50×2	0.50	0.75			0.75	0.75	9.75		
二级公路 三级公路 四级公路	80	3.75×2	0.75	0.75		1.00				11.0	
	60	3.50×2	0.50	0.50		1.00				10.0	
	40	3.50×2	0.25	0.25		0.75				9.0	
	30	3.25×2	0.25	0.25	0.25						7.50
	20	3.00×2	0.25	0.25	0.25						7.00

7.4.2 隧道纵断面设计

隧道纵断面设计的目的除了确定采用何种坡道类型、坡度大小以外，还包括建造的坡段长度和坡段间的衔接方式等。

公路隧道的坡道形式有两种，分别为单面坡和人字坡。在进行坡道设计时，应当首先考虑排水问题，在变坡点处设置合理的竖曲线。如果隧道的斜坡太陡，不但会影响交通，还会影响施工和维修。此外，由于空气流动受阻，汽车排放的污染物会迅速增多。因此，为了保证安全，隧道的斜坡一般应该保持在 2%以内，如果斜坡太陡，污染物的排放量将会急剧上升。如果隧道没有受到空气污染的困扰，那么就可以采用普通的公路建造技术，将其纵坡降低到最低。但是，对于只有一条车辆的隧道，就必须采用更低的斜坡，同时还要增大坡度和断面，这样才能有效地减少河口的高差，从而提升自然空气的流动性。

在规划隧道施工前和竣工后，应当充分考虑到排水问题。在隧道内进行施工时，应当避免使用平坡，而应当采用具有一定坡度的斜坡，以确保隧道内的涌水和施工用水顺畅排出。一般而言，为满足基本的施工排水需求，隧道内纵断面设计会采用 0.3%的坡度。在隧道竣工后，有涌水、漏水、隧道清洗和消防等所排放的内容物，其最小坡度不应低于 0.2%。

7.5 隧道支护设计

7.5.1 复合式衬砌

根据隧道的车道数及围岩级别判定复合式衬砌的设计参数，如表 7.12、表 7.13 所示。

表 7.12 两车道隧道复合式衬砌设计参数

围岩级别	初期支护								二次衬砌厚度/cm	
	喷射混凝土厚度/cm		锚杆/m			钢筋网间距/cm	钢架		拱、墙混凝土	仰拱混凝土
	拱、墙	仰拱	位置	长度	间距		间距/m	截面高/cm		
Ⅰ	5	—	局部	2.0～3.0	—	—	—	—	30～35	—
Ⅱ	5～8	—	局部	2.0～3.0	—	—	—	—	30～35	—
Ⅲ	8～12	—	拱、墙	2.0～3.0	1.0～1.2	局部 @25×25	—	—	30～35	—
Ⅳ	12～20	—	拱、墙	2.5～3.0	0.8～1.2	拱、墙 @25×25	拱、墙 0.8～1.2	0 或 14～16	35～40	0 或 35～40
Ⅴ	18～28	—	拱、墙	3.0～3.5	0.6～1.0	拱、墙 @20×20	拱、墙、仰拱 0.6～1.0	14～12	35～50 钢筋混凝土	0 或 35～50 钢筋混凝土
Ⅵ	通过试验或计算确定									

注：①有地下水时可取大值，无地下水时可取小值。

② 采用钢架时，宜选用格栅钢架。

③ 喷射混凝土厚度小于 18 cm 时，可不设钢架。

④ “0 或…”表示可以不设；要设时，应满足最小厚度要求。

表 7.13 三车道隧道复合式衬砌设计参数

围岩级别	初期支护								二次衬砌厚度/cm	
	喷射混凝土厚度/cm		锚杆/m			钢筋网间距/cm	钢架		拱、墙混凝土	仰拱混凝土
	拱、墙	仰拱	位置	长度	间距		间距/m	截面高/cm		
Ⅰ	5～8	—	局部	2.5～3.5	—	—	—	—	35～40	—
Ⅱ	8～12	—	局部	2.5～3.5	—	—	—	—	35～40	—
Ⅲ	12～20	—	拱、墙	2.5～3.5	1.0～1.2	拱、墙 @25×25	拱、墙 1.0～1.2	0 或 14～16	35～45	—
Ⅳ	16～24	—	拱、墙	3.0～3.5	0.8～1.2	拱、墙 @20×20	拱、墙 0.8～1.2	16～20	40～50	0 或 40～50
Ⅴ	20～30	—	拱、墙	3.5～4.0	0.5～1.0	拱、墙 @20×20	拱、墙、仰拱 0.5～1.0	18～22	50～60 钢筋混凝土	0 或 50～60 钢筋混凝土
Ⅵ	通过试验或计算确定									

注：① 有地下水时可取大值，无地下水时可取小值。

② 采用钢架时，宜选用格栅钢架。

③ 喷射混凝土厚度小于 18 cm 时，可不设钢架。

④ “0 或…”表示可以不设；要设时，应满足最小厚度要求。

7.5.2 喷锚支护

Ⅰ、Ⅱ、Ⅲ级围岩也可采用喷锚永久支护的方法进行支护，喷锚永久支护的参数见表7.14。

表7.14 喷锚永久支护设计参数表

围岩级别	Ⅰ	Ⅱ	Ⅲ
人行通道	喷混凝土 5 cm	喷混凝土5 cm	① 喷混凝土6～8 cm； ② 锚杆ϕ22 mm，长1.0～2.0 m
汽车横通道	喷混凝土 5 cm	① 喷混凝土5 cm； ② 锚杆ϕ22 mm，长1.5～2.0 m； ③ 间距@1.0 m×1.0 m	① 喷混凝土8～10 cm； ② 锚杆ϕ22 mm，长2.0～2.5 m； ③ 间距@1.0 m×1.0 m
两车道隧道	喷混凝土 5 cm	①喷混凝土5 cm； ② 锚杆ϕ22 mm，长2.0～2.5 m； ③ 锚杆间距@1.2 m×1.2 m	① 混凝土8～15 cm； ② 锚杆ϕ22 mm，长2.0～2.5 m； ③ 锚杆间距@1.0 m×1.0 m； ④ 钢筋网ϕ6.5 mm，@25 mm×25 mm

注：Ⅳ～Ⅵ级围岩，地质软弱、破碎，一般多地下水，宜采用复合式衬砌。

7.5.3 中墙连拱式隧道复合式衬砌

若采用中墙连拱隧道复合式衬砌方案，设计参数见表7.15、表7.16。

表7.15 两车道复合式中墙连拱隧道复合式衬砌设计参数

围岩级别	初期支护						二次衬砌		
	喷射混凝土厚度/cm		锚杆/m		钢架间距/m		钢筋混凝土中墙/m	拱、墙/cm	仰拱/cm
	拱、墙	仰拱	长度	纵向间距	间距	截面高			
Ⅰ	5～8	—	2.0～3.0	局部	—	—	1.4～2.5	35(钢筋混凝土)	—
Ⅱ	8～12	—	2.5～3.0	局部	—	—	1.4～2.5	35(钢筋混凝土)	—
Ⅲ	10～18	—	2.5～3.5	1.0～1.2	—	—	1.4～2.5	40(钢筋混凝土)	—
Ⅳ	16～22	0或16～22	3.0～3.5	0.8～1.0	0.8～1.2	0或16～18	1.4～2.5	40～50(钢筋混凝土)	0或40～50(钢筋混凝土)
Ⅴ	20～28	20～28	3.0～4.0	0.5～0.8	0.5～1.0	16～22	1.4～2.5	45～60(钢筋混凝土)	45～60(钢筋混凝土)

注：① 整体式中墙连拱隧道衬砌支护参数取上限值。
② 钢筋网可与两车道隧道复合式衬砌相同。
③ “0或…”表示可以不设；要设时，应满足最小厚度要求。

表 7.16 三车道复合式中墙连拱隧道复合式衬砌设计参数

围岩级别	初期支护						二次衬砌		
	喷射混凝土厚度/cm		锚杆/m		钢架间距/m		钢筋混凝土中墙/m	拱、墙/cm	仰拱/cm
	拱、墙	仰拱	长度	纵向间距	间距	截面高			
Ⅰ	8～10	—	2.5～3.0	局部	—	—	2.0～3.5	40(钢筋混凝土)	—
Ⅱ	10～12	—	2.5～3.5	局部	—	—	2.0～3.5	40(钢筋混凝土)	—
Ⅲ	12～22	—	3.0～3.5	1.0～1.2	1.0～1.2	0 或 16～18	2.0～3.5	40～45(钢筋混凝土)	0 或 40～45
Ⅳ	20～26	0 或 15～20	3.0～4.0	0.8～1.0	0.8～1.0	16～20	2.0～3.5	45～60(钢筋混凝土)	0 或 45～60(钢筋混凝土)
Ⅴ	24～30	24～30	3.5～4.5	0.5～1.0	0.5～1.0	20～26	2.0～3.5	50～70(钢筋混凝土)	50～70(钢筋混凝土)

注:① 整体式中墙连拱隧道衬砌支护参数取上限值。

② 钢筋网可与三车道隧道复合式衬砌相同。

③ “0 或…”表示可以不设;要设时,应满足最小厚度要求。

7.5.4 竖井、斜井支护

隧道施工过程中的竖井与斜井的支护方案同样重要,竖井与斜井支护的技术指标见表 7.17、表 7.18。

表 7.17 竖井衬砌支护参数

围岩级别	喷锚衬砌		整体式衬砌	复合衬砌		
				初期支护		二次衬砌
	$D<5$ m	5 m$\leqslant D\leqslant$7 m		$D<5$ m	5 m$\leqslant D\leqslant$7 m	
Ⅰ	喷混凝土厚 10 cm	喷混凝土厚 10～15 cm,必要时局部设锚杆	模筑混凝土或钢筋混凝土厚 30 cm或砌体厚 40 cm	—	—	—
Ⅱ	喷混凝土厚 10～15 cm,锚杆长 1.5～2.5 m,间距 1～1.5 m	喷混凝土厚 10～15 cm,锚杆长 1.5～2.5 m,间距 1～1.5 m,配钢筋网必要时加钢圈梁	模筑混凝土或钢筋混凝土厚 30 cm或砌体厚 50 cm	—	—	—

续表7.17

围岩级别	喷锚衬砌		整体式衬砌	复合衬砌		
	$D<5$ m	5 m$\leqslant D\leqslant$7 m		初期支护		二次衬砌
				$D<5$ m	5 m$\leqslant D\leqslant$7 m	
Ⅲ	喷混凝土厚15～20 cm，锚杆长2～2.5 m，间距1 m，配钢筋网必要时加钢圈梁	喷混凝土厚20 cm，锚杆长2.5～3 m，间距1 m，配钢筋网，加钢圈梁	混凝土或钢筋混凝土厚40 cm，或砌体厚60 cm	喷混凝土厚5～10 cm，锚杆长1.5～2 m，间距1 m，必要时配钢筋网	喷混凝土厚10～15 cm，锚杆2～2.5 m，间距1 m，必要时局部配钢筋网	30 cm
Ⅳ	—	—	混凝土或钢筋混凝土厚50 cm，或砌体厚70 cm	喷混凝土厚10～15 cm，锚杆长2～2.5m，间距1 m，必要时配钢筋网	喷混凝土厚15～20 cm，锚杆长2.5～3 m，间距0.75～1 m，配钢筋网	40 cm
Ⅴ	—	—	混凝土或钢筋混凝土厚60 cm，或砌体厚80 cm	喷混凝土厚15～20 cm，锚杆长2.5～3 m，间距0.75～1 m，配钢筋网，必要时配钢圈梁	喷混凝土厚20～25 cm，锚杆长3～3.5 m，间距0.5～0.7 m，配钢筋网，必要时配钢拱架	50 cm

注：① Ⅵ级围岩地段应采用特殊支护措施。

② D 为竖井直径，直径大于7 m的竖井应做专项设计。

表7.18 斜井、平行导坑、横洞及风道衬砌参数

围岩级别	喷锚衬砌	模筑混凝土衬砌	复合衬砌	
			初期支护	二次衬砌
Ⅰ	5 cm	20 cm	不支护，局部喷混凝土或水泥砂浆护面	20 cm
Ⅱ	5 cm	20 cm	局部喷混凝土，厚度5 cm	20 cm
Ⅲ	10 cm(局部锚杆长）2～2.5 m	25～30 cm	喷混凝土厚5～8 cm，局部设锚杆，长2 m	20 cm
Ⅳ	—	35～40 cm	喷混凝土厚8～10 cm，拱部设锚杆，长2～2.5 m，间距1～1.2 m，必要时拱部设钢筋网	25～30 cm
Ⅴ	—	45～50 cm（必要时设仰拱）	喷混凝土厚10～15 m，设系统锚杆，长2.5～3 m，间距1 m，设钢筋网	35～40 cm（必要时设仰拱）

注：① Ⅵ级围岩地段应特殊设计。

② 喷锚衬砌仅适用于地下水不发育、无侵蚀性并能保证光面爆破效果的Ⅰ～Ⅲ级围岩地段。

③ 适用于通道宽度不大于5 m的情况，当通道宽度大于5 m时另行设计。

7.6 隧道施工方法

隧道建设的技术手段大致可以按照其开挖形态、破碎钻探技术、支撑结构安装技术、空间保养技术、隧道穿越的地质条件等多种要求来划分，详见图 7.1。

- 隧道施工方法
  - 山岭隧道施工方法
    - 矿山法（钻爆法）
      - 传统矿山法
      - 新奥法
    - 隧道掘进机（TBM）法
  - 浅埋及软土隧道施工方法
    - 明挖法
    - 地下连续墙法
    - 盖挖法
    - 浅埋暗挖法
    - 盾构法
  - 水底隧道施工方法
    - 沉管法
    - 盾构法

图 7.1　隧道施工方法分类

7.6.1 矿山法

“矿山法”因其采用“钻眼爆破”方式破岩，故隧道工程中也称之为“钻爆法”。它是采用纵向分段、横向全断面或分部开挖的方式，每一部分开挖成型后即对暴露围岩加以适当的支撑或支护，继而提供必要的永久性人工结构，以保持隧道长期稳定的施工方法。

矿山法施工的基本原则可以归纳为“少扰动、早支撑、慎撤换、快衬砌”。

少扰动：指在进行隧道开挖时，要尽量减少对围岩的扰动次数，减小扰动强度、扰动范围，缩短扰动持续时间，这与新奥法施工的要求是一致的。采用钢支撑，可以增大一次开挖断面跨度，减少分布次数，从而减少对围岩的扰动次数。

早支撑：指开挖后应及时架设临时构件支撑，使围岩不致因变形松弛过度而产生坍塌失稳，并承受围岩松弛变形产生的压力，即早期松弛荷载。定期检查支撑的工作状况，若发现变形严重或出现损坏征兆，应及时增设支撑予以加强。作用在临时支撑的结构设计亦采用类似于永久衬砌的设计方法，即结构力学方法。

慎撤换：指拆除临时支撑而代之以永久性模筑混凝土衬砌时要慎重，即要防止撤换过程中围岩坍塌失稳。每次撤换的范围、顺序和时间要视围岩稳定性及支撑的受力状况而定。若预计不能拆除，则应在确定开挖断面大小及选择支撑材料时就予以研究解决。使用钢支撑作为临时支撑，则可以避免拆除支撑的麻烦和危险。

快衬砌：指拆除临时支撑后要及时修建永久性混凝土衬砌，并使之尽早承载参与工作。若采用的是钢支撑，又不必拆除，或无临时支撑时，亦应尽早修建永久性混凝土衬砌。

7.6.2 新奥法

“新奥法”是奥地利隧道学家腊布希维兹教授在总结锚喷支护技术的基础上首先提出的，简称为NATM(new Austrian tunnelling method)。它是采用锚杆和喷射混凝土作为初期支护，达到围岩的基本稳定，待隧道开挖成型后，再逐步修建内层衬砌作为安全储备，以保持隧道长期稳定的施工方法。我国隧道施工技术规范称之为“锚喷构筑法”。

新奥法施工的基本原则可以归纳为“少扰动，早锚喷，勤量测，紧封闭”。这四项基本原则的具体含义解释如下：

少扰动：指在进行隧道开挖时，要尽量减少对围岩的扰动次数，减小扰动强度、扰动范围，缩短扰动持续时间。因此，隧道施工应根据围岩级别，选择合理的开挖方法、掘进进尺和作业循环。具体措施：能用机械开挖的就不用钻爆法开挖；采用钻爆法开挖时，要严格地进行控制爆破；尽量采用大断面开挖，以减少对围岩的扰动次数；对自稳性差的围岩，宜采用分部开挖，小循环作业，并且掘进进尺应短一些；最好采用机械开挖，必要时可采用松动爆破；支护要尽量紧跟开挖面，以缩短围岩应力松弛时间。

早锚喷：指开挖后及时进行初期锚喷支护，使围岩的变形进入受控制状态。这样做一方面是使围岩不致因变形过度而产生坍塌失稳；另一方面是使围岩变形适度发展，以充分发挥围岩的自承能力。必要时可采取超前预支护，甚至注浆加固(地层改良)措施。具体措施：根据围岩级别采用喷射混凝土，设置锚杆、钢拱架，修建混凝土衬砌等不同组合形式的初期支护，并及时调整支护时机、支护参数，以求达到最佳支护效果。

勤量测：指以直观、可靠的量测方法获得量测数据来判断围岩(或围岩加支护)的稳定状态及动态发展趋势，评价支护的作用和效果，以便及时调整支护时机、支护参数、开挖方法、施工速度，确保施工安全和顺利进行。具体措施：在隧道施工中，对围岩进行地质素描、拱顶下沉观测、水平收敛观测、仰拱隆起观测及锚杆抗拔力测试等。量测是掌握围岩动态变化过程的手段和修改支护参数、调整施工措施的依据，也是现代隧道及地下工程理论的重要标志之一。

紧封闭：一方面是指采用喷射混凝土等防护措施，避免围岩长时间暴露而致强度和稳定性衰减，尤其是对于易风化的软弱围岩。另一方面，更为重要的是指要适时对围岩设置封闭性支护，使之形成“力学意义上的封闭的承载环”，即围岩＋支护＝无薄弱部位且整体稳定的环状(筒状)结构物。这样做不仅可以及时阻止围岩的过度变形，保证隧道的稳定，而且可以使支护和围岩能进入良好的共同工作状态，以有效地发挥支护体系的作用。具体措施：在一般破碎围岩地段的施工中，及时加固薄弱部位；而在软弱破碎围岩地段的施工中，采用短台阶或超短台阶法开挖，及时修筑仰拱，使初期支护尽早形成封闭的承载环。

7.6.3 浅埋暗挖法

浅埋暗挖法是在距离地表较近的地下进行各种类型地下洞室暗挖施工的一种方法。继1984年王梦恕院士在军都山隧道黄土段试验成功的基础上，又于1986年在北京复兴门地铁折返线工程中应用，在拆迁少、不扰民、不破坏环境的前提下获得成功。同时，结合水文地质系统，创造了小导管超前支护技术，8字形网构钢拱架设计、制造技术，正台阶环形开挖留核心土施工技术及变位进行反分析计算的方法，突出时空效应对防塌的重要作用，提出在软弱地层快速施工的理念。由此形成了浅埋暗挖法，创立了适用于软弱地层的地下工程设计、施工方法。

浅埋暗挖法施工的地下洞室具有埋深浅、地层岩性差、存在地下水、周围环境复杂等特点。由于造价低、拆迁少、灵活多变、无须太多专用设备及不干扰地面交通和周围环境等特点，浅埋暗挖法在全国类似地层和各种地下工程中得到广泛应用。在北京地铁复西区间、西单车站、国家计委地下停车场、首钢地下运输廊道、城市地下热力与电力管道、长安街地下过街通道及地铁复一八线中，深圳地下过街通道及广州地铁一号线等地下工程中推广应用，并已形成一套完整的综合配套技术。

信息化技术的实施，实现了浅埋暗挖技术的全过程控制，有效地减少了由于地层损失而引起的地表移动变形等环境问题。这不但使施工对周边环境的影响降到最低限度，而且由于及时调整、优化支护参数，提高了施工质量和速度，使浅埋暗挖法特点得到更进一步的发挥，为城市地下工程设计、施工提供了一种非常好的方法，具有重大的社会效益和环境效益，该方法在总体上达到国际领先水平。

浅埋暗挖法又总结提出18字方针，即管超前、严注浆、短进尺、强支护、快封闭、勤量测。在暗挖施工作业时根据地质情况确定开挖步骤并制订相应的支护措施，严格根据量测数据确定支护参数，保证暗挖作业和周边环境的安全。

管超前：开挖拱部土体自稳能力差，自立时间短，土体凌空后极易坍塌，采用超前支护的各种手段主要提高土体的稳定性，控制下沉，防止围岩松弛和坍塌。

严注浆：导管超前支护后，立即压注水泥浆或其他化学浆液，填充围岩空隙，使隧道周围形成一个具有一定强度的壳体，以增强围岩的自稳能力，确保开挖过程中的安全。

短进尺：一次注浆，一次开挖或多次开挖，土体暴露时间越长，进尺越大，土体坍塌的危险就越大，所以一定要严格限制进尺的长度。在施工中可采取留核心土的措施，目的除减少开挖时间外，预留的土体还可以平衡掌子面的土体，防止滑塌。

强支护：在松散地层中施工，大量土体的重力会直接作用于初期支护结构上，初期支护必须十分牢固，具有较大的刚度，以控制初期结构的变形，保证结构的稳定。

快封闭：在台阶法施工中，如上台阶未封闭成环，变形速度较快，为有效控制围岩松弛，必须及时采用临时仰拱或使支护体系成环的方法。

勤量测：结构的受力最终都表现为变形。按照规定频率对规定部位进行监测，掌握施工动态，调整施工参数并设置各部位的变形警戒值，是浅埋暗挖法施工成功的关键。

7.6.4 明挖法

当隧道埋深较浅时，可将上覆一定范围内的覆土及隧道内的岩体逐层分块挖除，并逐次分段施工隧道衬砌结构，然后回填土。这种施工方法称为“明挖法”。采用明挖法修建的隧道(或区段)称为“明洞”。

明挖法的优点是施工技术简单、快速、经济及主体结构受力条件较好等,在没有地面交通和环境等条件限制时,应是首选方法。但其缺点也是明显的,如阻断交通时间较长,有噪声与震动等。

按照对边坡维护方式的不同,明挖法可分为放坡明挖法、悬臂支护明挖法和围护结构加支撑明挖法。应当注意的是,当采用悬臂支护明挖法或围护结构加支撑明挖法时,工程的重点和难点就转化为深基坑的维护问题。

(1) 放坡明挖法

放坡明挖法是根据隧道侧向土体边坡的稳定能力,由上向下分层放坡开挖隧道所在位置及其上方土体至设计隧道基底高程后,再由下向上顺隧道衬砌结构和防水层,最后回填结构外回填土并恢复地表状态的施工方法。

放坡明挖法主要适用于埋置特浅、边坡土体稳定性较好,且地表没有过多的限制条件的隧道工程中。放坡明挖法虽然开挖方量较大且易受地表和地下水的影响,但是可以使用大型土方机械,施工速度快,质量也易得到保证,作业场所环境条件好,施工安全度高。边坡局部稳定性较差时,可采用喷射混凝土进行坡面防护或采用锚杆加固边坡土体。

(2) 悬臂支护明挖法

悬臂支护明挖法是将基坑围护结构插入基底高程以下一定深度,然后在围护结构的保护下开挖基坑内的土体至设计隧道基底高程后,再由下向上施工隧道主体结构和防水层,最后回填结构外回填土并恢复地表状态的施工方法。

悬臂支护明挖法常用的围护结构有打入木桩、钢桩、钢筋混凝土预制桩,就地挖孔或钻孔灌注钢筋混凝土桩,钻孔灌注钢筋混凝土连续墙等,以上各种措施也可联合采用。悬臂支护明挖法主要适用于埋置较浅、边坡土体稳定性较差,且地表有一定的限制性要求隧道工程中。

悬臂围护结构处于悬臂受力状态,靠围护结构插入地基以下一定深度部分的抗倾覆能力和围护结构的抗弯刚度来平衡其基底以上部分所受外侧土压力。其优点是,由于围护结构的保护,开挖土方量小,且基坑内无支撑,便于基坑内土体开挖和主体结构施工的机械化作业,也易保证工程质量。其缺点是围护结构施工较复杂,工程造价较高。

(3) 围护结构加支撑明挖法

围护结构加支撑明挖法是当基坑深度较大、围护结构的悬臂较长时,在不增加围护结构的刚度和插入深度的条件下,围护结构的悬臂范围内架设水平支撑以加固围护结构,共同抵抗较大的外侧土压力;在主体结构由下向上施工的过程中,按要求的时序逐层分段拆除水平支撑,完成结构体系转换,最后回填结构外回填土并恢复地表状态的施工方法。

围护结构加支撑明挖法主要适用于埋置不太浅、边坡土体稳定性较差、外侧土压力较大且地表有一定限制性要求的隧道工程中。

水平支撑的强度、刚度、间距、层数及层位等技术参数,应根据对水平支撑与围护结构的共同工作状态、结构体系转化过程工艺的要求进行力学分析并计算确定。施工中必须经常检查支撑状态,必要时应对其应力进行监控和量测。采用水平支撑的优点是,墙体水平位移小,可靠安全,开挖深度不受限制。

水平支撑常用的形式有横撑、角撑和环梁支撑。平面矩形围护结构的基坑拐角或断面变化处用角撑，短边方向一般用横撑，平面环形围护结构也采用环形支撑。开挖基坑宽度较大，水平支撑刚度不足时，还可考虑加设中间支柱来保持其稳定性。水平支撑结构以钢管、型钢及型钢组合构件为好，因其拆装方便，占用空间较小，回收率较高，故在实际工程中应用较多。

7.6.5 盖挖法

当隧道埋置较浅时，可考虑采用盖挖法。盖挖法是在隧道浅埋时，由地面向下开挖至一定深度后，施工结构顶板，并恢复地面原状，其余绝大部分土体的挖除和主体结构的施工则在封闭的顶板掩盖下完成的施工方法。

盖挖法特点：封闭道路时间比较短，而且允许分段实施，一旦路面先期恢复（或盖挖系统完成后），后续施工对地面交通几乎不再产生影响；对周围环境的干扰时间较短，对防止地面沉降及对周围建筑物和地下管线的保护具有良好的效果；挖土是在顶部封闭状态下进行，大型机械应用受到限制，施工工期较长；结构的主要受力构件常兼有临时结构和永久结构的双重功能；需设置中间竖向临时支承系统，与侧墙共同承受结构封底前的竖向载荷；对地下连续墙、中间支承柱与底板、楼盖的连接节点需进行处理；本工法的施工难度、施工工期及土建造价均属中等水平。

盖挖法主要适用于城市地铁特浅埋隧道及地下工程中，尤其适用于地铁车站等地下洞室建筑物的施工。其中，盖挖顺作法主要适用于单层地铁车站施工，盖挖逆作法主要适用于多层地铁车站施工。但应当注意的是，采用盖挖逆作法施工时应特别注意结构体系受力状态的转换，以保证结构受力状态良好。

按照盖板下土体挖除和主体结构施工的顺序，盖挖法可以分为盖挖顺作法、盖挖逆作法和盖挖半逆作法。

（1）盖挖顺作法

盖挖顺作法是在地表作业完成挡土结构后，以定型的预制标准覆盖结构（包括纵、横梁和路面板）置于挡土结构上维持交通，往下反复进行开挖和加设横撑，直至设计标高。依序由下而上进行主体结构和防水施工，回填土并恢复管线或埋设新的管线，最后视需要拆除挡土结构外露部分并恢复道路。在道路交通不能长期中断的情况下修建车站主体时，可考虑采用盖挖顺作法。

（2）盖挖逆作法

盖挖逆作法是先在地表面向下施工基坑的围护结构和中间桩柱，和盖挖顺作法一样，基坑围护结构多采用地下连续墙或帷幕桩，中间支撑多利用主体结构本身的中间立柱，以降低工程造价。随后即可开挖表层土体至主体结构顶板地面标高，利用未开挖的土体作为土模浇筑顶板。顶板可以作为一道强有力的横撑，以防止围护结构向基坑内变形，待回填土后将道路复原，恢复交通。以后的工作都是在顶板覆盖下进行，即自上而下逐层开挖并建造主体结构直至底板。如果开挖面积较大、覆土较浅、周围沿线建筑物过于靠近，为尽量防止因开挖基坑而引起邻近建筑物的沉陷，或需及早恢复路面交通，但又缺乏定型覆盖结构，常采用盖挖逆作法施工。

(3) 盖挖半逆作法

盖挖半逆作法与盖挖顺作法的主要区别在于结构顶板的构筑时机不同,在半逆作法中顶板是先做好,而顺作法中顶板是最后才完成(之前是临时顶板)。与明挖法相比,半逆作法减少了对地面交通的干扰,与全逆作法相比,它仍然需要设置临时横撑。

7.6.6 盾构法

从盾构机的出现到现在可以分成四类,包括敞开型、部分敞开型、封闭型和复合型,其中敞开型和部分敞开型称为旧式盾构机,而封闭型和复合型称为现代盾构机。目前世界上所用的盾构机都是现代盾构机,主要有泥水加压式和土压平衡式两种。

泥水加压平衡盾构也称泥水盾构,简称 SPB 盾构。对于泥水盾构,土体是依靠泥水对工作面上的压力发挥平衡作用以求得稳定。掘进中泥水压力主要起支护作用,工作面任何一点的泥水压力总是大于地下水压力,从而保持工作面稳定。

在泥水平衡理论中,泥膜的形成是至关重要的。当泥水压力大于地下水压力时,泥水渗入土壤,形成与土壤间隙成一定比例的悬浮颗粒,被捕获并聚集于泥水的接触表面,泥膜就此形成。随着时间的推移,泥膜的厚度不断增加,抗渗能力逐渐增强。当泥膜抵抗力远大于正面土压时,就产生泥水平衡效果。因为是泥水压力使掘削面稳定平衡,故得名泥水加压平衡盾构,简称泥水盾构。

在机械掘削式盾构机的前部刀盘后侧设置隔板,隔板与刀盘之间形成泥水压力室,把水、黏土及添加剂混合制成泥水,加压后送入泥水压力室。当泥水压力室充满加压的泥水后,通过加压作用,来谋求开挖面的稳定。

盾构机推进时,由旋转刀盘掘削下来的土砂进入泥水舱,经搅拌装置搅拌后成含掘削土砂的高浓度泥水,用流体输送方式送到地面。经泥浆泵送到地表的泥水分离系统,待土、水分离后,再把滤除的掘削土砂的泥水重新压送回泥水舱。如此不断循环,完成掘削、排土、推进工作。

(1) 优点

① 对地层的扰动小,地表沉降小。由于泥水盾构利用泥水压力对抗掘削地层的地下水压力、土压力,同时泥水渗入地层形成不透水的泥膜,所以掘削土体对地层扰动小,地表沉降也小。

② 适用于高地下水压,江底、河底、海底隧道施工。在以上场合,泥水盾构可选用面板形刀盘,增强掘削的稳定性,加上泥水压力对抗地下水压力的作用,故掘削的稳定性最可靠。

③ 适用于大直径化。由于泥水渗入地层的浸泡作用,致使掘削地层多少有些松软,故盾构刀盘掘削扭矩变小,所以同样扭矩驱动设备作用下,泥水盾构的直径可以做得更大一些,目前像 14～15 m 大直径的盾构机均为泥水盾构机。

④ 适用于高速化施工。除组装管片期间停止掘进外,其他工序均可连续进行。

⑤ 适用土质范围宽。适用的土质范围为软黏土层、滞水细砂层、漂砾层、固结淤泥层等,最适于在洪积层砂性土中掘进。

⑥ 掘进中盾构机体摆动小。由于泥水的浸泡作用,地层对刀盘掘削阻力小,故盾构的

水平、竖直摆动小。

⑦ 因采用排泥管出渣，井下施工作业环境能保持清洁，提高了作业人员的施工安全性。

(2) 缺点

① 成本高。由于设置泥水管理系统、泥水处理系统，致使工序、设备复杂，成本高。

② 排土效率低。由于通过泥水运出掘削土砂，故出土效率不高。

③ 地表施工占地面积大并影响交通和市容。泥水配置系统、泥水处理系统的存在，致使地表占地面积大增，有时受施工现场条件限制，无法满足该占地需求，征地费用大，影响交通和市容。

④ 不适于在硬黏土层中掘进。在黏度大的硬黏土层中掘进时，易出现黏土黏附面板、槽口及出土管道的现象，致使刀盘空转，槽口及出土管道堵塞，导致地层隆起、沉降。

⑤ 不适于在松散卵石层中掘进。松散卵石层的孔隙率大，无法形成泥膜，泥水损失量大，致使泥水压低且不稳定，即掘削面不稳定。

土压平衡盾构也称土压盾构，简称 EPB 盾构。所谓土压平衡，就是盾构密封舱内始终充满了用刀盘切削下来的土，并保持一定压力以平衡开挖面的土压力和地下水压力。土压平衡盾构主要由盾构主机、后配套系统及辅助设备组成。主机由盾壳、刀盘、刀盘驱动构件、螺旋输送机、皮带输送机、管片安装机、人舱、液压系统等组成。

(1) 优点

① 成本低。因为土压盾构工法无须泥水盾构那样的泥水处理系统，故设备少，现场占地面积小，成本低。

② 出土效率高。因排出的直接是泥土，不需泥水分离，故排土效率比泥水盾构工法高。

③ 适应地层范围宽。目前土压盾构工法几乎适用于所有地层，特别是大砾石、含砾率高的地层。

(2) 缺点

① 掘削扭矩大。因添加材的密度大，故对地层的浸渗小，所以掘削摩擦阻力大，即掘削扭矩大，致使盾构机的装备扭矩大，功耗大。

② 地层沉降大。与泥水盾构工法相比，土压盾构工法对地层扰动大，故地层隆起、沉降均比泥水盾构略大，不过随着监测技术的进步，沉降量也可以得到有效的控制。

③ 直径不能过大。由于上述两个缺点，致使土压盾构机的直径不能过大，目前最大仅为 11 m。

7.6.7 隧道掘进机(TBM)法

隧道掘进机法是用隧道掘进机切削破岩，开凿岩石隧道的施工方法。它始于 20 世纪 30 年代，随着掘进机技术的迅速发展和机械性能的日益完善，隧道掘进机施工得到了很快发展。隧道掘进机施工特别是对于长隧道的施工，较之钻爆法施工有其显著的特点：大大降低工人劳动强度，保证施工人员的安全；掘进速度快，进一步发展将有达到自动化的可能。

TBM 法适用范围：

① 一般只适用于圆形断面隧道，只有铣削滚筒式掘进机可在软岩中掘进非圆形断面

隧道。

② 开挖隧道直径 1.8～12 m，以直径 3～6 m 最为成熟。

③ 一次性连续开挖长度不宜短于 1 km，也不宜长于 10 km，以 3～8 km 最佳。

④ 适用于中硬岩层，岩石单轴抗压强度为 20～250 MPa，尤以 50～100 MPa 最佳。

⑤ 地质条件对掘进效率影响很大。在良好岩层中月进尺可达 500～600 m，而在破碎岩层中只有 100 m 左右，在塌陷、涌水、暗河地段甚至需停机处理。

⑥ 选用 TBM 开挖隧道应尽量避开复杂不良岩层。

总之，整条隧道地质情况较差时采用单护盾 TBM；良好地质条件中宜采用开敞式 TBM；双护盾 TBM 常用于复杂地层的长隧道开挖，一般适用于中厚埋深、中高强度、地质稳定性基本良好的隧道，对各种不良地质与岩石强度变化有较好适应性。

参考文献

[1] 中交路桥技术有限公司.公路沥青路面设计规范:JTG D50—2017[S].北京:人民交通出版社股份有限公司,2017.

[2] 交通运输部公路局,中交第一公路勘察设计研究院有限公司.公路工程技术标准:JTG B01—2014[S].北京:人民交通出版社股份有限公司,2014.

[3] 中交第一公路勘察设计研究院有限公司.公路路线设计规范:JTG D20—2017[S].北京:人民交通出版社股份有限公司,2017.

[4] 中交第二公路勘察设计研究院有限公司.公路路基设计规范:JTG D30—2015 [S].北京:人民交通出版社股份有限公司,2015.

[5] 吉林省交通运输厅.季节性冻土地区公路设计与施工技术规范:JTG/T D31-06—2017[S].北京:人民交通出版社股份有限公司,2017.

[6] 中交公路规划设计院有限公司.公路桥涵设计通用规范:JTG D60—2015[S].北京:人民交通出版社股份有限公司,2015.

[7] 招商局重庆交通科研设计院有限公司.公路隧道设计规范 第一册 土建工程:JTG 3370.1—2018[S]. 北京:人民交通出版社股份有限公司,2018.

[8] 许金良,等.道路勘测设计[M].5 版.北京:人民交通出版社股份有限公司,2018.

[9] 张弛,潘兵宏,杨宏志.道路勘测设计[M].6 版.北京:人民交通出版社股份有限公司,2023.

[10] 黄晓明.路基路面工程[M].7 版.北京:人民交通出版社股份有限公司,2023.

[11] 杨彦海.路基路面工程(简明教程)[M].北京:人民交通出版社股份有限公司,2023.

[12] 罗娜.桥梁工程概论[M].4 版.北京:人民交通出版社股份有限公司,2021.

[13] 姚玲森.桥梁工程[M].3 版.北京:人民交通出版社股份有限公司,2021.

[14] 强士中.桥梁工程:上册[M].2 版.北京:高等教育出版社,2011.

[15] 强士中.桥梁工程:下册[M].2 版.北京:高等教育出版社,2011.

[16] 王道远.隧道施工技术[M]. 2 版.北京:中国水利水电出版社,2020.

[17] 霍润科.隧道与地下工程[M].北京:中国建筑工业出版社,2011.